人文社科
高校学术研究论著丛刊

新视野下学前教育课程研究

刘秀芳 著

中国书籍出版社
China Book Press

图书在版编目 (CIP) 数据

新视野下学前教育课程研究 / 刘秀芳著. -- 北京：中国书籍出版社, 2019.6
ISBN 978-7-5068-7323-9

Ⅰ.①新… Ⅱ.①刘… Ⅲ.①学前教育 - 教学研究
Ⅳ.① G612

中国版本图书馆 CIP 数据核字（2019）第 112673 号

新视野下学前教育课程研究

刘秀芳 著

丛书策划	谭 鹏 武 斌
责任编辑	张 娟 成晓春
责任印制	孙马飞 马 芝
封面设计	东方美迪
出版发行	中国书籍出版社
地 址	北京市丰台区三路居路 97 号（邮编：100073）
电 话	（010）52257143（总编室）（010）52257140（发行部）
电子邮箱	eo@chinabp.com.cn
经 销	全国新华书店
印 刷	三河市铭浩彩色印装有限公司
开 本	710 毫米 × 1000 毫米 1/16
印 张	16.25
字 数	275 千字
版 次	2021 年 1 月第 1 版 2021 年 1 月第 1 次印刷
书 号	ISBN 978-7-5068-7323-9
定 价	74.00 元

版权所有 翻印必究

目 录

第一章　学前教育课程概述………………………………… 1
　　第一节　课程的概念与类型…………………………… 1
　　第二节　学前教育课程的概念与性质………………… 9
　　第三节　国内外主要的学前教育课程理论…………… 14
　　第四节　学前教育课程发展的基本趋势……………… 27

第二章　学前教育课程目标的确定………………………… 34
　　第一节　学前教育课程目标的基本取向……………… 34
　　第二节　学前教育课程目标制定的基本依据………… 43
　　第三节　学前教育课程目标的结构与层次…………… 48

第三章　学前教育课程内容的选择与组织………………… 55
　　第一节　学前教育课程内容的范围…………………… 55
　　第二节　学前教育课程内容的选择…………………… 59
　　第三节　学前教育课程内容的组织方式……………… 72

第四章　学前教育课程的设计……………………………… 80
　　第一节　领域活动设计………………………………… 80
　　第二节　单元主题活动设计…………………………… 102
　　第三节　区域活动设计………………………………… 109

第五章　学前教育课程的实施……………………………… 113
　　第一节　课程实施的含义与取向……………………… 113
　　第二节　学前教育课程实施的出发点………………… 118
　　第三节　学前教育课程实施的基本途径……………… 129

第四节　学前教育课程实施的影响因素……………… 141

第六章　学前教育课程实施的环境创设与管理………… 145
　　第一节　环境的价值与创设原则……………………… 145
　　第二节　学前教育课程实施的物理环境创设………… 155
　　第三节　学前教育课程实施的心理环境创设………… 163

第七章　学前教育课程评价……………………………… 172
　　第一节　学前教育课程评价概述……………………… 172
　　第二节　学前教育课程评价的基本要素……………… 176
　　第三节　学前教育课程评价的原则与过程…………… 185
　　第四节　基于发展的多元化课程评价方式…………… 191

第八章　学前教育课程与游戏的融合…………………… 194
　　第一节　学前儿童游戏的价值分析…………………… 194
　　第二节　游戏在学前教育课程中的地位……………… 204
　　第三节　学前教育课程的游戏化……………………… 209

第九章　学前教育专业人才的培养……………………… 215
　　第一节　学前教育专业人才培养现存问题…………… 215
　　第二节　学前教育专业人才培养模式的理论基础…… 220
　　第三节　本科学前教育学课程改革…………………… 231
　　第四节　本科学前教育专业教学模式与
　　　　　　人才培养制度探索…………………………… 237

参考文献…………………………………………………… 247

第一章 学前教育课程概述

学前教育课程是学前教育实践的指南,是学前教育目标转化为儿童身心发展的桥梁与中介,是一切有益于学前儿童身心发展的各类活动的总和。然而在教育领域中,课程又是含义最复杂、歧义最多的概念之一。由于课程涉及的面十分宽广,因此,人们对课程的本质认识也不能达成一致,甚至认为课程是一个用得很普遍但定义最不确定的教育术语。同样,在学前教育课程发展史上,对学前教育课程内涵的理解也曾有过不同的诠释。要理解学前教育课程并进行实践,首先必须对课程概念有一个基本的认识,对学前教育课程的概念、性质等有一个清晰的认识。本章在梳理课程概念演变过程的基础上,厘清学前教育课程的基本内涵、性质,并阐述国内外主要的学前教育课程理论,以及学前教育课程发展的基本趋势。

第一节 课程的概念与类型

课程既是一个被研究的领域或对象,又是具体化的实践过程。课程是在教学活动中实现教育目标的主要载体,教育主体即教师与学生,需要以课程为主线来有效地完成教学活动。课程不仅对教学内容形成了明确规定,而且还决定了如何选择教学方法和教学组织形式,同时,也是进行教学评价的重要依据。以下就课程的概念和类型进行阐述。

一、课程的概念

"课程",作为实践过程,无论在东方,还是在西方,都是早已有之。原始社会,年长者向儿童传授渔猎、民俗传统等,即属课程活动。我国春秋时期大教育家孔子,办私学,因材施教,弟子三千,就是课程实践的例证。课程内容有礼、乐、射、御、书、数等六艺。不仅如此,当时还出现了关于教育内容及其进程的记载。比如《礼记·内则》中就有:"六年,教之数与方名";"九年,教之数日;十年,出就外傅,居宿于外,学书计";"十有三年,学乐,诵诗,舞勺,成童舞象,学射御;二十而冠,始学礼"等。

在国外,古希腊的苏格拉底运用"产婆术"对其学生授课,认为教育的最终目的,是提高每个儿童的本质价值内容,使儿童内在的固有人性能够充分地展开。在这里,苏格拉底把教学的目标定为塑造儿童真、善、美的灵魂。柏拉图为实现"理想国"教育蓝图,拟订了人的终生教育计划:18～20岁进行体育训练,20～30岁总览各门学科,30～35岁学习问答法初步,35～50岁学习实务,50岁～终生到达"善"的境地。他还为自由人设置了必修的三艺:文法、修辞学、辩证法;四艺:算术、几何、天文、音乐。由此可见,古希腊已经产生了当今我们所指的"教育内容""教育方法"及"课程设置"与"进程"安排。

从上可知,尽管古代中外教育史上尚未出现"课程"一词,但与课程相关的教育目的、内容、方法已是历史中的"实践"。"课程"一词的出现。在我国最迟是唐宋时代。唐代孔颖达用过"课程"。南宋朱熹在《朱子全书·论学》中多次使用"课程"一词。

在西方教育史上,斯宾塞在其名著《什么知识最有价值》中首先提出了"课程"这一术语,并将之概念化为"教育内容的系统组织"。该词源于拉丁语 currere,是跑道、跑马场的意思,根据这一词源意思,课程(curriculum)被理解为学习的进程。斯宾塞将"课程"术语引入教育中,很快被西方教育者所普遍采用。不过,

第一章 学前教育课程概述

至今课程概念依然众说纷纭,有各式各样的关于课程的界说。诸如"学习程序""教程内容""计划化的学习经验""在学校保护下掌握的各种经验""一连串有意识地结构化了的学习结果"等。总之,有的强调"经验和活动的教育组织与计划",有的强调学习对象——内容本身的独特意义,把课程视为"系统知识、智力技能与情意内容的复合物"。课程的定义虽然繁多,但若加以归类,大约可以分为以下六种类型,这六种类型基本上涵盖了课程的所有定义。

(1)课程即教学科目。课程即教学科目,在历史上由来已久。例如,我国古代的礼、乐、射、御、书、数六艺,欧洲中世纪初的文法、修辞、辩证法、算术、几何、音乐、天文学七艺。这些学习的科目都是课程。

(2)课程即有计划的教学活动。这一定义把学校组织的所有有计划的教学活动都加进来,目的就是对课程有一个比较全面的认识。但这一定义也有不足,因为在具体教学实践中,有很多东西并不是计划之内的,或者说是在作计划时所不能考虑到的,也不可能考虑到的。如果过分依赖于教学活动的计划性,教学过程可能就会呆板。如果学校仅以计划来检查教师的教学活动,就有可能导致教学活动出现本末倒置的现象。

(3)课程即预期的学习结果。这一定义在北美课程理论中较为普遍。一些学者认为,课程不应该指向活动,而应该直接关注学习的结果,即把重点从手段转向目的。但有研究表明,在具体的教学活动中,预期的事情与实际上发生的事情总会有一定的差距,并且预期的学习结果对不同的学生来说,可能也会有所不同。

(4)课程即学习经验。由于在同一具体教学过程中,虽然面对的是同一位教师,但每个学生的实际收获是不同的,因此,有人又提出了这样一个定义:课程即学习经验。在这个定义中,课程关注更多的是学生个体的体验、感受,而不是学生再现学习的内容。这一定义体现了以人为本的新课程理念,强调课程的重点从物(教材)转向人(师生)。

（5）课程即社会文化的再生产。持这种观点的人认为，任何课程都处在一定的社会文化中，都应该是这种社会文化的反映。学校教育的任务就是要在这种社会文化中，再发展社会文化。教育主管部门根据国家需要来规定所教的知识、技能等，并通过这些知识、技能来发展社会文化。这一定义更多地体现出这样一种理论假设：个体是社会的产物，课程是个体社会化的途径。

（6）课程即社会改造。坚持这一观点的人认为，课程不是使学生适应或顺从于社会制度，而是要使学生摆脱社会制度的束缚。他们认为，课程的重点应该是当代社会中学生比较关心的社会主要问题和弊端以及这些问题和弊端的解决。

上述六个课程定义，分别是研究者站在不同的课程理论流派，从不同的角度来做出的。教育家们倾向于依据个人的哲学信念和重点领域定义课程，但通常包括以下要素：预期目标或结果；学习内容及学习顺序；学习过程和学习经历；学习资源；教学主体在学习活动中的责任范畴；学习方式和特点。综上所述，可从广义和狭义两方面对课程进行定义。广义的课程，指学校为使学生达到预期学习目标，从学科的教学内容扩展到学校指导之下提供给学生的全部经验，它是学科教学与学生活动的集合体。包括合理的学科设置、符合规律的教学活动、有计划的教学进程、有组织的课外活动以及良好的学校环境和氛围。狭义的课程，指学校为实现培养目标而规定的教学科目，以及每一门教学科目的目的、内容、范围、分量、进程等的总和，主要体现为课程计划、课程标准和教材。

二、课程的类型

课程的类型指的是课程的组织方式和设计课程的种类。依据不同的分类标准，可以划分为不同的课程类型。

（一）依据课程内容的特点划分

依据课程内容的特点,可以划分为学科课程与活动课程。

1. 学科课程

学科课程是一种以学科为中心来编定的课程。这一课程理论的主要代表人物有捷克教育家夸美纽斯、德国教育家赫尔巴特和英国教育家斯宾塞等。学科课程强调课程要进行分科设置,各自在相应科学领域中选取知识,依据教育教学的目标分科编排课程进行教学。但是具体选哪些学科,在每门学科选什么知识,通过何种结构、顺序、方法组织教材,"学科中心论"内部也存在着争议,所以形成多种不同的学科课程论流派。学科课程的优势是它的逻辑性、系统性和简约性,但由于不强调学生的动机和已有的经验,容易脱离学生的兴趣和生活实际。

2. 活动课程

活动课程与学科课程相对应,它以活动为主,更多地强调学生的参与及在参与过程中的体验、感受。因此,活动课程也称经验课程。活动课程的思想可以追溯到法国自然主义教育思想家卢梭。此后于19世纪末20世纪初,美国的教育家杜威和克伯屈提倡了这一思想,并引起了世界性的影响。我国称杜威的课程为"经验课程"或"儿童中心课程"。活动课程的优点是能较好地照顾学习者的兴趣和爱好,密切与实际生活的关系,注重学生学习的主动性和创造性。但是活动课程忽视了教育中关键性的社会目标,不利于传授人类文化遗产;内容庞杂,缺少内在的连续性和系统性。

（二）依据参考课程内容的分化与综合水平的角度划分

从参考课程内容的分化与综合水平的角度,可以划分为综合课程与分科课程。

1. 综合课程

综合课程是一种倡导整合若干相关联的学科,成立一门广泛的共同领域的课程。在20世纪初,有些课程论学者就提出学科课程存在着分科过细、彼此之间缺少联系等缺陷,主张用综合课程来进行弥补。1912年,英国教育学家怀特海率先提出了综合课程。此后,主张综合课程的学者逐渐增多。特别是从20世纪60年代起,世界上很多国家都开始在初中开设了综合课程。综合课程的思想提倡有意识地运用两种或两种以上学科的知识观和方法论去考察和探究一个中心主题或问题。综合课程让学生更容易接受,它是按照儿童心理需要、兴趣、好奇心和活动来编制的,促进学生学习和学生的个性发展。综合课程使得教学与社会方面和课堂之间相互联系、相互影响。但是,综合课程忽略了每门学科的自身逻辑和顺序,不能像一门课程那样让学生进入到各学科进行系统学习。

2. 分科课程

分科课程也称科目课程,是一种单学科的课程组织模式,与学科课程有一定的重合,只不过是相对于综合课程而言的。它强调不同学科门类之间的相对独立性,强调一门学科的逻辑体系的完整性。分科课程的优点,使其在古今中外的教育发展中一直居于首要位置。不过,分科课程因为分科太细,造成学科之间的联系不够紧密;仅仅重视学科的逻辑体系,使教学脱离学生的生活实际和社会实践。另外,随着学科不断分化,学校课程门类越来越多,这就加重了学生的学习负担。

综合课程是与分科课程相对应的课程范畴,这两种课程组织形式各有其存在价值,因为学科发展本身就是分化与综合并驾齐驱的,二者具有互补性,相互独立不可取代。

(三)依据课程实施过程划分

考虑课程实施过程,可以划分为必修课程与选修课程。必修课程是依据社会发展和学生发展的需要制定的每一个学生都必须学习的课程。必修课程的门类、门数、内容和要求都比较固定、统一,但由此也缺少了缓冲能力,不容易关注学生的个体差异和个别需要,难以调动学生学习的积极性、主动性。选修课程是依据学生的兴趣、特长和爱好而开设的供学生自由选择的课程。选修课程的类型、内容和要求比较个性化,可以满足学生的个体差异和个别需要。但是选修课程门类、门数、内容和要求繁多,管理负担较重;而且因为学生的需求多样,学习水平参差不齐,增加了教师授课的难度。

(四)依据学生意识的影响程度不同划分

考虑学生意识的影响程度不同,可以划分为显性课程与隐性课程(潜课程)。

1. 显性课程

显性课程也称正规课程或显在课程等,是为完成某一教育目标而存在的学校课程。一般指学校所开设的所有课程,或者说在课程表上应该体现的课程。其显著特点就是有计划性,是国家根据培养人才的需要而有计划、有目的地在学校开设的课程。

2. 隐性课程

隐性课程也称潜在课程、无形课程或隐蔽课程等。一般指学生在学习过程中,从具体学习环境中所获得的"计划外"的知识、观念、情感等。隐性课程具有两种存在形态:一是非预设的隐性课程;二是预设的隐性课程。

隐性课程一般具有以下特点。第一,非预期性。即它的影响是非预期的。这种影响可能是消极的,也可能是积极的。第二,潜在性。对学生而言,他们在从事学校实践活动的过程中,于不知不觉中接受了隐含于其中的影响。第三,复杂性。学校的实践活动丰富多样,学生从中受到的潜在影响也是多种多样的,学校所在地区的经济、政治、文化、精神等方面的因素,影响到学生家庭和学生。第四,隐蔽性。隐性课程主要是通过无形的内容对学生感官、情感、心灵进行持久的、反复的刺激和影响,使学生在不知不觉中潜移默化地接受熏陶和感染。

显性课程与隐性课程的不同之处:显性课程的目标有十分明确的要求,公开发行,并且被所有课程主体所意识到;隐性课程却是在学校环境中紧紧联系着显性课程的实施与评价而产生的,可能对学习者产生影响而又不为课程的实施者、学习者所意识到的教育因素。隐性课程通常体现在学校和班级的情境之中,包括物质情境(如学校建筑、设备),文化情境(如教室布置、校园文化、各种仪式活动),人际情境(如师生关系、同学关系、学风、班风、校风、校纪)等。

(五)依据课程的管理体制划分

考虑课程的管理体制,可以划分为国家课程、地方课程与校本课程。

1. 国家课程

国家课程指的是由中央政府以指令性文件规定的,由全国统一实施的基础教育课程。国家课程集中体现了国家意志,是为未来公民接受基础教育之后所要达到的共同素质而专门开发的;是国家基础教育课程计划框架中的主体部分,涵盖的课程门类和所占的课时最多。

2. 地方课程

地方课程是指通过地方政府以指令性的文件规定的在本地统一实施的基础教育课程。地方课程本质是国家课程标准与地方课程资源的紧密结合,具有较强的针对性,可弥补国家课程所没有涵盖、不能满足或无法考虑周全的内容空缺。

3. 校本课程

校本课程是指以学校为场地依托,通过学校自发管理、开发、实施的基础教育课程形态。校本课程的主体和基地是学校,以尊重和满足学校师生的独特性和差异性为目的,使学生在国家课程和地方课程中难以得到满足的那部分得到更好的满足。其主导价值在于创建学校办学特色,提升学校的办学水平,并有助于学生的个性发展。校本课程的开发,要求教师成为课程与教学的领导者,在充分了解学生的发展特点和现实需要基础上参与课程改革。

第二节　学前教育课程的概念与性质

一、学前教育课程的概念

学前教育课程的概念,有广义和狭义两种解读。广义的学前教育课程,包括教育目标、教育内容、教育方法、教育评价、儿童活动。狭义的学前教育课程,主要指面向幼儿的学科教学活动,一般设置是体育、语言、常识、计算、音乐、美术等科目。学前教育课程是学前教育实践的指南,是学前教育目标转化为儿童身心发展的桥梁与中介,是一切有益于学前儿童身心发展的各类活动的总和。在此,"活动"一词不仅指明了学前儿童受教育的主要途径——"直接感知""实际操作"和"亲身体验",也反映了学前儿童学习的本质特征。

我们从以下几个方面理解学前教育课程的概念。

(1)教育课程的形式不仅仅是幼儿园的教学活动,还渗透在一日生活的各种活动中。学前教育活动不仅是指"上课",还包括日常生活和游戏等各种活动。凡是为了实现教育目标、帮助学前儿童获得有益的经验的活动,都是学前教育课程的组成部分。

（2）学前教育课程是"学习经验"或"活动"。学前教育活动是以学前儿童为中心,着眼于学前儿童的兴趣和动机,关注学前儿童的兴趣和需要,把学前儿童的直接体验置于课程的中心地位,并贯穿于学前儿童的整个生活过程。

（3）学前教育获得是有组织、有系统、有意义的。学前教育课程是有目的的,以目的为引导,有系统、有组织地帮助学前儿童获得有益于身心发展的学习经验。

理解学前教育课程,我们还应注意"全面发展观"。关于"全面发展"的理解,有两种主流观点:一是德、智、体、美各方面均衡发展;二是有所侧重地全面发展。《幼儿园教育指导纲要(试行)》(以下简称《纲要》)中把学前教育课程分为健康、语言、社会、科学、艺术五大领域,明确指出各个领域对幼儿的全面和谐发展起着重要作用。所以,在实施过程中,应注意各领域之间的有机整合。事实上,学前儿童的发展本是一个整体,虽然将其人为地划分为五大领域,但教师在执教过程中应思考各领域之间的潜在联系,否则就成了僵硬的教化。

一门学前教育课程的设计,需要建构如下三项内容。

（1）课程大纲。课程大纲的内容要根据学前教育的科学理论而制定。目前,我国学前教育的理论基础主要是源于教育心理学家皮亚杰、布鲁纳所提出的认知发展理论(相互作用理论),并兼顾其他理论中的优势内容。

（2）课程目标。学前教育课程目标的拟定必须基于以下三方面的充分考虑:第一,课程涉及的学科基本常识与基本原理等知识;第二,针对学前儿童现有能力水平所要采取的教育方式与态度;第三,学前儿童在课程学习过程中可能出现的行为表现。学前教育课程目标的拟定必须充分考虑不同的特性水平。一般存在三种情况:第一,学前儿童能够主动参与各种活动,正确地进行判断,控制自己的行为,乐于并易于接受指导;第二,学前儿童在大多数情况下能够迅速、轻松地投入一项新的、不熟悉的活动；第三，学前儿童总是能够迅速、轻松自如地参加各种新的、陌生的活动,自信心十足。学前教育课程目标的拟定必须做好如下的序列性的安排：近期的初级目标；中期的中级目标；远期的高级目标。这三个层次的目标,由近到远,由低到高,既互相联系又互相影响。

（3）课程形式。在综合分析学前教育领域"认知发展""成熟社会化""教育训练"理论的内容要求后,教育者编排学前课程的组织形式时,需要做好以下工作。第一,给学前儿童提供直接操作物体的机会,促使学前儿童建立自己的认知结构。第二,陈列那些真实、具体的活动材料,有助于良好的教育效果的生成。第三,给学前儿童提供难度不同的活动以供学前儿童自主选择,激发其创造的欲望。第四,要给学前儿童安排具有科学性、系统性特点的内容,且学习内容既要符合时代的要求,更要适合儿童的年龄特点。第五,要及时、准确、适度地对学前儿童的学习行为进行强化,以增强学习效果。第六,要保证轻松、愉快、自由、平等的气氛,让学前儿童可以尽情地表现、交流、交往。

当课程大纲、课程目标与课程形式都具备了的时候,即可以着手按照科学的教育原则去设计、建构一门学前教育课程。

二、学前教育课程的性质

学前教育课程的性质是由学前教育课程的特殊矛盾所决定的。由于学前教育课程是学前教育的核心,学前教育课程的性质便直接反映学前教育的性质,直接决定于学前教育的特殊矛盾。从这个角度来说,学前教育课程是基础教育课程的基础部分,是非义务教育课程,是基础素质教育课程,是适宜发展性课程,是终生教育的根基课程。

（一）学前教育课程是基础教育课程的基础部分

学前教育课程是学前教育的"心脏",承担着学前教育的任务。

学前教育是对学前儿童实施的教育,其以后的教育阶段是小学教育。由此可知,学前教育课程是小学课程的前一阶段,二者具有客观连续性。学前教育课程在整个课程体系中,客观地处于最基础位置,是基础教育课程大厦的基石。这种特殊的位置,决定了学前教育课程的基础性。学前教育课程的基础性是客观的必然性。这种基础性,并不是为了以后,而是必然影响以后;这种基础性,意味着为以后奠定基础的客观重要性,更意味着学前教育课程的合理、科学以及学前儿童充分、全面、健康发展的必要性。

(二)学前教育课程是非义务教育课程

学前教育课程是基础性课程,其对小学教育具有奠基作用。但是,由于学前教育是对出生至接受义务教育之前的儿童进行的教育,是非义务教育,学前教育课程便具有非义务性,是非义务性课程。学前教育课程不是强迫学前儿童进行的课程,但学前儿童发展却是有规律的。遵循这些规律,探索适宜学前儿童充分健全发展的课程特性,是课程研究者的任务。

(三)学前教育课程是基础素质教育课程

学前教育课程是适宜发展性课程,而最有利于发展需要几个条件:最容易发展、有最直接的基础、能促进充分发展、有利于持续性发展。具备这些条件的"事物"是素质。

素质包括人的生理素质和心理素质,是人内在的身心组织结构及其质量水平,是后来一切发展的生长点和物质基础。学前儿童处于人生的开端时期,所获的是先天的基础素质。新生儿一声啼哭,表明其先天"素质"开始发挥作用。学前儿童的素质具有原点性、易塑性、脆弱性、发展迅速性这几个特点。这些特点为学前教育提供了良好的条件,同时也提出了客观要求。发展学前儿童基础素质,不以专门培养为定向,是教育的外在价值和学前儿童发展的内在价值的有机统一,将学前儿童发展的直接的物质基础与未来更有利的持续发展结合起来,这最有利于学前儿童健全发展和未来社会发展。可见,以发展素质为定向的课程是适宜于学前儿童的,即学前教育课程应该是素质教育课程。

(四)学前教育课程是适宜发展性课程

学前教育的任务,就是要创造良好的教育条件,促进学前儿童身心和谐健康发展,为其以后的人生发展奠定良好的基础。为此,学前教育必须适宜学前儿童发展。学前教育课程作为学前教育的核心支柱,自然承担着促进学前儿童适宜性发展的重任。这种"适宜性",就是说,课程适合学前儿童身心发展的客观需要,符合其规律;课程对学前儿童发展是适当的;课程是要提供适宜的刺激;课程要适合学前儿童发展的普遍性、个性;课程还要适当照顾教育者,切合社会发展的客观要求。学前教育课程更多地受制于学前儿童身心发展的内在秩序和成熟水平。如果课程超出学前儿童接受水平,脱离学前儿童发展实际,就不利于学前儿童健全发展。但是,课程也不能迁就学前儿童现状,而应使学前儿童的经验系统化、兴趣结构化,行动有目的性,促进学前儿童主动学习、持久性发展。

(五)学前教育课程是终身教育的根基课程

学前教育课程的特殊对象是学前儿童,学前儿童处于人生的起跑线上,其获得的经验,所受的教育不仅仅影响到青少年期,而且会贯穿其一生。学前教育课程具有开端性、启蒙性,是终身教育的根基课程。根基性是学前教育课程的基本特性,它与启蒙性相关,但又超出启蒙性。学前教育课程的启蒙性,主要是针对处于人生第一阶段的学前儿童发展而言的;学前教育课程的根基性,却还有为以后教育打基础的含义,因而具有相对性。

第三节　国内外主要的学前教育课程理论

一、国内主要学前教育课程理论

基于西方学前教育思潮的影响,我国近现代的学前教育家如陈鹤琴和张雪门等,在吸收西方先进教育思想的基础上,结合我国的国情和当时学前教育发展的现状,提出许多卓著的见解,对今天我国的学前教育及课程创设亦有重要的指导作用。

(一)陈鹤琴的学前教育课程思想

陈鹤琴是我国学前教育和儿童心理研究的开拓者和奠基人,对儿童教育事业做出过杰出的贡献。1923年建立我国第一个幼教实验中心——南京鼓楼幼稚园,实验研究有关幼稚园的教育、教学及教材、设备等,探索中国化幼稚教育的道路。1940年又建立我国第一所公立幼稚师范学校——江西省立实验幼稚师范学校。1947年整理出"活教育"理论体系,表述为:教活书,活教书,教书活;读活书,活读书,读书活。陈鹤琴开创了我国儿童心理、学前教育的科学研究工作,并促使家庭教育科学化、幼儿师范教育系列化。他所留下的近400万字的著作,也是我国教育史特别是学前教育史上的宝贵财富。他的著作被先后汇集出版,《陈鹤琴教育文集》和《陈鹤琴全集》全面反映了他的学前教育思想和学前教育课程理论。

陈鹤琴学前教育课程思想主要包括以下内容。

1. 课程目的——为教育目标服务

教育目标是制定课程目标的理论依据,它对课程内容的选择和课程的实施具有规范和限制作用。陈鹤琴认为,"课程与方法都是达到目的的工具,所以谈教育,第一应当解释目的"。在谈目标之前,他先确立了"儿童是主体"的思想。教师先测量学前儿童的个性,了解学前儿童,希望他们达到怎样的目的;然后选择最适宜的教材和方法,以达到所希望的目的。具体目的有以下四个方面。

(1)做怎样的人:应有合作的精神,同情心,服务的精神。

(2)有怎样的身体:应有健康的体格,养成讲卫生的习惯,并有相当的运动技能。

(3)怎样开发学前儿童的智力:应有研究的态度,充分的知识,表意的能力。

(4)怎样培养情绪:应能欣赏自然美和艺术美,养成欢天喜地的快乐精神,消泯惧怕情绪。

2.课程内容——"五指活动"

课程内容是实现教育目标的支柱。陈鹤琴认为,学前儿童是在周围的环境中学习的,应该以大自然、大社会为中心组织课程。陈鹤琴说:"五指,是活的,可以伸缩,互相联系……课程是整个的,连贯的。依据儿童身心的发展,五指活动在儿童生活中结成一个教育的网,有组织有系统,合理地编织在儿童的生活上。"五指活动的五个方面包括健康活动、社会活动、科学活动、艺术活动、语文活动。

3.课程的实施应采用"整个教学法"

课程目标和课程内容确定之后,如何组织实施课程来实现教育目标就成为关键。对此,陈鹤琴提出了适合学前儿童发展的课程组织法,即"整个教学法"。课程应以自然和社会为中心。陈鹤琴主张把学前课程打成一片,成为有系统的组织。但这种有系统的组织以学前儿童的环境为中心。这种环境包括自然环境和社会环境。课程应实施"整个教学法"。陈鹤琴不主张幼儿园分科教学,他认为分科教学是模仿大学的,大学生程度高、知识深,非分科不可。而幼稚园的分科教学是四分五裂、杂乱无章的,是违反学前儿童的生活和心理的。他还主张最好由一位老师去教,以体现整体性，而不致割裂。

课程应采用游戏式、小团体式等教学方法。陈鹤琴认为学前儿童以游戏为生活，学前儿童总是喜欢游戏的。学前课程又是很容易游戏化的，学前儿童在游戏中、在活动中学习，会有事半功倍的效果。陈鹤琴还主张多采用小团体教学法，他认为学前儿童的年龄不齐、智力不同、兴趣不一，应当区别对待、分组施教，以使处于不同发展水平的学前儿童都有所长进。以后，他又继续提出比较法、比赛法、替代法、观察法等。通过多样化的方法，生动、形象、具体地向学前儿童进行教育，既可以增强教育效果，又使学前儿童的兴趣格外浓厚。

(二)张雪门的学前教育课程思想

张雪门是我国著名的学前教育专家，他与我国另一位著名学前教育专家陈鹤琴先生有"南陈北张"之称。他一生潜心研究学前教育，并出版了《幼稚园的研究》《幼稚园课程编制》《幼稚园教材研究》《幼稚园教育新论》《中国幼稚园课程研究》等。

张雪门学前教育课程思想主要有以下几点。

1. 学前教育与社会环境相统一

张雪门认为学前儿童的身心发展与社会环境之间有着密切的关系。他认为真正适合学前儿童发展的教材应该符合社会生活的需要和标准，课程的具体内容应该围绕学前儿童的生活世界来选择。同时，始终把学前儿童作为教育的主体。

2. 学前教育课程的本质是行为而不是经验

在早期，张雪门认为，"课程是经验，是人类的经验，用最经济的手段、有组织地调制各种方法，以引起孩子的反应和活动"。学前教育的课程就是给三周岁到六周岁的学前儿童所能够做而且喜欢做的经验的预备。他还认为不应当把课程仅视为"知识的积体"，而应当是把技能知识、兴趣、道德、体力、风俗、礼节种种的经验，都包括在课程里。后来，张雪门对课程的本质有了新的理解。

在《增订幼儿园行为课程》中,张雪门提出了"行为课程"的概念,并系统论述了他关于行为课程的思想。张雪门认为,行动产生认识,行动发展认识,亦即"在劳力上劳心"。张雪门主张学前儿童通过具体的行动与周围环境直接接触,体脑并用,动作与思考相结合,独立地解决问题。

3. 学前教育课程和教材来源于学前儿童直接的活动

学前教育课程来源于学前儿童直接的活动。张雪门认为,可以构成学前教育课程来源的直接活动有如下四种:学前儿童自发的活动;学前儿童与自然界接触而生成的活动;学前儿童与人接触而生成的活动;人类所产生的经验,并适合于学前儿童需要的活动。根据这四种活动及其要求,张雪门把学前教育课程划分为以下具体内容,这些具体内容就形成了学前教育课程的教材。张雪门认为,真正适合学前儿童发展的教材,应该符合以下四个条件:第一,教材必须符合现实社会生活的需要。第二,教材必须符合社会普遍生活的标准。第三,教材必须符合学前儿童目前生长阶段的需要。第四,教材必须符合学前儿童目前的学习能力。这四种标准不是各自分裂的,而是互相联系的。选择教材,应该进行全面的思考。

4. 学前教育编制的特点和编制

学前教育课程必须适合学前儿童的年龄阶段,并且具有以下特点。

(1)整个学前教育课程应是一种具体的整个活动。在幼儿园,各种科目都变成了学前儿童生活的一面,不能分而且不必分。

(2)学前教育课程应注重学前儿童的直接经验。让学前儿童通过亲身活动来获得经验,对学前儿童具有更大的发展价值。

(3)中小学时期的课程虽然也注意学前儿童的生理与心理需要,但不像学前时期比重大。

基于以上认识,张雪门认为,编制学前教育课程时应特别注意三点。第一,学前儿童对于自然界和人世界没有分明的界限,他们看宇宙间的一切,都是整个儿的。第二,学前时期,满足个体的需要,甚于社会的需求。编制课程时,不能忽视社会的需求,但更应注意学前儿童现在的需要和能力。第三,学前教育课程应根据学前儿童直接的经验编制。

根据学前教育课程的特点,张雪门构建了学前教育课程结构和相应的教育目标,认为学前教育课程由游戏、自然、社会、工作与美术、音乐、常识等方面组成。

至于如何编制学前教育课程这个问题,张雪门认为首先必须明确"学前儿童是什么"。为此,他提出了五个小问题:学前儿童是不是和空的东西一样?学前儿童是不是和植物一样?学前儿童是不是和动物一样?学前儿童是不是从不完备到完备的一段历程?学前儿童究竟是什么?

张雪门关于学前教育课程的研究还涉及许多方面,他不仅探讨课程的一般性问题,而且深入研究了一些具体的课程问题。例如,学前教育课程时间的安排,如何进行科学教育活动等,这些都为后来的研究者提供了极为重要的参考。此外,张雪门认为要办好学前教育,最重要的是要有良好的幼教师资,应当把实习放在师范教育的重要地位,让学生将所学的知识运用到实践中去,同时在实践中提升所学的理论。

二、国外主要学前教育课程理论

与我国相比,国外学前教育课程理论与思想比较丰富,产生得也比较早。充分研究和辩证地汲取外国的学前教育课程理论和思想,有利于发展和改革我国学前教育课程。以下按照历史发展的大致时间顺序,探讨起源阶段和发展阶段世界主要的学前教育课程理论与思想,并分析主要的教育和心理学理论如行为主义、人文主义和认知发展理论等对学前教育课程发展的影响。

（一）起源阶段的世界学前教育课程思想

世界学前教育课程思想可以追溯到幼儿园诞生以前的17世纪。从17世纪到幼儿园诞生之前，对世界学前教育课程有过较大影响的教育家或哲学家有夸美纽斯、卢梭、裴斯泰洛齐。他们虽然不是专门的学前教育家，但他们都直接或间接地研究过学前教育，后来产生的学前教育课程理论和思想可以从他们的教育思想中找到根源。

1.夸美纽斯的学前教育课程思想

在西欧中世纪，受神学观点支配，学前儿童被看成与生俱有"原罪"的生灵，他们只有历尽生活磨难，不断地赎罪，才能得到上帝的原谅及拯救。学前儿童的个性受到压制，身体遭到摧残，缺乏童年的欢乐。由此，夸美纽斯在《母育学校》中以满腔的热情，把学前儿童比作"上帝的种子"，生而具有和谐发展的根基。夸美纽斯声称："任何人在幼年时代播下什么样的种子，那他老年就要收获那样的果实。"可见，他的学前教育思想是立足于深信学前期教育的重要意义这一基础之上的。他从教育适应自然的原则出发，把学前儿童比作种子、嫩芽等，认为如果要将学前儿童培养成有用的人，就必须在他身心形成的最早阶段就开始教育。夸美纽斯的代表作《大教学论》所传递的教育思想对后世影响很大。在这本名著中，他开宗明义地提出了探索将一切知识教给一切人的方法的泛智学说。夸美纽斯非常重视学前教育。他认为，人类的天性中即蕴藏着知识、道德、宗教，应依靠教育的力量去启发、培植，而启发和培植应及时，因而提倡学前教育。夸美纽斯还阐发了自己的学前教育课程思想，主要有以下两大点。

（1）学前教育课程的性质

夸美纽斯认为，学前时期是为以后学习打基础的时期。学前儿童爱好活动，他们的所有知识都通过感官获得。接受的课程是最普遍、最通俗和最粗浅的实物课程。具体内容包括：自然事物、光和光学方面、地理学方面、时间和年代、家务和家庭、国家及有关知识。这样可以帮助学前儿童通过感官积累对外部直接的初步观念,发展语言能力,训练手的初步技能,给他们打下各种科学知识的最初基础。

（2）学前教育课程的组织方式与教学方法

夸美纽斯在《大教学论》中阐述了两个教学的基本思想:一是教学必须依循自然的秩序;二是对学前儿童传授知识,必须依靠感官进行。因此,他特别强调,对学前儿童的教育,第一年必须在摇篮里进行,让学前儿童听大人唱歌和细语,带学前儿童到大自然中,尽量给予温暖和安全。第二年,应经常与学前儿童做游戏,或让他们自己玩耍、跑动和追逐,并利用音乐及适合的图片增进学前儿童的身心愉快。夸美纽斯指出,爱好活动、喜欢模仿是学前儿童的天性;学前儿童游戏的时候,智慧总是在紧张地活动,甚至可以得到磨炼;游戏可以使学前儿童"自寻其乐,并可以锻炼身体的健康、精神的活泼和各种肢体的敏捷"。学前儿童从游戏里可以学到许多日后所需要的有用事项。因此,他在论述学前儿童的智育、语言发展、体育和德育时,都提到了要用游戏的方式进行教育。关于教材的选择,夸美纽斯认为,应根据学前儿童的年龄特点,切勿超过其理解程度。

2. 卢梭的学前教育课程思想

卢梭主张儿童的教育应顺应自然,以学前儿童为本位。他在《爱弥尔》中开宗明义地说,"一切出于自然的创造者皆好,一经人手却变坏了"。他认为,人性本善,教育应顺应学前儿童的内在欲望而行动,不必加以干涉。卢梭根据其自然教育主张,将学前儿童到成年之间的发展划分为四个各具特点的阶段,每一个阶段都有其独特的教育内容和方法。第一阶段(0~2岁),以身体养护为主。第二阶段(2~12岁),注重体育、经验、感官的教育。第三阶段(12~15岁),注重知识的教育。第四阶段(15岁到成年),注重道德、宗教及情感的教育。这里只说前两个阶段。

第一阶段(0~2岁):卢梭认为,这个时期教育的基本任务是身体的保健和养护,使身体健康发展。

第二阶段(2~12岁):卢梭认为,孩子在这个时期理智还处于睡眠状态,他们只能接受关于事物的声音、形状和感觉,而不能接受关于事物的观念。因此,本时期教育最重要的任务,是发展儿童的外部感觉器官,使其获得丰富的感觉经验。另外,还要继续进行体育。

3. 裴斯泰洛齐的学前教育课程思想

裴斯泰洛齐是世界上第一个明确提出"教育心理学化"口号的教育家,并且是西方教育史上第一位将教育与生产劳动相结合的思想付诸实践的教育家。主要著作有《隐士的黄昏》《林哈德和葛笃德》等。裴斯泰洛齐深受卢梭教育思想的影响。他在《隐士的黄昏》中说,教育的一般目的是使人的内在力量提升为纯洁的人类智慧。在他看来,教育乃是人类本质的改造,没有教育就没有文化。因此,教育应重视个人本质的和谐发展,应依照学前儿童心理发展的顺序,使学前儿童获得适当的发展机会,并重视文化的客观价值,引导学前儿童向着确定的目的发展。裴斯泰洛齐是提倡爱的教育和实施爱的教育的典范。对学前儿童实施爱的教育,能使教育者获得他们的信任和人情,并在师生中建立起真诚的关系。裴斯泰洛齐提出的"教育心理化"强调教育要符合学前儿童心理的发展。

裴斯泰洛齐提倡要素教育。他认为教学应从教学的基本要素开始,他把数目、形状和语言确定为教学的基本要素。学前儿童正是通过计算来掌握数目,通过测量来认识形状,通过言语来掌握语言,同时培养和发展自己的计算、测量和言语的能力。

(二)发展阶段的世界学前教育课程思想

1837年,世界上第一个幼儿园诞生,标志着学前教育由家庭开始转向公共社会机构教育。由此,世界学前教育课程的发展也进入了一个新阶段。从 19 世纪到 20 世纪,福禄贝尔、蒙台梭利、杜威的学前教育课程理论与思想产生了重要影响。

1. 福禄贝尔的学前教育课程思想

福禄贝尔是德国伟大的教育理论家和教育实践家,是近代学前教育理论的奠基人。1837 年,福禄贝尔在家乡附近的勃兰根堡开办了一所学龄前幼儿教育机构,1840 年将它正式命名为幼儿园,成为世界上第一所真正的幼儿教育机构。福禄贝尔受裴斯泰洛齐、夸美纽斯的教育思想影响很大,并在教育实践中形成了一套独具特色的教育理论和方法,促使德国学前教育事业产生了质的飞跃。他教育哲学中最基本的信念是坚信人类精神发展的规律,系自内而外展开而不是其他。福禄贝尔被誉为"幼儿教育之父",其主要著作有《人的教育》《幼儿园学》《幼儿园书信集》等。他根据自己对学前儿童本质的理解,为学前儿童开发了一系列玩具——恩物;他还搜集民间儿童歌曲、游戏,选定各种作业,作为学前儿童的课程和教材。

(1)教育思想:

福禄贝尔认为,教育的目的就是要唤醒人类内在的精神本性和力量,认识神,知道自己的一切是神所赐,世界万物之间存在着内在联系,共同形成生命统一体。而对于个体的人来说,就是要培养万物统一的人生观。基于教育目的的认识,福禄贝尔提出,教育的任务在于促进学前儿童的自我活动和内在本质力量的发展,挖掘儿童内在生命的潜力。

教育顺应自然是福禄贝尔学前教育的核心,始终贯穿他的教育思想。"自然"主要包括两层含义:一是指大自然;二是指学前儿童的天性,即生理和心理特点。福禄贝尔认为学前儿童的身心处在不断变化发展之中,而且这种发展是"自动的",成人的压抑和束缚对孩子而言都是不利的。他以修剪葡萄为例,如果园丁违背植物的本性和发展的正确道路,即使出于好心,也可能危害葡萄的生长。因此,在对学前儿童进行教育之前,首先要对学前儿童有充分的观察和了解。

（2）课程内容：

为了实现上述教育目的和任务,福禄贝尔为儿童设计了一套完整的课程,包括宗教教育、体育卫生、游戏活动、恩物、语言、手工、绘画和颜色辨别、唱歌和诵诗、自然科学常识。其中,恩物是福禄贝尔为学前儿童设计制造的一套玩具。福禄贝尔认为学前儿童身心的发展要在活动中进行,要完成这些活动,就必须借助一些适应学前儿童身心发展特点的物品或器材。他据此为学前儿童设计了方便他们从事游戏活动,完成一些作业的系列玩具或教学用具,并把这些玩具说成是上帝和成人送给学前儿童的恩赐物,简称恩物。它是根据自然界的法则、性质、形状等用球体、圆柱体、立方体、三角体等制作成的,作为学前儿童了解自然和人类的玩具。

（3）教育方法：

福禄贝尔的教育方法主要有三点。

第一,让学前儿童在自由、自主的活动中发展。

第二,让学前儿童在游戏中得到发展。福禄贝尔高度评价游戏在学前教育中的作用,他说"游戏是人在这一阶段最纯洁的精神产物",在他看来,游戏是学前儿童内在本质向外的自发表现,它给人以欢乐、自由和满足。据此他高度重视游戏在学前教育中的作用,要求每一个村镇应当具备一个自己的、供学前儿童世界使用的公共游戏场所。

第三,充分利用恩物,让儿童在操作恩物中获得发展。

2.蒙台梭利的学前教育课程思想

蒙台梭利是意大利著名的教育家,也是世界上第一位杰出的女性学前教育家。她先是研究智能缺陷儿童的诊治,后转而研究正常儿童的教育。蒙台梭利通过大量实验研究提出崭新的学前教育方法——蒙台梭利教学法,并形成独特的蒙台梭利课程体系,在世界学前教育界引起轰动,影响至今不衰。

（1）教育理论

蒙台梭利认为,学前儿童存在着与生俱来的"内在生命力"或"内在潜能",这种生命力是积极的、活动的、发展着的存在,具有无穷无尽的力量。教育的任务是激发和促进学前儿童的"内在潜能"的发现,并使之循着自己的规律获得自然的和自由的发展。学前儿童是有自己的兴趣和需要,能动地积极地同外界环境相互作用,从而不断发展着的活生生的人。教育者不应把他们看作可以任意填充的容器,而应积极观察和研究学前儿童,发现学前儿童的内心的秘密,尊重学前儿童的个性,在学前儿童自由和自发的活动中,帮助学前儿童的智力、身体、个性自然发展。

（2）课程内容

根据自己的教育理论和教育实践,蒙台梭利主要为学前儿童确立了下列教育内容:第一,感官教育,具体包括触觉、视觉、听觉、嗅觉、味觉、立体感觉等感官训练。第二,数学教育,通过操作活动,将难以理解的数学知识具体化、形象化,使学前儿童易于理解。第三,语言教育,具体包括谈话活动、讲述活动、听说游戏、早期阅读、文学作品欣赏。第四,科学文化教育,引导学前儿童接触周围世界,增强环保意识,获得科学经验。学习民族文化,培养民族自豪感。第五,日常生活教育,具体包括基本动作练习、照顾自己、照顾自己周围的环境、文明礼貌训练等。

3. 杜威的学前教育课程思想

杜威一生著述甚丰,仅在教育方面就有《我的教育信条》《学校与社会》《学校与儿童》《儿童与课程》《明日之学校》《民主主义与教育》等。在这些教育著作中,杜威阐发了自己的教育哲学、教育主张,也旗帜鲜明地阐述了他的课程思想。他的教育主张和课程思想是密切相关的。

教育本质观是杜威课程与教材思想的理论基础。杜威认为,教育即生活,教育即生长,教育即经验的不断改造。受卢梭、裴斯泰洛齐、福禄贝尔、蒙台梭利教育思想的影响,杜威也主张课程应尊重学前儿童,以学前儿童为中心,让学前儿童在做中学,与生活打成一片,通过实际操作获得经验。

在教育中,杜威一方面重视个人的心理发展,一方面重视社会因素的影响。因此在课程的设计与教材的选择上,必须充分顾及学前儿童的个人经验、需要、兴趣和能力,将个人因素与社会因素结合起来。但是他特别强调学前儿童的经验,认为教育是偏重学前儿童已有能力的生长。所以学前儿童心理条件是课程设计与教材选择的基本要素。由于儿童是生活在现实世界中的,他们所接受的教育应与社会生活紧密相关。因此,教材应取自实际的生活,而不只是为未来做准备,否则容易使儿童的学习和生活相脱节。

(三)教育学、心理学理论与学前教育课程的发展

从世界范围内的学前教育课程发展情况来看,教育理论和心理学理论的影响也十分巨大。其中,行为主义学派的理论、人文主义心理学、认知心理学等对学前教育课程发展的影响更大,并相应地形成了行为主义课程、人文主义课程和结构主义课程。

1. 行为主义理论与行为主义课程

行为主义由美国著名心理学家华生提倡,在20世纪初期逐渐得到重视。以华生为代表的行为主义理论家的主要观点可以概括为以下几个方面。第一,在教育心理学研究中心该摒弃内省的方法,即放弃对学习的内在认知过程的研究。第二,观察和研究学习过程只限于动物或人的学习行为,而且重点是客观实验,而不是主观推测。第三,动物的大多数学习行为是通过刺激-反应的联结学会的。动物实验的结果可以推知到人类,因为动物与人的行为区别仅在于复杂程度的不同。第四,人类的学习是为了形成适应社会生活的行为,人的任何行为都是外在环境与教育的产物。第五,强调外显行为的变化,强调强化的作用,认为人的行为结果影响着后继的行为。

研究分析行为主义理论,对于课程建设与发展,可以得到一些启示。

(1)课程目标的制定要明确、具体,而且要可控制和测量。

(2)课程实施过程应有序,循序渐进。

(3)课程的设计要重视学前儿童的个别差异,充分照顾学前儿童的个性特征。

(4)在教学上,要重视个别化教学,重视教师的教学技巧、能力与教学效率,正确运用条件控制和强化原理,改变和调节学前儿童的行为,加强学前儿童学习行为的管理。

2.人文主义心理学与人文主义课程

人文主义心理学也称人本主义心理学,其根源于欧洲的人文主义。人文主义重视人的理性,强调人的价值,尊重人的需要,发展人的潜能。人文主义心理学对教育的影响巨大,给人们不少启示。

(1)教育的目的在于追求人的价值和尊严,促进人的价值的自我实现;教育就是价值引导与价值创造的过程。

(2)良好的师生关系的建立是达成教育目的的基本条件。

(3)教学应以儿童为中心,重视创造力的培养和情意的陶冶。

人文主义心理学也直接地影响了课程领域,它启示我们,在设计课程内容时应注意统整性,并能适应儿童的个别差异。

3.认知发展理论与认知发展课程

认知发展理论的创始人和主要代表人物是瑞士著名的儿童心理学家皮亚杰。皮亚杰经过长期的临床研究,研究儿童认知发展领域如语言、思想、逻辑、推理、概念形成、道德判断等,创立了以智力发展阶段理论为核心的博大精深的认知发展理论。在大量研究的基础上,皮亚杰认为,认知发展乃是认知结构不断组织与再组织的过程,这种过程是渐进的、阶段性的。皮亚杰将儿童认知或智力发展分为四个阶段:感觉运动阶段(0~2岁)、前运算阶段(2~7岁)、具体运算阶段(7~11岁)、形式运算阶段(11~15岁)。

皮亚杰的认知发展理论对学前教育与课程的启示：第一，教育的目的在于发展学前儿童的认知结构，培养创造力和批判力。皮亚杰认为，教育是认知发展的陶冶过程，就是创造条件，促使学前儿童与外界相互作用，使认知结构不断成熟和发展的过程。按照皮亚杰的话说，教育的首要目的是培养学前儿童能做新事，有创造能力和发明兴趣。教育要培养学前儿童的批判性，具有求证的能力，而不只是接受知识。第二，课程设计应依据儿童认知发展阶段特点。课程内容不应明显超出儿童认知发展的阶段。所设计的课程应具有衔接性，前一阶段应为后一阶段奠定基础，后一阶段应是前一阶段的继续。设计课程应本着循序渐进的原则，由具体而抽象。第三，课程组织与实施时，多创设可供学前儿童活动的物质环境；充分利用图画、图表等辅助阅读，激发学前儿童学习的兴趣；重视语言教学的功能。第四，重视游戏和活动，促进学前儿童智力发展。第五，培养学前儿童互助、合作、互尊等，发展学前儿童的社会性。第六，正确运用认知冲突原理，强调自我调节的平衡作用，发展学前儿童的自我调节能力。

皮亚杰的认知发展理论给学前教育开辟了广阔前景。从20世纪60年代起，以认知发展理论为指导设计的学前教育课程就有：拉瓦特利的早期儿童课程、威尔卡特的认知发展课程、威斯康星大学研究小组开发的课程、凯米和德沃里斯的课程。其中又以凯米、威尔卡特等人设计的课程比较著名。

第四节 学前教育课程发展的基本趋势

一、当代国外学前教育课程的发展趋势

为了应对未来社会的挑战和未来社会发展的需要，西方国家纷纷进行学前教育课程改革，主要体现出以下趋势。

（一）学前教育课程的多元化

由于科技的飞速发展,文化的流动性与融合性趋势越来越明显,向多元文化方向发展是西方学前教育课程的一个趋势。如今文化价值、宗教信仰、意识形态等对学前儿童发展的影响已成为人们的共识。当今西方课程的文化取向越来越趋向于尊重不同国家、地区的文化特点,强调一种文化平等、民主、多元化的趋势,反对文化歧视以及文化偏见。在美国,孩子们在早期就意识到了他们肤色、语言甚至生理方面的差异。政府和学校往往通过提供多元文化课程,让孩子们在课堂上讨论这种差异性和平等性,在共同活动中学会了解、尊重、合作。教师们尽可能在使用玩具、书籍、音乐等方面做到反映多元化。澳大利亚移民多,学前教育课程提供本民族文化和外来不同文化,让学前儿童认识到拥有不同文化背景的孩子都是平等的,学会理解和尊重各国儿童的独特性。瑞典是一个多民族文化国家,幼儿园为学前儿童提供多种语言教育,孩子们可以自由选择学习何种语言。

（二）学前教育课程的个性化

未来社会需要具有创新精神和创造能力的个体,只有高度个性化的学前儿童,才能真正适应未来社会的挑战。只有为学前儿童提供个性化的课程,才能在一定的社会文化背景上塑造出独特的个体。因此,在学前教育课程开发的过程中,研究者们也越来越关注学前儿童个性化特征的发现与发展,如光谱方案[①]就是致力于发现学前儿童的优势智能,并且促进学前儿童优势智能更好发展并迁移到其他领域的课程方案。在美国,课程专家认为每个学前儿童都是独特的个体,都有自己的个性、学习方式、经验、兴趣、需要以及自己的发展方式。在芬兰,是以学前儿童的心理发

---

① 光谱方案是一个课程与评价相结合的早期教育方案,其理论基础是加德纳的"多元智力理论"和费尔德曼的"非普遍性发展理论"。

展水平和兴趣为出发点设计教育计划,课程专家要求幼儿园要以每个学前儿童现有的发展水平和心理需要设计每日的教育计划。在新西兰,教育专家要求教师在编制学前教育课程时要满足每个学前儿童在某一特别方面、特别时间、特别地点、特别的一天或特别的发展水平的特别需要。学前儿童年龄越小,越要加大课程的变化性和个体性的力度。课程的个性化给教师带来了更大的挑战,教师首先要有先进的、能适应社会文化背景的教育理念,能够根据教育对象和教育情境的特点,为每一个学前儿童设计适合个体需要的教育方案,并能够很好地实施其方案,最终促进学前儿童的个性化发展。

(三)学前教育课程的现代化

学前教育课程现代化主要体现在两个方面,一个是内容的现代化,一个是手段的现代化。内容的现代化主要包括科学教育和外语教育,手段的现代化主要体现在计算机进入幼儿园。

在美国、英国、法国、德国等许多国家,科学教育已经成为学前教育课程体系的重要组成部分。美国、日本等国把培养学前儿童的环保意识纳入了学前教育课程计划。日本和韩国尤其重视外语教育,他们认为面对未来、赢得未来竞争必须对学前儿童加强外语教育,韩国的普通幼儿园往往都聘请外籍教师上课。

随着信息技术的普及与更新,信息技术走进学前教育也是不可避免的趋势,而学前儿童对于计算机等先进技术的喜爱则是毋庸置疑的,如计算机、电子白板、手机、iPad等设备的大量运用为学前儿童的课堂提供了更加丰富的环境、更加逼真的课堂情境。美国所有的幼儿园都普及了电脑,配专职电脑教师,三四岁的孩子就在键盘和鼠标前"触摸未来"。英国为了让孩子们学得更加愉快、轻松,加强了信息技术辅助教学,每个班都配备了计算机,学前儿童可以任意使用,认字母、打字、设计图形,甚至玩教育游戏。

(四)学前教育课程的一体化

学前教育课程一体化主要是指学前教育课程与小学课程的连续性、衔接性。国外高度重视学前教育与小学教育的顺利接轨。美国、德国、法国、澳大利亚等国家在学前教育课程衔接方面的做法各有不同。法国政府颁布的《教育法案条例》指出,学前教育是初等教育的一部分,在对学前儿童学习阶段的认识上,幼小要保持一致性。为了保障这种一致性和连贯性,《教育法案条例》规定:小学教师要接受学前教育方面的培训,幼儿园教师要接受小学教育方面的培训,课程管理者和编制者通常具有小学和学前教育两方面的教育经验。

(五)学前教育课程的生活化

学前教育生活化是学前教育回归学前儿童生活思想的具体体现。学前教育回归学前儿童生活是针对学前教育的理论和实践存在的很多问题提出的。当今的学前教育,受到追逐利益的商业化思想的影响,在一定程度上存在着学前儿童失落自己的生活世界的现象。因此,让学前儿童回归自己的生活世界,不只是为了教育的成效和课程的成效,更是为了学前儿童生命的成长,为了让学前儿童的生命不受扭曲,让学前儿童的生活真正是"我的"和"为我"的。实际上,早在1996年,联合国教科文组织就发布了《学习:内在的财富》报告,提出了"四种基本学习",即"学会认知""学会做事""学会共同生活""学会生存"。这四种基本学习无疑都在强调课程应该关注学前儿童的实际生活,从而促进学前儿童学会更好地生活,如瑞吉欧的方案活动中的森林幼儿园的课程、主题综合课程、生成课程、园本课程等。各国正在不断开展课程生活化的改革运动。

二、我国学前教育课程改革的发展趋势

20世纪90年代以来,随着我国基础教育改革的进一步深入,1996年,颁布了《幼儿园工作规程》,标志着我国学前教育课程改革与发展有了新的开始。2001年,教育部颁布的《纲要》则为21世纪我国学前教育课程的实施和学前教育改革的深化指明了方向,我国学前教育课程的发展进入了又一个新的改革发展阶段。与国外学前教育课程改革相比较,我国学前教育课程伴随着社会经济的发展,呈现出我国特色和符合我国国情的改革趋势。

(一)学前教育课程趋向公平化

我国正致力于建设民主社会、和谐社会,追求社会的公平正义,但在学前教育领域,存在诸多不和谐、欠公平、亟须努力改善和提高的地方,诸如:因城乡差距造成的幼儿园办学条件的差距;因公共资源分配不均衡导致的幼儿园办学质量的悬殊,因分配不公带来的社会矛盾等。《国务院关于当前发展学前教育的若干意见》(国发〔2010〕41号,2010年11月21日)要求"发展学前教育,必须坚持公益性和普惠性,努力构建覆盖城乡、布局合理的学前教育公共服务体系,保障适龄儿童接受基本的、有质量的学前教育"。《纲要》规定了学前教育总的教育目标、教育内容和实施原则,同时要求地方政府制定指导意见,而由幼儿园根据自身情况确定自己的课程。只有真正适合的教育才有可能是有效的教育。在充分顾及我国社会文化背景和知识特点的前提下,我国的学前教育课程不仅在理念上,而且在实践中越来越多地关注学前儿童的自身发展特点和实际需要。我国学前教育课程的编制和设计,趋向于照顾到广大农村区域、普惠到不利境况的学前儿童,统一到当前我国学前教育体系的构建中。尊重学前儿童活动的权益,满足学前儿童的需要,关注学前儿童活动的过程,关注每一个学前儿童在自身原有基础上的发展。同时注重运用适合

学前儿童的方式,将社会普遍认同的知识和技能传授给学前儿童。

(二)学前教育课程趋向一体化

与国外学前教育课程发展相一致,我国学前教育课程也正趋向早期教育一体化和社区教育服务一体化。我国当前的学前教育课程主要是为3~6岁学前儿童设计的,近些年学前教育课程开始向下延伸,出现了0~6岁一体化的课程设计。其原因是,世界上许多发达国家开始统一整个学前教育,使之一贯、连续。脑科学已经证明,3岁前是人生发展最为迅速和关键的阶段,应大力开发此阶段人的潜能。我国正逐步扩大和快速推进0~3岁保育课程与3~6岁保育与教育课程的衔接和统一,逐步取消明显划分两个年龄阶段的课程区别。学前教育课程与社区教育与服务密切联系、相互配合,是我国当前学前教育的发展需要。社区资源丰富,能为学前教育课程实施活动提供直接的、有效的条件和服务。

(三)学前教育课程趋向平衡化

中华人民共和国成立以来,我国的学前教育课程改革几经波折,正渐趋平稳和回归理性,开始在回顾和反思中寻找平衡。学前教育课程改革经历过社会本位、知识本位、教师主导、学前儿童本位倾向等,今天,我们开始致力于各方面的兼容和平衡,努力追求学前教育课程对学前儿童发展的适宜性,促进学前儿童在原有基础上的不断提高。

(四)学前教育课程开始关注生命教育

从整体提高国民素质出发,我国学前教育课程变革会更多关注学前儿童的生命教育,以适合学前儿童的方式,让学前儿童认识生命、体验生命、珍惜生命、尊重生命和热爱生命,提高生存和自我保护能力,促进学前儿童身心健康发展。对学前儿童实施的生命教育,其课程内容包括情绪表现表达、人际沟通、冲突的解决、应付环境的变化等。生命教育体现在学前教育课程的方方面面,包括显性的和隐性的,与学前儿童的日常生活和活动紧密地结合,通过幼儿园各种各样的活动,在教师与家长合作中,共同帮助学前儿童解决在现实生活中所面对的各种问题。

(五)学前教育课程与社区教育、服务相融合

我国幼儿园的发展有逐渐依托社区的发展趋向。社区的服务功能正在扩大和加强,社区资源的综合运用正在受到关注。借鉴国际早期教育发展过程中的成功经验,幼儿园依托社区资源增强教育有效性、融合社区资源丰富课程内容的理念已经被越来越多的有识之士所认同和接纳。幼儿园依托社区、融入社区,其价值不只是运用社区资源,更重要的是在更宏观的层面上加强了对学前儿童及其家庭的教育和服务,而这种教育和服务是全方位的、多层次的和多功能的。学前教育课程与社区教育相融合所产生的优势互补,将会给我国学前教育课程改革带来新的发展空间。

(六)学前教育课程趋向促进教师专业化

教师是学前教育课程的最终实施者、完成者,学前教育课程是否促进学前儿童的适宜发展,关键取决于教师的思想、观念、态度和能力,没有幼儿园教师的专业发展,学前教育课程改革就不可能达到预期目标。当前制约我国学前教育课程实施最艰难的因素之一是幼儿园教师的素质和专业发展水平。重视幼儿园教师专业水平的提高,虽然不是学前教育课程改革本身的问题,但却是我国幼儿园课程改革所亟须解决的问题。我国正着力构建高质量的幼儿园教师培养、培训体系,构建、完善学前教育职前职后一体化教育体系。

第二章 学前教育课程目标的确定

学前教育课程目标的确定在学前教育课程研究中占据重要地位,它可以将学前教育目的和学前教育课程很好地衔接起来。确定学前教育课程的目标,可以将学前课程编制的方向明确下来,可以使学前教育的特定价值观在课程中得以体现。而且学前教育课程目标的确定可以将课程内容的选择组织、课程的实施和评价等与课程目标成为一个有机的整体。本章将对学前教育课程目标的基本取向、学前教育课程目标制定的基本依据、学前教育课程目标的结构与层次进行阐述。

第一节 学前教育课程目标的基本取向

课程目标是一定教育价值观在课程领域的具体化,从这个意义上来看,课程目标就是一定的价值取向。对儿童发展、社会需求和知识的性质以及这三者之间关系的不同理解,使课程目标存在不同的价值取向。在学前教育课程中,较为常见的目标取向有行为目标、生成性目标和表现性目标等。

一、行为目标

(一)行为目标的提出

行为目标指的是以学前儿童具体的、可被观察的行为表述的学前教育活动目标,它指向的是在教育活动实施以后在学前儿童身上所发生的行为变化。行为目标较为突出的特点是客观性和可操作性。

行为目标在课程领域中的确立始于博比特,他在1918年出版的《课程》中提出了课程科学化的问题,认为课程目标必须科学化、标准化。1924年,他出版了《怎样编制课程》一书,在书里,他采用"活动分析法"对人类经验和职业进行了系统分析,由此提出了10个领域中的800多个目标,这为行为目标在课程领域的确立奠定了最初的基础。

1949年,泰勒发表了《课程与教学的基本原理》一书,在这本书中,他系统发展了博比特等人的行为目标理念。泰勒认为,课程目标的提出应该根据一些科学的研究得出,比如对儿童的研究、对学科的研究和对社会的研究,除此之外,还需要通过教育哲学和学习理论的筛选。一旦课程目标得以确立,就要运用一种最有助于学习经验的选择和教学过程的指导的方式来陈述目标,这种方式应该是"既指出要使学生养成的那种行为,又指明这种行为能在其中运用的生活领域或内容"。泰勒的这些主张为行为目标的健康发展打下了坚实的基础。

20世纪五六十年代,布卢姆等人继承并发展了泰勒的行为目标的理念,他们借用生物学中"分类学"的概念,在教育领域建立了"教育目标分类学",从而把行为目标发展到了新的阶段。布卢姆将认知领域的学习分成六个部分,它们是知识、理解、运用、分析、综合和评价。克拉斯沃尔等将情感领域的学习分成五个部分,它们是接受、反映、价值化、系统化和个性化。哈罗则将动作技能领域的学习分成六个部分,分别为反射动作、基本动作、知觉能力、体能、技巧性动作和意向性交流。这三种目标分类的分类水平都是按照从简单到复杂的等级排列的,每一级目标都有赖于前一级目标的达成。例如,运用信息有赖于理解信息,理解信息有赖于了解有关知识。

20世纪六七十年代,梅杰等人总结并发展了前人的行为目标理念,领导发动了"行为目标运动",该运动把行为目标取向的发展推到了顶峰。梅杰认为,陈述一个行为目标时,必须包含四个要素:行为主体,即由谁去完成教育活动预期的行为;行为动词,即可用于表述预期学生形成的具体行为的动词;行为条件,即让学生产生预期行为的特定限制或情境;行为达成程度,即学生通过活动应该达到的最低水平。

(二)行为目标的表述

关于行为目标的表述,梅杰认为,行为目标必须包含三个部分。
第一,儿童外显的行为表现。
第二,能观察到的这种行为表现的条件。
第三,行为表现公认的准则。
举个例子:"能在户外的树木、花草和泥土里寻找小虫;能和小伙伴一起利用放大镜来观察不同昆虫的身体。"在上面这两句话里,"寻找小虫""观察不同昆虫的身体"属于儿童外显的行为表现;"在户外的树木、花草、土里"和"能和同伴一起利用放大镜"是行为表现的条件与表现的准则。这就是标准的行为目标表述。梅杰认为,例如"爱惜公物""对自己所做的事情要有信心"这样的表述并不是行为目标,因为这种表述目标并没有行为表现的条件和具体化的可观察的行为。

要拟定学前儿童行为目标,需要满足以下两个条件。

第一,要具体明确,能观察得到。配合儿童的年龄、能力,依据教学活动的内容和性质,定出明确和详细的目标,写明期望儿童通过该项活动能做到的具体行为。目标能不能达到,可以通过儿童的行为观察到。用作描写行为目标的动词通常是"说出""指出""描述""复述""辨认""分辨出""数出""画出""写出"等有具体行为表现的词。描写行为目标,不应采用"培养""启发""认识""了解""知道""促进"等抽象的动词。

第二,要明确写出达到目标的条件。对不同年龄的儿童,会期望他们能从不同的层次去认识和理解事物。有些活动需要明确写出期望儿童在怎样的条件下达到目标。例如,某幼儿教师在课题为"水"的教案上写出如下的教学目标。

(1)让儿童通过感官去感受水的特性。

(2)让儿童认识水的各种用途。

(3)让儿童知道水的来源。

显然"感受""认识""知道"都是抽象的词,教师无法确切地了解儿童"已经感受到""认识了"或"知道了"多少,因此也就无法去评估教学的成效。

在教案中只写出概括性的目标,是不够的,必须有儿童行为目标,以定出一节课的教学重点和方向,并作为评估教学效果的依据。因此,在写教案时,应该对上述目标进行修改,具体如下。

(1)儿童通过观看和触摸,能说出水的特性,如水透明、湿润、向下流动、冷或暖等(要说出哪一种特性,视所安排的教学活动内容而定。下同)。

(2)儿童能说出水可用作清洗、饮用、栽种等。

(3)儿童能指出水来自雨水或水塘等。

(三)对行为目标的评价

以行为目标的取向确定学前教育活动目标,使教育活动的实施成为一个具体化的和结构化的操作程序,这样做能提高学前教育过程的计划性、可控性和可操作性。行为目标以具体行为的形式呈现,提供了评价的标准,教师能够据之判断活动的成功与否,能够比较方便地做出准确评价。因此,长期以来,行为目标取向成为学前教育活动目标最常用的表述方式。在设计学前教育活动时,某些知识和技能的传授,儿童行为习惯的养成,可以运用行为目标的方式来表述,以期通过活动,让全体儿童或大部分儿童都能够发生所预期的行为变化。事实上,对于一些非高智能性的认知活动,对于一些文化传递性的活动,对于一些养成性的习惯等,采用行为目标取向制定教育活动的目标,往往能收到较为直接的、理想的效果。

但是，以行为目标的取向制定幼儿园教育活动目标，也存在以下一些问题和缺陷。

第一，教育活动的目标是由活动设计者制定的；迄今为止，人们对儿童的发展水平、学习规律以及他们的兴趣和需要还认识甚少，特别是儿童的富有创造性的行为在很大程度上具有不可预知性。而控制本位的"行为目标"把教育过程看成一个可预先决定和操纵的机械过程，把目标与手段、结果与过程之间的有机联系割裂开来，儿童学习的主体性和主动性可能被忽略。相对其他各级各类教育而言，学前教育活动的目标应更多根据儿童发展的水平和需要加以确定，而活动设计者预设的行为目标比较容易成为强加于儿童的东西。

第二，如果学前教育活动的目标以儿童可被观察的、具体的行为变化来确定，那么教育活动就会很强调那些可以通过儿童行为明确识别的方面，而忽略那些难以转化为行为的方面。事实上，真正有教育价值的东西，并非都是能由即时的、可被观察和测量的行为变化标明的。因此，行为目标只能指向人的较低层面的教育要求，而不能反映高层次的教育要求，掩盖了很多对儿童来说更有价值的东西。

第三，按行为目标的方式确定学前教育活动的目标，强调的是通过活动而达成预期的结果，预设的行为目标可能使教师在教育活动过程中忽略未曾预期的一些有价值的情境。

二、生成性目标

（一）生成性目标的提出

生成性目标是在教育情境中伴随着教育过程的展开而形成的课程与教学目标，又被称为展开性目的。它是问题解决的结果，是人的经验生成的内在要求。生成性目标最大的特点是过程性，其关注点并没有放在实现规定的目标上面，而是格外强调教师要

第二章 学前教育课程目标的确定

根据教育活动的实际进展情况提出符合实际的目标,也特别强调师生之间的互动过程。

生成性目标这一取向可以追溯到杜威。杜威提出"教育即生长"的命题,在杜威的观点中,教育是儿童经验的不断改造,儿童的生活和生长以及经验的改造本身即构成教育目的。因此,教育者必须警惕所谓一般的和终极的目的。杜威对于把外在目的强加给儿童这一行为表示了明确的反对,杜威认为目的是教育经验的一种结果,是在教育过程中就已经确定了的。

英国课程专家斯腾豪斯的"过程模式"给予生成性目标另一种意义。由于行为目标存在缺陷并由此招致了太多的批评,斯腾豪斯放弃了"目标"一词,而借用彼得斯的"过程原则"表述他的生成性目标取向。

斯腾豪斯认为,学校教育至少包含四种不同的过程:训练、教学、启蒙和导引。"训练"和"教学"可以用"行为目标"来陈述,而"启蒙"和"导引"则不能用行为目标加以表达,因为"启蒙""导引"的本质恰恰在于它的不可预测性。他特别指出,教育的本质是"导引",即引导儿童进入知识之中的过程,教育成功的程度即是它所导致的儿童不可预期的行为结果增加的程度。教育不应以事先规定的目标(或结果)为中心,而要以过程为中心,即要根据学生在课堂上的表现而展开。斯腾豪斯认为,教育可以规定教师所要做的事情,但教师不能把这些规定看作是教育的目的或结果,更不能以此为依据来对儿童的学习结果进行草率的评价。教师要做的,是在做这些事情的实际过程中,以一种审视和研究的态度密切关注儿童的发展,只有这样才能促进儿童更好地发展。斯腾豪斯特别重视教师的作用,认为教育的发展要在教师发展的基础上才能得以实现,并且,要得到好的发展结果,一味地通过明晰目的是没有用的,而是要在实践中通过批评的手段来实现。

以生成性目标为取向的学前教育活动一般在低结构的学前教育课程当中比较常见,在这一类的学前教育课程当中,儿童游戏是非常重要的,也非常鼓励儿童自发的活动,同时也非常强调儿童、教师和教育环境三者之间的交互作用等。这类课程目标的制定会经常性地采用生成性目标取向。

例如,在美国20世纪60年代发展起来的、迄今在全世界范围内已有数以千计的学前教育机构采用的高瞻课程,列出了数十条关键经验作为教师在组织和实施教育活动时的提示,其中没有预先设定特定的、具体的活动目标,其目的就在于把教师从对工作手册和工作程序表的被动服从中解脱出来,在教育活动实施的过程中能更好地发挥儿童和教师双方的主动性和积极性。

（二）生成性目标的表述

对于生成性目标的表述,由于事先不可预期,当然不会在预先的活动设计中明确表述出来,但是为了体现教师的目标动态观,以及促使教师在活动中关注预设目标以外的价值,在表述活动目标时,教师就要留有空间,那就是少用规定性的字眼,如"学会""掌握""记住""说出"等,而多用"愿意""乐意""了解""尝试"等这类过程取向的字眼。因为活动设计时教师可以规定能做什么,但不能规定幼儿一定按教师预设的去做。这后一类字眼,是让教师在教育活动实施过程中处于一种反思、观察和审视的状态,注重目标的生成,而不是检验预设目标与结果是否一致。

（三）对生成性目标的评价

生成性目标取向追求的是"实践理性",强调在儿童、教师与教育情境的交互作用过程中产生课程的目标。这体现了对儿童学习特点的尊重,因为只有在具体的教育情境中,儿童的学习动机才会被激发,由于被自己的活动目标所吸引,他会越来越深入地去探索、去发现,随着问题的解决和兴趣的满足,儿童会产生新的问题,进行新的探索。儿童真实的学习发生之际,就是教育引导儿童发展之时,因而,基于生成性目标的课程有利于促进儿童有意义的学习和教师主动性的调动和发挥。

当课程不以事先规定的目标为中心,而要以过程为中心,教育活动要视具体的教育情境、以儿童的表现为基础展开时,教师也从目标中解放出来,成为儿童行为的观察者、解读者、引导者;在儿童的主动性得到实现时,教师的主动性也得到了调动和发挥,教育不是机械刻板的,而是富有想象和创造空间的。

但是,生成性目标也受到了一些批评和质疑,批评者认为其在理论上是诱人的,但是在教育实践中却显得过分理想化了,因为在实践层面上这样做,对教师有相当高的要求,即不仅要求教师能够熟悉儿童身心发展的特征和各种可以运用的教育资源,而且需要有相当强的研究能力,还要愿意花费大量的时间和精力去做额外的计划和工作,这些对于教师而言,都是勉为其难的,操作有难度。此外,生成性目标取向的课程具体实施时也是有操作难度的。由于教室内众多的儿童各有特点与需求,一个教师很难在有限的时间里与所有的儿童对话并生成课程目标。

三、表现性目标

表现性目标指向每一个儿童在具体教育情境中所产生的个性化表现,强调儿童反应的多元化和个性化。由于强调受教育者主体性的发挥,因此,表现性目标成为教育活动目标必不可少的一种表现形式。

首先提出表现性目标这种取向的人是美国著名的课程学者艾斯纳。艾斯纳从事的是艺术教育,这对表现性目标取向的提出具有一定的启示意义。在研究艺术教育的过程中,艾斯纳发现预定的行为目标并不适用于艺术领域,为了继续他的研究,他提出了作为补充的表现性目标。

在艾斯纳看来,在课程中存在着两种非常不同的活动目标,一种是教学性目标,教学性目标指的是按照预先的规定,儿童在完成了课程的学习之后应该获得的预定的知识和技能等。另一种是表现性目标,表现性目标是指在课程学习中儿童表现出来的不同于别人的个性,其目标指向的是培养儿童的创造性。艾斯纳认为,儿童的创造性是无限的,一旦其得到充分的发挥,那么其在教育情境中的具体行为表现和所学得的东西是无法准确预知的,因此,表现性目标追求的不是儿童反应的同质性,而是反应的多元性。从本质上来讲,表现性目标将教育活动当成了一个用来发展儿童的个性和创造性的平台。

例如,艾斯纳列出的表现性目标"参观动物园并讨论那儿有趣的事情",其强调的并不是儿童在参加教育活动后能做些什么,而是识别儿童的不同际遇和不同感受,因为儿童对动物园中存在的各种有趣事情的表现和感受是多元的、个性化的,也是不尽相同的。以表现性目标为取向的评价不是学习结果与预期目标的一一对应,而是一种美学评论式的评价,即对儿童活动及其结果作鉴赏式的批评,依据儿童的创造性和个性评价教育活动。

艾斯纳提出表现性目标这一概念的初衷是补充和完善教学性目标。艾斯纳认为,如果教师在教学活动中,期望自己所教的儿童是具有创造性的、富有想象力的,并且可以独立地完成属于自己的行动,建立起某种自己的观点,在这种情况下,表现性目标是非常适用的。但是由于其不可预测的点太多,在具体的教育实践中,并没有那么好操作,难以被教师广泛运用,对教育活动的评价也往往因缺乏客观标准而带有过多的主观色彩。在设计教育活动时,确定的活动目标会比较模糊,难以对教育活动的实施起指导作用。

四、课程目标取向的整合

不同的课程目标取向表现出不同的特点或呈现方式。在确定课程目标时,教师可以从行为目标、生成性目标和表现性目标等不同的取向设计目标。不同取向的目标只是从某一特定的角度把握课程目标,它们之间不是相互排斥或对立的,而是相互补充和联系的,都有其存在的价值。在学前教育课程的编制中,应兼容并蓄各种课程目标取向,以每种课程目标取向的长处,弥补他种课程目标取向的短处,为达成学前教育的目的服务。

首先,行为目标具体、明确,便于操作和评价。因此某些简单知识和技能的传授、行为习惯的训练可以运用行为目标来表述,使全体或多数儿童都能够发生目标所规定的变化。

其次,生成性目标和表现性目标关注活动过程,关注儿童的较高层次的兴趣和需要。因此,儿童的学习能力和学习兴趣的培养、个性发展和创造性的表现可以运用生成性目标和表现性目标来表述。

最后,课程目标要具有开放性,允许儿童、教师和具体教育情境生成新的目标,允许儿童创造性思维的发展和个性的张扬,注重儿童知识技能、情感、态度的全面培养。

在制定课程目标时,必须兼收并蓄这几种目标模式,确定好课程目标的取向。

第二节 学前教育课程目标制定的基本依据

一、学前教育课程目标制定的政策依据

2016年3月起施行的《幼儿园工作规程》第一章第五条规定了幼儿园保育和教育的主要目标。

《纲要》明确提出了健康、语言、社会、科学、艺术五个领域的内容与要求,设计并组织好这些教育教学活动,是幼儿教师首要的工作任务。

《3—6岁儿童学习与发展指南》分别提出了3~4岁、4~5岁、5~6岁三阶段儿童有效学习的特征,对各阶段儿童游戏与探索、主动性学习、创造力和独立思考能力发展水平提出合理期望,并指明了儿童学习与发展的具体方向。

学前教育课程目标的设置应以本专科专业培养目标和以上

文件为依据,结合学前教育课程的内容以及儿童身心发展的特点,使自己的课程设置更加完善,符合当前社会的发展和用人单位的需求。

二、学前教育课程目标制定的需要依据

(一)儿童的需要

课程是儿童的课程,因而儿童需要是课程目标最基本的依据之一。学前教育课程是为支持、帮助、引导儿童学习,促进其身心和谐发展设置的,课程目标是在一定期限内对儿童学习效果的期望。为了建立合理的期望,必须研究儿童,了解他们身心发展的规律,尤其是关注儿童的发展需要。研究儿童的发展需要,要考虑儿童心理发展规律及学习特点,考虑儿童应该和可能达到的理想发展。课程设计者必须要考虑儿童的的兴趣和认知发展规律,联系儿童已有生活经验及熟悉的人与事物确定合适的目标。同时需要注意的是,教育不仅要激活儿童原有的兴趣,也要不断培养新的兴趣,在满足儿童兴趣的基础上扩展、引导儿童新的兴趣和需要同样是教育工作者应注意之处。

(二)社会的需要

儿童的成长是一个不断社会化的过程,他们生活的学校、家庭、社会离不开社会环境的影响,儿童的个体发展总是与社会发展交织在一起的,当代社会发展的需求必然在课程目标中有所反映。因此学期教育课程必须要为儿童积极适应未来社会生活做准备,在考虑学前教育课程目标时,必须研究社会对儿童成长的期望和要求。所谓社会对当代儿童成长的期望和要求,既体现在家庭的要求中,也体现在社会的经济、政治和文化中,还体现在政府的教育方针、政策法规和各种有关文件中。如何把握这些需要并将其转化为有效的课程目标也是需要考虑的。

（三）学科知识的需要

学前教育课程的一个重要职能是传递社会文化知识，知识是人类智慧的结晶，研究人类知识能够帮助儿童更好地认识自然、认识社会、认识自己，因此，人类知识也是课程目标的重要依据。

当然我们也要明白，在学前儿童这个年龄阶段，他们的年龄特点决定了学前教育课程注重的是学科知识的一般教育功能和价值，而不是专门的学术价值。换句话说，从知识的需要角度来考虑学前教育课程目标，课程设计者关注的应该是"该学科领域与儿童的身心发展有什么关系，它能够促进儿童哪些方面的发展"。例如，当把科学作为学前教育课程内容时，它的课程目标则包括以下几点。

（1）对周围的事物、现象感兴趣，有好奇心和求知欲。

（2）能运用各种感官，动手动脑，探究问题。

（3）能用适当的方式表达、交流探索的过程和结果。

（4）能从生活和游戏中感受事物的数量关系并体验到数学的重要和有趣。

（5）爱护动植物，关心周围环境，亲近大自然，珍惜自然资源，有初步的环保意识。

三、学前教育课程目标制定的原则依据

（一）系统性原则

学前教育课程目标要有连续性和一致性。从目标的纵向联系上看，各个年龄阶段目标之间要相互连接，层层递进，体现儿童心理发展的渐进性。在制定课程目标时，要用长远的眼光审视目标对儿童未来发展的价值，遵循儿童心理发展的特征和顺序，切不可拔苗助长或者用孤立的眼光看待儿童的现实发展，造成儿童应有学习经验的缺失和断层。如儿童书面语言的发展基础是

其口头语言的发展和词汇的大量增加,当幼儿知道"草"字念什么却不懂得字的含义时,实际上并没有掌握这个词,只有将相应的口头词汇和"草"字的字形相结合,才能理解字词的真正意义。因此,儿童学习看书、阅读必须先学会听、说,如果在制定课程目标时过于强调儿童的早期阅读,可能会影响儿童口头表达能力的发展和词汇的增加。

从横向上看,学前教育目标要体现全面发展的内涵,必须要做到学前教育课程的总目标、领域分目标、单元目标和具体教育活动目标保持一致,并且目标要体现出层次性。从上层目标到下层目标,每层目标应是上层目标的具体化,各个层次的目标与整体目标之间要协调一致,以保证每一个具体目标的实现为总目标的实现打下扎实的基础。

(二)全面性原则

全面发展的课程,首先应体现在全面发展的课程目标上。全面发展的课程目标首先要做到课程应尽量涵盖与儿童未来发展直接关系的各个方面,指向儿童的全面发展。因此,学前教育课程目标要包括体、智、德、美各方面,要在语言、社会、健康、科学、艺术各领域都有所涉及,在每个领域提出适合儿童年龄特征和心理发展特点的子目标。这些目标不仅要注重儿童知识的获得,更要注重儿童良好的情绪、情感、健康的生活态度的培养。

全面发展的课程目标还要兼顾不同类别的目标。学前教育不仅指正规的学校教育,还包括非正规的教育,相应地,学前教育课程不应局限于正规的或显性的课程,还应包括非正规的和隐性的课程。在学前教育课程目标的确定上不仅要考虑显性目标,也需要考虑隐性课程目标,以达到显性目标和隐性目标的同构。显性目标,是指那些易观察到的行为以及容易测评的知识、技能方面的目标,隐性课程则更多地指向情感、态度、价值观等难以进行量化的目标。要使课程目标达到显性目标和隐性目标的同构,就要将知识与技能、行为与情感、态度与价值观等相互联系,紧密结合。

(三)可行性原则

课程目标的制定要充分考虑本地区、本幼儿园、本班儿童的实际。所定的目标应以儿童身心发展成熟程度即可接受水平为基础,即目标要在儿童的"最近发展区"内,既不要等于或低于儿童已有水平,使课程失去应有的引导、促进发展的价值和功能;也不要一味攀高,使儿童丧失学习的兴趣和信心。

课程目标的制定还应考虑各地区的不同情况,注意城乡差距、地区经济发展水平差距和不同风俗习惯的差距等,因地制宜,发挥本地资源的优势。

(四)时代性原则

学前教育课程目标应该体现出鲜明的时代特点,要立足于现在,面向未来,培养适合未来社会需要的人才。课程目标的时代性原则要求我们要关注社会,关注社会的发展,在了解社会发展趋势的基础上预测未来社会所需要的人才规格。

学前教育作为基础教育的重要组成部分,作为学校教育和终身教育的奠基阶段,应该更加重视如何面向未来的问题,制定课程目标时更需要具有超前意识。

(五)补偿性原则

补偿性原则又叫作缺失优先原则。从社会需要和人的潜能出发而考虑制定的全面和谐发展的课程目标是一种理想的目标,这种理想的目标与儿童的现实发展之间必然存在差距,不同群体、不同个体与理想目标各方面的差距可能是不完全一样的,差距有大有小。其中差距最大的部分尤其应该引起教育工作者的注意,在确定课程目标时将他们特别突出出来,以借助于课程使儿童发展的不足得到补偿。因为幼儿期是为人的一生发展打基础的时期,这一时期身心健康和谐发展对人的一生成长意义重大。这一时期幼儿发展的某些不均衡现象主要是由于缺乏某些学习经验导致,因此完全可以通过改变经验得以补偿,如相当一部分城市儿童身体运动的协调性、灵活性较差,缺乏耐受性和对自然变化的适应能力,这主要是城市儿童因为生活环境比较单一狭小,缺乏运动锻炼的结果,因此城市儿童可以适当增加体育锻炼和户外活动来弥补这一部分的不足。

第三节 学前教育课程目标的结构与层次

一、学前教育课程目标的结构

课程目标的每一个层次,有横向结构问题。学前教育课程目标的结构应包含以下三个维度。

(一)学前儿童心理发展结构

布卢姆等人的《教育目标分类学》以人的身心发展的整体结构为框架,为建立教育目标体系提供了一个比较规范化、清晰化的形式标准,被人们广泛采用。他将教育目标分为认知、情感、动作技能三大类,每一领域又包含儿童发展的不同内容:认知领域包括知识的掌握和认知能力的发展;情感领域包括习惯、兴趣、态度、价值观和社会适应能力的发展;动作技能领域包括感知动作、运动协调、动作技能方面的发展。布卢姆的教育目标分类学体现了对儿童全面发展价值的关注,这也符合教育要促进儿童身心的全面和谐发展的总目标。制定课程目标时,要涵盖儿童认知、情感、动作技能发展的各个方面,保证学前儿童在基本知识、基本能力和基本素养方面得到全面提高。

（二）课程内容结构

在确定课程目标时，还有一个非常重要的问题，就是设计者希望通过课程使儿童获得哪些方面的发展。无论是儿童认知、情感还是动作技能的发展，都是从较高的层次上对儿童发展提出的指导性要求，这些方面仍需要通过具体的课程内容及其组织和实施实现。如当谈到儿童认知发展时，可能是在语言活动中让儿童达到"能认识生活中常见的简单标记和文字符号"的认知目标，也可能是在科学活动中达到"认识周围环境中的数、量、形、时间和空间"的认知目标，等等。因此，课程内容的几大领域——健康、科学、社会、语言、艺术等也是制定课程目标时必须考虑的因素，在每个领域中也都要顾及儿童认知、情感、动作技能三个方面的发展。

（三）学前儿童心理发展年龄水平结构

学前儿童年龄小，身心发展非常迅速，在不同的年龄段表现出不同的年龄特征和心理发展的特征。不同年龄阶段的学前儿童在注意力、记忆力、想象力、思维能力及个性等方面体现出明显的发展差异，为每个年龄段的儿童选择什么样的教育内容，对每个年龄段儿童提出什么样的发展要求，必须要考虑儿童现阶段心理发展的已有水平和应达到的水平的差距。因此，在确定课程目标时，同样要考虑小、中、大班儿童发展目标的差异，为不同年龄段幼儿制定适合的目标。如同样是健康领域中"基本生活习惯的培养"的内容，小班课程目标需要让孩子"有初步的进餐、睡眠、盥洗、排泄等生活习惯"，中班课程目标提高要求，要求"初步养成良好的生活、卫生习惯，有初步的生活能力"，大班课程目标进一步提高要求，"生活、卫生习惯良好，有基本的生活自理能力"。

学前教育课程目标体系的理论建构模式应该是由上述三方

面综合构成的三维立体结构。在设定课程目标时要综合考虑学前儿童心理发展结构、课程内容和学前儿童心理发展年龄水平三大维度,在每个年龄阶段五大领域的教育内容中都要体现儿童认知、情感、动作技能的发展要求,制定出适宜的幼儿园课程目标。

二、学前教育课程目标的层次

国家规定的学前教育目标是宏观的表述,要实现这一目标,需要对目标进行具体的分解,转化为可以操作的具体目标。只有这样,学前教育才能有效,教师在组织学前教育活动时才有据可依,并将教育目标落实在学前儿童的发展上。

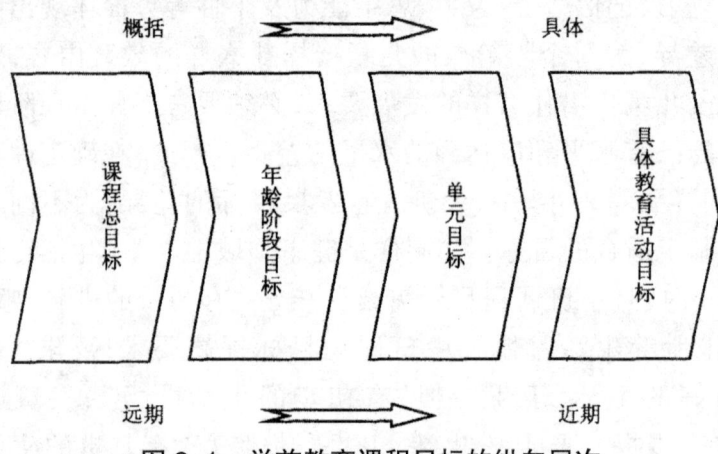

(一)纵向层次

学前教育课程目标的纵向层次指的是学前教育课程目标的纵向结构,是指课程实施在总体的课程目标的指导下,对不同年龄阶段、不同时间段内儿童要达到的知识和能力发展水平的要求。从课程目标的层次来看,学前教育课程目标从宏观到中观再到微观,体现出多层次性,如图2-1所示。

概括 ⟶ 具体

课程总目标 → 年龄阶段目标 → 单元目标 → 具体教育活动目标

远期 ⟶ 近期

图2-1 学前教育课程目标的纵向层次

第二章　学前教育课程目标的确定

1. 课程总目标

学前教育课程总目标集中表现为学前教育课程分领域的目标,从宏观角度概括了健康、语言、社会、科学、艺术五大领域的总的发展要求,这类目标一般比较宏观,表述较为概括、抽象,在课程体系中起到提纲挈领的作用。社会领域课程的总目标如下。

(1)能主动地参与各项活动,有自信心。

(2)乐意与人交往,学习互助、合作和分享,有同情心。

(3)理解并遵守日常生活中基本的社会行为规则。

(4)能努力做好力所能及的事,不怕困难,有初步的责任感。

(5)爱父母长辈、老师和同伴,爱集体、爱家乡、爱祖国。

2. 年龄阶段目标

年龄阶段目标是对课程总目标的进一步分解。按照小、中、大班幼儿的发展水平,制定每个年龄阶段要达到的目标(也叫学年目标),并且各个年龄段的发展目标衔接性要强,保证儿童在前一个年龄阶段的发展基础上进一步提高。表2-1规定了幼儿园科学领域的年龄目标。

表2-1　科学领域学年目标

3~4岁	4~5岁	5~6岁
在家长或教师的引导下可以对周围有趣的事物有所发现	对生活和学习周围的事物和现象表现出好奇	对身边的一切事物都很感兴趣,具有强烈的好奇心和求知欲
会很愿意用自己的各种感官对周围的事物进行感知,能够尝试简单的比较和分类	除了用多种感官感知周围的环境之外,开始喜欢提问	不仅开始思考,也开始动手
喜欢操作、摆弄,尝试提问和表达自己的所见所闻等	尝试用适当的方式表达自己的探索过程	感受信息的重要,学习多途径收集有效的信息
亲近大自然,喜爱并学习爱护周围的动植物	能从生活和游戏中学习简单的数、形、时空等概念。学习使用比较、分类、排序、测量等方法	愿意与同伴共同探索,能用适当的方式表达、交流探索的过程和结果

续表

3～4岁	4～5岁	5～6岁
—	关心周围环境，爱护动植物，萌发初步的环保意识	在日常生活和游戏等多种活动中，加深对数量、形体、时空实际意义的理解，能从多个角度进行简单的比较、测量、排序、分类、推理等认知活动
—	—	乐意亲近大自然，萌发热爱自然的情感，懂得珍惜资源和保护环境，具有初步的环保行为

3. 单元目标

单元目标是年龄阶段目标的再分解，有两种划分单元目标的方式。一是以内容单元的形式划分，根据教育目标及相关的教育内容的特点，把某一组目标及其相关的内容有机组织起来，构成主题或单元。它涉及的范围要小些，如下面这个大班上学期主题活动安排"动物世界"的主题目标。

案例"动物世界"：

（1）能有兴趣地、集中注意力地探索动物世界的奥秘，知道并说出动物的外形特征、习性、分类以及和环境的关系。

（2）爱劳动，能认真为集体、同伴服务。

（3）会用近义词和反义词表达自己对周围事物的认识，能根据儿歌、谜语等不同文学作品体裁进行仿编。

（4）进一步用对唱的形式来表现歌曲。

（5）会用各种方法进行动物的造型，表现他们的主要特征、生活习性。会集体作画，在制作过程中发挥独立性和想象力。

（6）会用球进行投、抛、运等活动，会助跑跨越跳过40厘米以上的距离，积极主动地参加身体素质训练。

（7）能尝试发现两个图形集合交集中元素的特征，学习数"4"的组成。

二是以时间单元的形式划分，根据教育目标及教育内容的特

第二章 学前教育课程目标的确定

点,把年龄目标划分为学期目标、月目标、周目标、日目标等,具体如表 2-2 所示。

表 2-2 小班第二个月月计划

内容	目标
健康	能高高兴兴上幼儿园,了解、熟悉幼儿园的生活
	不害怕健康检查和各种健康接种
	学会一个跟着一个,能听信号走成圆圈
	对体育活动有兴趣,能参加做操、游戏等体育活动。
语言	注意倾听别人说话,理解谈话的基本内容,初步养成良好的倾听习惯
	能听懂成人和同伴的话,乐意开口说话,并初步用短句表达自己的意思
	能用普通话进行语言交流
科学	喜欢观察常见的事物和现象,并对他们感兴趣
	能够运用多种感官进行感知和探索活动
社会	喜欢上幼儿园,能适应幼儿园的集体生活
	认识幼儿园里的人和自己的同伴,认识幼儿园的环境
	了解自己,能感受周围成人的关心和爱护,爱父母、爱老师,喜爱自己的家和幼儿园
	享受与同伴分享的乐趣
艺术	在唱歌时学习听前奏,并逐渐对歌曲的开始和结束做出正确的反应
	能够参加美术活动,引导儿童初步感受造型简单,色彩鲜明的美术作品

4. 具体教育活动目标

具体教育活动目标是对单元目标的再分解,就是我们通常所说的"教学目标",是教师在设计某一活动时具体要考虑的目标。与宏观和中观层次上的目标不同,微观层次上的教学目标总是与具体的教学活动相联系,一般要求制定得非常具体、清晰。具体活动目标在每一个教学活动设计中体现得最明显。下面是某幼儿园大班科学活动《认识左右》的活动目标。

(1)创设情景,让儿童体验左右的位置与顺序。

(2)通过活动,使儿童能确定物体左右的位置与顺序,并能用语言来表达,初步体验左右的相对性。

（3）使儿童在学习活动中获得积极的情感体验。

从以上目标中可以看出，具体的教育活动目标指向性非常明确，指明了儿童在活动后应获得的知识、行为、情感态度上的变化，这些目标也是大多数幼儿能够达到的发展水平。

(二)横向层次

横向层次指每一纵向层次的目标都可从三个角度加以确定，分别形成内容目标结构、领域目标结构和发展目标结构。

从学期教育的基本内容出发看学前教育目标，每一纵向层次的目标都包括体育的、智育的、德育的和美育的目标。这四育的目标相互联系、有机结合，形成了内容目标结构。

从学前教育目标的现实媒体——相关学科或领域——看学前教育目标，每一纵向层次的目标都可分为健康、语言、社会、科学、艺术等领域的目标，从而形成了领域目标结构。

从儿童身心发展看学前教育目标，每一纵向层次目标的内涵都包括身体动作发展、认知和情感发展等方面的目标，从而构成了儿童心理发展的目标结构。

第三章　学前教育课程内容的选择与组织

学前教育课程内容是实现学前教育课程目标的手段,也是学前儿童应该学、能够学并适宜学的有关知识和经验。此外,学前教育课程内容是学前教育课程方案的集结点,在整个学前教育课程方案中起着桥梁和纽带的作用。因此,必须注重学前儿童课程内容的选择与组织。

第一节　学前教育课程内容的范围

学前教育课程内容指的是以培养学前儿童完整健全人格和身心全面和谐发展为目的而选择和组织的能够帮助学前儿童获得有益经验的一切学前教育课程因素的总和。由于在当前信息爆炸的时代,知识呈几何级数迅速增长,但这些知识并不都是适合学前儿童学习和掌握的,因此很有必要明确学前教育课程内容的范围。所谓学前教育课程内容的范围,简单来说就是学前教育课程内容的基本要素或基本组成部分[1],具体包括以下几个方面。

一、有助于学前儿童发展的知识

知识是学前教育课程的重要组成部分,它不仅是学前儿童获得认知、情感、态度的基础,也是学前儿童提高技能、能力的前提,还能保证学前儿童得到健康成长。此外,离开知识奢谈促进学前

---
① 胡娟.幼儿园课程概论[M].上海:复旦大学出版社,2015:51.

儿童发展是毫无意义的。因此，必须要教给学前儿童一定的知识，以促进他们的健康发展。

既然必须要教给学前儿童一定的知识，那么什么样的知识适合学前儿童？总体来说，以下几类知识是最为适合学前儿童的。

第一，与学前儿童的健康、安全相关的生命活动必需知识。

第二，基本的社会行为规则等能够帮助学前儿童解决基本生活与交往问题的知识。

第三，环境中常见事物的名称、属性等能够帮助学前儿童对自己生活的环境进行认知的知识。

第四，基本的数、量、形、时间、空间概念等有助于学前儿童今后对学科知识进行系统学习的基础知识。

第五，简单的环保知识等能够帮助学前儿童在未来成长为高素质公民的知识。

这里还需要特别指出的一点是，在对待需要学前儿童掌握的知识时，要切实注意以下几点。

第一，不过可分注重知识，其最鲜明的表现便是强调死记硬背的知识。在学前教育改革中，人们批评的"重知识"是指不顾学前儿童是否理解，"重"的是死记硬背的知识、不理解的知识。成人规定学前儿童必须接受的东西，不一定是学前儿童需要的和感兴趣的东西。因此，强行灌输学前儿童不需要也不能理解的知识，并要求学前儿童将这些知识鹦鹉学舌地背下来，不仅无法使学前儿童较长时间地记忆这些知识，而且会给学前儿童造成较大的学习压力，使其降低甚至丧失学习的兴趣，还可能会使学前儿童的自信心受到严重冲击。因此，不能过分地强调知识的作用，也不能以学前儿童的学习兴趣和自信为代价，把知识提到不恰当的高度。

第二，不可忽略对必要知识的学习，其最鲜明的表现便是选择课程内容完全基于学前儿童的兴趣，既不考虑学前儿童应该学习哪些知识，也不考虑怎样帮助学前儿童整理、扩充、提升其自然的、零散的日常经验，使之概括化、系统化。虽然说学前教育课程不以传授系统知识为目的,不强调系统的知识学习,然而一些生活必需的知识还是需要学前儿童掌握的。

第三,不可使学前教育内容小学化。一些学前教育课程内容主要为认识汉字、书写拼音及数字、加减法运算和念读英语等。很明显,这样的学前教育课程内容是过于小学化的,不仅剥夺了学前儿童大量的游戏时间,而且使学前儿童承受较大的学习负担,影响了学前儿童的健康发展。因此,这种现象必须消除。

二、有助于学前儿童发展的基本行为

所谓行为,就是在思想支配下所表现出来的活动。在现实社会中,人与活动有着极为密切的关系:人无时无刻不在活动,活动既是人存在的形式,也是人发展的方式。而这里所说的基本行为,就是关于基本活动方式、方法的知识和经验,即所谓"做"的知识。因此,有助于学前儿童发展的基本行为,也就是对学前儿童发展有益的活动方式、方法的知识和经验。

学前儿童大大小小的诸多活动,构成了其一日生活和学习活动。从大的方面说有生活活动、学习活动、游戏活动,具体来说又可分解为许多小活动,如交往、睡眠、进餐、值日、劳动、观察、交流、小实验、手工、体育锻炼等。每一种活动都包含着一些基本的方式、方法,方式、方法对了,做事就会游刃有余。因此,掌握基本的活动方式、方法,自然有利于学前儿童的日常生活顺利进行。

由于游戏是最符合学前儿童的身心发展特点、最能满足学前儿童的需要、最能有效促进学前儿童发展的基本活动,因此选择有助于学前儿童发展的基本行为时,要着重从游戏着手。

三、有助于学前儿童发展的情感态度

情感态度是人类特有的一种高级而复杂的体验,具体表现为爱憎好恶、喜怒哀乐等。其反映了客观事物与个体需要之间的关系,能够对人的行为产生重要影响。

学前教育最根本的目标和任务就是培养身心健全的人,培养具有良好情感素质的人,因此在学前期,对学前儿童的情感态度如学习兴趣、自信心、责任感、独立性、合作精神、友好、尊重、同情等进行培养是十分重要的。

虽然说情感态度不是"教"出来的,是伴随着活动过程而产生的体验,它的形成是潜移默化的结果,更多属于隐性课程。但是,这并不等于说课程无法对学前儿童的情感态度倾向施加影响。事实上,完全可以依据研究揭示的教育规律,选择有趣且适当的内容,将基本情感态度的相关内容贯穿于学前教育课程内容之中。

由于学前儿童基本情感态度的形成方式主要是通过潜移默化和体验。因此,幼儿园教师一要尽可能创造教育影响一致的环境,在培养学前儿童积极的社会性情感方面达成一致的影响力,如分享行为在幼儿园和在家庭里都能得到赞许。二要提供各种活动机会,让学前儿童探索需要培养兴趣的领域,并从这些探索中获得满意的结果;让学前儿童自由活动,满足他们不同的好奇心;寓知识教育于游戏或区域活动中,让学前儿童自主学习,获得成功感等。三要直接利用理智过程帮助学前儿童形成基本的情感态度,可提供相关的知识,先加深理解,最好能让学前儿童有直接感知的机会,帮助其获得相关的直接经验,然后再培养理想的情感态度。

四、有助于学前儿童发展的智力和能力

发展学前儿童的智力和能力是学前教育的主要目的之一,因此学前教育课程内容中必须包含这一部分,而且应占有相当大的比重。学前儿童的智力和能力常常表现在解决活动中所遇到的问题上,并且在解决问题的过程当中得到发展。解决问题一般要经历以下阶段:发现问题—提出问题—寻找线索—验证假设—得

出结论。学前儿童的问题解决也经历这几个阶段,需要综合运用观察、分析、批判、动手操作等能力,使学前儿童有能力发现问题,提出假设。对学前儿童来讲,验证假设需要靠"做",如果一个假设被证明是错误的,就需要提出新的假设,再次进行检验,如此循环,直到得出可靠的结论。因此,学前教育课程内容应该包括那些对学前儿童而言"成问题"的内容,让学前儿童的智力和能力在解决问题中得到发展提高。

通常来说,学前儿童的问题主要出现在生活、游戏、交往中,如起跳点不一,如何比较谁跳得远;鱼缸里的水变少了,是不是被鱼喝掉了等。这些"问题"就构成了学前儿童学习的内容。因此,利用学前儿童在生活中经常遇到的或者感兴趣且有价值的问题作为课程内容,既有利于激发学前儿童学习的积极性,也有利于发展学前儿童的智力,提高学前儿童的能力。

第二节　学前教育课程内容的选择

学前教育课程内容的选择是整个学前教育课程要素的核心,直接影响学前教育教学的效果以及目标的达成。因此,必须重视学前教育课程内容的选择。

一、学前教育课程内容选择的含义

所谓学前教育课程内容选择,就是基于一定的教育价值取向与课程编制模式,有目的地选择适合学前儿童发展的各种经验、概念、知识、技能、事实等,根据课程目标的设置,实施课程。[①]

---

① 万超,陈清淑.幼儿园课程论[M].长春:东北师范大学出版社,2016:40—41.

二、学前教育课程内容选择的出发点

学前教育课程内容选择的出发点,具体来说有以下几个。

第一,学前儿童的社会生活经验与兴趣,即选择学前教育课程内容要从学前儿童的兴趣和需要出发,既贴近学前儿童的生活来选择学前儿童感兴趣的事物和问题,又要确保所选择的课程内容有助于拓展学前儿童的经验和视野。

第二,学前儿童的现实发展需要,即选择的学前教育课程内容既要适合学前儿童的现有水平,又要符合学前儿童的现实需要,还要应着眼于现有的内容和材料。

第三,学前儿童的未来发展,即选择的学前教育课程内容既要有利于学前儿童的长远发展,又应具有一定的挑战性。

三、学前教育课程内容选择的来源

通常而言,学前教育课程内容选择的来源主要有以下几个。

(一)学科领域

学科领域可以说是学前教育课程内容选择的第一来源,但要注意选择学前儿童关注的话题。随着学前教育课程的综合化趋势,现在越来越多的学前教育课程是从学前儿童生活领域中选择内容源并融合其他学科领域的活动来设计。比如,学前儿童现实生活中常见的水果就可以作为一个很好的课程内容来辐射出丰富的学习资源,既可以教给学前儿童水果的类别,也可以教给学前儿童水果的个数,还可以教给学前儿童水果的颜色以及与水果相关的儿歌等。

(二)学前儿童自身的环境

学前儿童自身的环境,也是选择学前教育课程内容的一个重要来源。这里所说的学前儿童自身的环境,又包括学前儿童内在环境和学前儿童外在环境两个方面。

1. 学前儿童内在环境

学前儿童内在环境涉及生理与心理两个方面。与学前儿童生理相关的知识主要有身体的发展与变化、身体的健康与保护等,如"我的器官的用处""我生病了""我是自己的保护神"等课程内容都是以学前儿童生理上的变化为来源的。与学前儿童心理相关的知识主要有学前儿童的兴趣、爱好、能力、情绪情感等,如"我高兴、我不高兴""我的本领"等课程内容是以学前儿童心理的变化为来源的。

2. 学前儿童外在环境

学前儿童外在环境涉及自然环境和社会环境两个方面。其中,自然环境如所生活城市的自然环境、幼儿园自然环境、班级环境,都是有利于学前儿童发展的课程内容的重要来源,如"珍贵的水""海底世界"等。社会环境如社会活动、超市、医院等,都可以作为学前教育课程内容的来源,如"超市售货员""我的朋友"等。

(三)人为专门概括出来的一些现象

这里所说的人为专门概括出来的一些现象,就是人们专门提炼和概括的过程、原理或变化规律。举例来说,"味道""色彩"都是很抽象的词语,在现实生活中没有这个物质,是人们概括出来的,并且具有多层含义,所以要让学前儿童有趣味地学习它、体会它是不容易的。

四、学前教育课程内容选择的原则

要确保选择的学前教育课程内容是适合学前儿童成长的有价值的课程内容,必须在选择过程中遵循一定的原则,具体有以下几个。

（一）目的性原则

学前教育课程内容选择的目的性原则，指的是所选择的学前教育课程内容必须符合并有助于实现学前教育课程目标。这是因为，课程内容是课程目标的载体，也是实现课程目标的手段，课程内容必须围绕课程目标来选择，否则将会偏离方向，造成课程的无效。

在选择学前教育课程内容时，要有效贯彻这一原则，必须做到以下几个方面。

1. 要树立目标意识

这是指在选择学前教育课程内容时，首先要考虑所选择的内容是为了实现什么目标。这要求对拟选内容可能包含的教育价值进行基本分析，衡量一下这项内容是否与目标有关联以及是怎样的关系，是否还有内容与目标关联更为紧密等。

2. 正确理解目标与内容之间的关系

课程内容与课程目标之间并非一一对应的，一项课程目标可能需要多项课程内容的学习才能达到，同样一项课程内容也可以达到多项课程目标。因此，在围绕某一个课程目标来选择课程内容时，需要考虑有哪些内容可以实现这一目标，还存在哪些内容可以促进这一目标的实现。比如，"学会简单的比较异同"这一目标，就可以通过多种内容来逐步实现：人类外貌特征的异同、服装的异同、动植物的异同等。又如，"能进行简单的分类"这一目标，就需要通过多种多样的内容逐渐达成：几何形体的分类、颜色的分类、玩具的分类、动物的分类、植物的分类等。

此外，在围绕某一个课程目标来选择课程内容时，也要考虑到这一课程内容可以实现哪些课程目标。比如，针对"幼儿园的树木"这一写生活动，不仅可以发展学前儿童的绘画表现能力，还有利于培养学前儿童的观察能力，同时激发学前儿童对幼儿园的情感。又如，针对"颜色的变化"这一科学活动，不仅可以提高学前儿童探索的兴趣、动手操作的能力,还可以发展学前儿童的语言表达能力,激发学前儿童对色彩、对生活的热爱。

3. 考虑目标达成所需要的"关键学习经验"

有些课程目标的实现很难通过相应的课程内容来实现,特别是情感类目标要通过给予学前儿童相应的经验来完成。比如,"培养学前儿童的自信心"这一目标,无法通过具体的"教"和"学"来完成,只有通过学前儿童的多次体验、幼儿园教师的多次引导才能逐步实现。

(二)基础性原则

基础性是学前教育最主要的特征,因此在选择学前教育课程内容时必须遵循基础性原则,即所选择的学前教育课程内容要立足于学前儿童基础素质的全面发展,并为其一生的可持续性发展奠定坚实的基础。

在选择学前教育课程内容时,要有效贯彻这一原则,必须做到以下几个方面。

1. 所选择的内容要与学前儿童现在的生活、学习有直接关系

学前儿童的思维具有具体形象性,因此学前教育课程内容必须来源于学前儿童的生活,与学前儿童的学习经验直接相关。比如,动物深受学前儿童喜欢,"动物怎样过冬""动物怎样保护自己""动物吃什么"这样的内容让学前儿童从直观、具体的层面上来认识动物,与学前儿童的思维特点是相符合的。而"认识人造卫星"这样的内容,与学前儿童的生活相距较远,因而不适合作为学前教育课程的内容。

2. 课程内容应是学前儿童发展必需的基本知识

学前儿童处于人生早期,各方面的能力和知识都非常缺乏,同时学前儿童的认知水平低、经验匮乏,所以给其提供的课程内容应是最基本的知识,如时间的变化、四季的变迁、风雨雷电等。

3.课程内容要对学前儿童具有应用性和迁移性

"基础"的一个重要表现便是能够应用和迁移,对于学前儿童而言,其还不具备验证科学知识的能力,对科学知识的认识只是表面的、直接经验的认识,但是为其提供的课程内容,不是让学前儿童简单地记住知识,而是引导学前儿童学会对知识进行应用和迁移。比如,"认识磁铁"的目的和意义,除了激发学前儿童的探索兴趣,还重在学前儿童能够应用其解决生活实际问题,如"帮助奶奶找掉落在地上的针"。

(三)适宜性原则

学前教育课程内容选择的适宜性原则,指的是所选择的学前教育课程内容既要与学前儿童现有的发展水平相符合,又要有一定的挑战性,能够促进学前儿童的进一步发展。

在选择学前教育课程内容时,要有效贯彻这一原则,必须做到以下两个方面。

1.准确把握不同年龄阶段学前儿童的身心特点和发展趋势

心理学的研究已表明了学前儿童认知、语言、社会性等方面的年龄特征和一般发展趋势,这为学前教育课程内容的选择提供了重要的心理学依据。因此,在选择学前教育课程内容时,必须准确把握不同年龄阶段学前儿童的身心特点和发展趋势,以确保学前儿童在学习了相关内容后能够得到进一步发展。

2.精心观察现实中的每一个学前儿童,确保个体适宜性

由于每一个学前儿童自身特点不一样、所处的环境不一样,因而在表现方面会有较大的差异。精心观察每一个学前儿童,针对不同学前儿童的身心特点选择课程内容,才能确保学前儿童通过对课程内容的学习,真正有所成长。

（四）整体性原则

学前教育课程内容选择的整体性原则，主要涉及以下几方面的内容。

第一，在选择学前教育课程内容时，要确保所选择的内容具有整体性，即要着力建设使学前教育课程要素形成有机联系和有机结构的"整合课程"。

第二，在选择学前教育课程内容时，要形成"由上往下"的新整体视角，即整体地把握住学前教育课程这一有机集合及其组成成分的各个科目，避免"由下往上"的片面视角和把学前教育课程看成分离的一门门科目。

第三，在选择学前教育课程内容时，要确保其实施者能够形成一个整体，即教师、学前儿童和家长是课程内容的共构者，每一个具体的活动内容都是从强调学前儿童的发展出发，由教师、学前儿童和家长共同讨论制定出来的，并由他们共同实施。

在选择学前教育课程内容时，要有效贯彻这一原则，必须做到以下两个方面。

1. 要切实树立整体观念

在选择学前教育课程内容时，要充分考虑所选择的内容在整个内容体系中的地位以及与其他内容之间的联系等。同时，在选择学前教育课程内容时，要确保学前儿童一天中的教学、游戏、生活、运动和休息的时间都能得到科学合理的安排。

2. 要选择正确的方式进行内容整合

现在人们普遍接受的一个观念是：在对课程内容进行分类时可以按照领域的结构将内容分成一块一块的，但这些内容呈现给学前儿童时，还需要根据学前儿童的身心发展规律将不同领域的内容按一定的方式进行重新组合，使这些内容在某一平面上形成一张相互联系的网。但内容组合的方式有多种，课程编制者需要从中选择最佳的一种，使学前儿童通过主动学习将呈现在其面前的内容转化为有效的经验。

(五)生活化原则

学前教育课程内容是提供给学前儿童学习的,而学前儿童学习不同于成人学习,最突出的特点就是无意学习、直接学习。也就是说,对于学前儿童来说,最有效的学习内容就是他们能直接感知的、具体形象的内容,而这种学习内容主要来源于学前儿童周围的现实生活。因此,在选择学前教育课程内容时,必须遵循生活化原则,即所选择的学前教育课程内容要贴近学前儿童的生活。在这一过程中,以下两个方面要特别予以注意。

第一,贴近学前儿童生活并不是对学前儿童生活的简单重复,也不等同于生活本身,而是要在学前儿童的生活中挖掘课程内容,让学前儿童亲身感受,自然学习,然后再通过生活化的课程内容,帮助学前儿童整理、提升经验,促使学前儿童的进一步发展。

第二,随着电脑、电视等大众传媒的普及,学前儿童的经验获得不再局限于传统意义上的生活,如许多学前儿童对早已绝迹的恐龙很感兴趣,因此教师可以带领学前儿童探讨恐龙灭绝的原因,这同样可以看作是从学前儿童的生活中发掘出来的有价值的课程内容。

(六)兴趣性原则

兴趣具有一种动机力量,能使人进入一种"情感性唤醒状态",产生一种吸收信息、扩展自己的倾向,为观察、探索、追求和进行创造性努力提供可能性。此外,现代心理学研究充分证明了兴趣的高低会直接影响课程内容的学习效果,即个体的兴趣与课程所选择的内容相一致,兴趣就会大大促进内容的学习。因此,学前教育课程内容的选择必须遵循兴趣性原则,即要充分考虑学前儿童的兴趣。

在选择学前教育课程内容时,要有效贯彻这一原则,必须做到以下两个方面。

第一,要关注学前儿童的兴趣,从学前儿童感兴趣的事物中选择教育价值丰富的内容。学前儿童感兴趣的事物中有不少蕴含着丰富的教育价值,教师要善于分析、发现,及时将它们纳入学前教育课程。比如,教师若注意到学前儿童在区角"动物乐园"中喜欢根据毛绒玩具的外形、色彩等特征猜动物名,便可以设计教学活动"动物的尾巴"时,即看尾巴猜动物。

第二,要将必要的学前教育课程内容"转化"为学前儿童的兴趣。有些学前教育课程内容可能学前儿童不感兴趣,但是从学前儿童长远的发展来看,这些课程内容都是必需的。在这种情况下,教师就需要将这些内容转化为学前儿童感兴趣的内容。

(七)发展性原则

学前教育课程内容选择的发展性原则,包括以下两方面的内容。

第一,所选择的学前教育课程内容不能是一成不变的,需要根据时代的发展、知识的更新、学前儿童的生活变化等做出适时的调整。

第二,所选择的学前教育课程内容,要根据学前儿童的年龄发展,由简单到复杂。

总之,学前教育课程内容选择的发展性原则,既反映了学前教育现代化的趋势,也体现了学前儿童发展的内在要求。

(八)价值性原则

学前教育课程内容选择的价值性原则,包括以下几个方面的内容。

第一,所选择的学前教育课程内容应有利于学前儿童认识能力的发展。所选择的学前教育课程内容应有利于学前儿童认识事物的本质以及事物之间的关系和联系。尽管这种认识还是粗浅的,但它有助于培养学前儿童的科学思维及探究兴趣。

第二,所选择的学前教育课程内容应能挑战学前儿童的能力。所选择的学前教育课程内容应是处于学前儿童的最近发展区内的,并包含需要合作才能解决的问题,因为学得最好的时候都是积极地参与到问题解决中并与别人合作的时候。

第三,所选择的学前教育课程内容应能让学前儿童主动"研究"。所选择的学前教育课程内容应有助于学前儿童学习和掌握基本的研究方法,如观察、比较、测量、实验、调查等。

五、学前教育课程内容选择容易出现的问题

学前教育课程内容有很大的自主选择性,学前教育机构和幼儿园教师可以本地、本班孩子的特点为依据,有针对性地选择合适的课程内容。但是,学前教育课程内容的选择并不是一件容易的事情,很容易在操作过程中出现问题。概括来说,学前教育课程内容选择中容易出现的问题主要有以下几个。

(一)课程目标缺失

在学前教育课程内容选择中,课程目标流失是十分常见的一个问题,即在以目标为依据选择教育内容(或曰目标向内容转化)的过程中,一部分目标"流失"了,并失去了保证这些目标实现的"依托"。这具体表现在以下两个方面。

第一,在选择学前教育课程内容时,过于偏重智育,德、智、体、美诸方面则不完全。在当前,许多幼儿园为了迎合家长"不让孩子输在起跑线上"的心理需求,经常选择读、写、算、英语、电脑等学科知识作为课程的主要内容;为了满足家长对外语、计算机等更精深的要求,甚至直接打出"双语"幼儿园等招牌,以吸引家长,扩大生源。这种做法,很明显会造成课程目标的缺失,导致学前教育课程内容与课程目标的要求相背离,继而制约学前儿童的健康成长。

第二,在选择学前教育课程内容时,偏重基本知识与技能,较少情感和态度方面的内容。如此一来,本该由课程内容作为载体实现的课程目标,由于缺少最直接的支持力量,造成一部分目标缺失,使课程内容背离了课程目标的要求,严重影响了学前儿童的全面发展。虽然说知识与技能有很强的工具价值,但一个人情感、态度、习惯等对他的终身持续发展才具有更大的价值。从学前儿童发展的规律来看,学前期是学习态度、习惯及良好个性发展的关键时期。正如陶行知先生所言:"凡人生之态度、习惯、倾向,皆可在幼稚时代立一适当的基础,倘使培养得不好,那么,习惯成了不易改、倾向定了不易移、态度决了不易变。"

在选择学前教育课程内容时,为了防止课程目标缺失这一问题的出现,要切实做到以下两个方面。

第一,在选择学前教育课程内容时,遵循目的性原则,从学前教育课程目标出发,全面选择学前教育课程内容。

第二,将学前教育课程内容与学前教育课程目标进行比照,看看学前教育课程内容是否兼顾了学前教育课程目标,查漏补缺。

(二)课程内容脱离学前儿童的生活与兴趣

在选择学前教育课程内容时,生活性原则和兴趣性原则是必须要遵循的两个重要原则。学前教育课程内容与学前儿童的现实生活以及兴趣越接近,越能引起学前儿童的学习兴趣,越容易使学习内容与学前儿童的已有经验产生共鸣,进而取得良好的学习效果。若是所选择的学前教育课程内容脱离学前儿童的生活与兴趣,则会对学前儿童身心的全面和谐发展造成不利影响。但是,当前不少幼儿园以及幼儿园教师在选择学前教育课程内容时,很容易忽视课程内容要与学前儿童的生活与兴趣相联系,严重制约了学前儿童的健康成长。

为了避免所选择的课程内容脱离学前儿童的生活与兴趣,在选择过程中要特别注意以下几个方面。

第一,要正确认识学前儿童学习的特点,明确学前儿童的生活也是他们的学习。

第二,要关注学前儿童的生活,注意从学前儿童感兴趣的事物中引出有价值的学习内容。

第三,要注意所选择的学前教育课程内容要随着学前儿童生活经验的变化而变化。

（三）课程内容超载

随着科技的进步和社会的发展,人类的知识总量不断增加,新的学习领域不断涌现。在此影响下,在选择学前教育课程内容时,课程内容超载就成为一个经常会出现的问题。所谓课程内容超载问题,即所选择的学前教育课程内容在量与质上与学前儿童的发展特点、发展水平不相适宜的问题,具体表现在以下几个方面。

第一,所选择的学前教育课程内容易、浅,没有构成对学前儿童智力上的挑战,导致学前儿童的学习总是在对自己已有的经验进行重复,无法得到有效的提高。长此以往,学前儿童便可能失去学习的兴趣,对其未来的成长造成不利影响。

第二,所选择的学前教育课程虽然难度适中,但容量过大,要在有限时间内高质量地完成是十分困难的。在这种情况下,学前教育课程内容要么不能保证有质量地完成,要么使得学前儿童沉重地"奔跑"。如此一来,不仅无法让学前儿童真正地学习,而且导致学前儿童应有的自由游戏和自主活动时间被大大压缩,使学前儿童承受过重的学习压力。

第三,所选择的学前教育课程难度过大,完全超出了学前儿童的可接受水平。这不仅不能有效地帮助学前儿童获得有益的学习经验,还会给他们造成沉重的学习负担,导致学前儿童在学习过程中十分吃力,继而挫伤学前儿童的学习积极性,导致学前儿童厌倦学习。

以上这几种情况的出现,主要是因为在选择学前教育课程内容时,对内容适宜性的思考不足。为此,在选择学前教育课程内容时,要切实注意以下几个方面。

第一,要确保所选择的学前教育课程内容能够在学前儿童已有水平的基础上,对其进行点拨,以利于学前儿童不断完善经验、迁移经验。

第二,要确保所选择的学前教育课程内容能够将各学科或各领域的内容融会贯通,以便在有限的时间里促使学前儿童的学习效率大大提高。

第三,要确保所选择的学前教育课程内容有适当的容量,既不可过大给学前儿童造成过大的学习压力,也不可过少使学前儿童无法得到有效发展。

第四,要确保所选择的学前教育课程内容,特别是新增加的内容,能够获得课程专家、幼儿园教师、家长等多方认可,以便能切实促进学前儿童的健康成长。

(四)课程内容与幼儿园外生活经验及小学课程内容不衔接

通常认为,学前教育课程内容的不衔接指的是"缺少",即出现家庭、幼儿园和小学低年级"谁都不管"的情况。这是一种"缺失性"不衔接,学前教育课程中的确存在着这种不衔接。比如,由于儿童的社会生态环境的变化,我国儿童的家庭生活经验中已经比较缺乏社会角色、社会交往能力的学习条件和学习机会。而幼儿园也普遍重视"智力开发",忽视社会性培养。这就造成了"双不管"的情况。近年来,由于多方的努力,这种状况略有好转,但仍是一个值得注意的问题。

此外,学前教育课程内容的不衔接不仅仅意味着"缺少",还意味着"多余"。这主要表现为两种情况,一是学前教育课程内容简单重复甚至低于学前儿童在幼儿园外(家庭和社会生活中)获得的自发经验,无法对学前儿童的相关经验进行扩展与提升。二是学前教育课程成了小学课程"先修班",即抢先教授小学低年级的课程内容(主要是读写算)。对于这种行为,一般情况下,小学并不欢迎幼儿园的这种过度热情的行为。因为在我国,幼儿园属于非义务教育,幼儿的入园率并非百分之百,没有幼儿园教育经历的儿童同样可以入小学学习。因此,幼儿园提前教授小学课程内容,将使小学面临一批基础参差不齐的学生,增加教学的难度。而且,小学是按地方统一的教学计划和教材组织教学的,不管儿童在幼儿园学了什么,入学后基本都是从头学起。这样一来,在幼儿园提前学习小学课程内容的儿童反而可能丧失学习的新鲜感、兴趣以及认真对待学习的态度。因此,无论从哪个角度看,幼儿园都没有必要去"抢"小学的教育任务。只要把学前阶段该学习的都学好了,该发展的都发展起来了,就为孩子将来的成长积蓄了巨大的可能性和"后劲"。

总之,在选择学前教育课程内容时,要切实避免与幼儿园外生活经验及小学课程内容不衔接的情况。

第三节 学前教育课程内容的组织方式

在学前教育课程内容选择完成之后,接下来的任务是对已选择的学前教育课程内容进行组织,以产生适应学前儿童学习特点与规律的课程内容的呈现方式,保证高效地实现课程向学前儿童的学习经验转化。

一、学前教育课程内容组织的含义

所谓学前教育课程内容组织,就是创设良好的课程环境,使学前教育课程活动兴趣化、有序化、结构化,以产生适宜的学习经验和优化的教育效果,从而实现课程目标的过程。

对学前教育课程内容组织的这一含义进行分析,可以发现其包括以下几方面的含义。

第一,学前教育课程内容的组织,要注意对学前教育课程内

第三章 学前教育课程内容的选择与组织

容进行合理的安排与排列,使其具有连续性、顺序性和整合性。

第二,学前教育课程内容的组织,要充分考虑学前儿童的学习环境、学前儿童的学习经验以及幼儿园教师的目标与价值观等。

第三,学前教育课程内容的组织,要确保课程的趣味性、活动性与综合性。

第四,学前教育课程内容的组织,要充分考虑到学前儿童的学习特点、学习方式、学习品质等,以确保组织好的课程能够使学前儿童产生适宜的学习经验。

第五,学前教育课程内容的组织,要及时依据实际情况进行有效调整,以确保课程能够获得优化的教育教学效果。

二、学前教育课程内容组织的原则

在组织学前教育课程内容时,要确保其能够为学前儿童一生的可持续发展奠定基础,必须遵循以下几个原则。

(一)整体性原则

学前教育的目的是把学前儿童培养成为身心全面和谐发展的人。为此,在组织学前教育课程内容时,需要把各种教育因素有机地组织起来,使它们相互支持、相互强化。也就是说,在组织学前教育课程内容时,必须遵循整体性原则,确保所组织的学前教育课程内容能够真正、有效地转化为学前儿童完整、系统的学习经验,以达到促进其身心全面和谐发展的目的。

在组织学前教育课程内容时要有效贯彻这一原则,需要注意以下几个方面。

第一,在组织学前教育课程内容时,要以整体观和系统观为指导,切实将学前教育课程内容看成相互联系、相互渗透、相互影响、不可分割的一个整体,确保其具有合理的结构和内在逻辑。

第二,在组织学前教育课程内容时,不能仅仅考虑它能够带给学前儿童的"显性"影响,还要考虑到学前儿童可能获得的"隐性"经验。

第三,在组织学前教育课程内容时,要尽可能为学前儿童提供一个完整而全面的内容体系,而不是片段的、零碎的知识点。

(二)顺序性原则

学前教育课程内容组织的顺序性原则,主要包括以下两个方面的内容。

1. 根据学科的逻辑顺序组织学前教育课程内容

根据学科的逻辑顺序组织学前教育课程内容,就是根据学科本身的系统及其内在的联系组织学前教育课程内容。在组织学前教育课程内容时,根据学科的逻辑顺序,可以分为语言、数学、科学、音乐、美术、体育等学科课程内容。这对于保证学前教育课程内容的连续性和顺序性具有重要的作用,但较少关注这种逻辑与学前儿童心理发展的关系,因而可能出现组织的学前教育课程内容与学前儿童的心理发展不相符的情况。

2. 根据学前儿童的心理顺序组织学前教育课程内容

根据学前儿童的心理顺序组织学前教育课程内容,就是根据学前儿童的心理发展特点以及学前儿童的兴趣、需要等组织学前教育课程内容,而不主要考虑学科的逻辑顺序。在组织学前教育课程内容时,根据学前儿童的心理顺序,可以把各领域课程相互融合,并在课程实施过程中根据学前儿童对课程内容的反映情况调整课程。

不过,在实践中,无论是按学科的逻辑顺序组织学前教育课程内容,还是按学前儿童的心理顺序组织学前教育课程内容,都存在相当的困难和问题。为此,在遵循顺序性原则来组织学前教育课程内容时,要尽可能使两者取长补短,以达到和谐的统一。

(三)生活化原则

生活化原则既是学前教育课程内容选择需要遵循的一个重要原则,也是学前教育课程组织需要遵循的一个重要原则。也就是说,在组织学前教育课程内容时,要"寓教育于一日生活中",使学前儿童的生活"教育化"。

在组织学前教育课程内容时要有效贯彻这一原则,需要注意以下几个方面。

第一,在组织学前教育课程内容时,要对幼儿园一日生活主要环节的教育功能和可能蕴藏的教育机会进行分析,明确哪些内容可以结合幼儿园一日生活的有关环节自然地实现;哪些内容需要专门组织的教育教学活动才能达成。

第二,在组织学前教育课程内容时,要对学前儿童的生活环境和生活变化规律进行分析,以使学前教育课程内容的安排更符合学前儿童的需要,从而更好地促进学前儿童的成长。

第三,在组织学前教育课程内容时,要注意依据季节、节日等的变化对课程内容进行调整。

(四)主体性原则

学前教育课程内容组织的主体性原则,就是要把学前教育课程组织成教师主动引导的、学前儿童积极参与的教育教学过程。

在学前教育活动中,学前儿童是学习的主体,只有学前儿童主动参与、主动建构,学前教育课程内容才能内化为他们的学习经验,促进其身心发展。因此,学前教育课程内容的组织要充分考虑如何让学前儿童在与课程环境(教师、同伴、内容、情境等)的相互作用中主动学习。由于学前儿童的身心发展还不够成熟,学习主体意识也比较差,因而学前儿童的主动学习还需要教师科学而艺术的引导。而教师对学前儿童学习所进行的科学而艺术的引导,便是教师在学前教育课程内容组织中发挥自身主体性的重要表现。

总之,学前教育课程内容的组织,必须确保学前儿童和教师的主体性作用得到最大程度的发挥。

三、学前教育课程内容组织的形式

在组织学前教育课程内容时,人们往往有不同的逻辑起点或角度,从而形成了不同的组织形式。具体来看,学前教育课程内容组织的形式主要有以下几种。

(一)学前儿童中心组织形式

学前儿童中心组织形式就是根据学前儿童的兴趣、需要和能力来组织学前教育课程内容。这种学前教育课程内容的组织形式强调学前儿童的兴趣和需要,注重让学前儿童在生活情境中学习。教师的任务是为学前儿童提供学习材料和学习机会,创设一个富有教育性的环境,让他们在与环境的相互作用中,自发地发现和掌握知识。

此外,学前儿童中心组织形式注重让学前儿童从"做中学",而且没有统一的内容和统一的教学进度,可以根据学前儿童的兴趣、需要和能力引导其自由选择活动任务,自主地进行学习。

但是,在学前儿童中心组织形式下,学前儿童所获得的学习经验或知识基本上是零散的,缺乏衔接性和顺序性,难以形成较系统的知识网络。因此,如何使学前儿童的经验概括化,并在此基础上实现心理结构的复杂化,是这一类学前教育课程内容组织形式需要进一步完善的关键。

(二)学科中心组织形式

学科中心组织形式是基于知识本身的逻辑性和系统性的一种学前教育课程内容组织形式。这种学前教育课程组织形式加强了相关知识的联系,但也导致各学科领域之间相互割裂。因此,在利用这一形式组织学前教育课程内容时,要力图打破学科之间的界限,将各领域的知识以一定的形式整合起来,构成一个有机整体,使各领域的知识之间相互影响、相互渗透。同时,要注意加强各学科自身的纵向逻辑性和系统性。

(三)社会中心组织形式

社会中心组织形式就是围绕社会问题来组织学前教育课程内容,目的在于通过课程使学前儿童获得完整的生活经验,增强学前儿童对生活的适应性。这里所说的社会问题,就是学前儿童生活中的各种问题,包括认知的、情感的、态度的等所有方面的问题。

利用社会中心组织形式来组织学前教育课程内容,对于学前儿童在运用已有知识解决问题的过程中主动学习、扩展新经验,并获得身心的和谐发展具有重要的作用。但是,在利用这一学前教育课程内容组织形式时,要积极探索如何在系统完整知识的获得与学前儿童实际生活经验之间达到平衡,以便切实促使儿童的知识与实际生活经验都得到增长。

(四)活动组织形式

活动组织形式强调根据学前儿童的兴趣、需要和发展水平,以学前儿童从事某项活动的动机为中心组织学前教育课程内容。通常而言,活动组织形式又可以细分为以下几类。

1. 集体活动

集体活动就是全班学前儿童在同一时间内做基本相同的事情,活动过程一般是在教师组织和直接指导下进行。这种活动组织形式具有效率高、有助于培养学前儿童的集体感和纪律性等优点。

但是,由于学前儿童的人数多,且存在较大的个别差异,因而这种活动组织形式很难照顾到每个学前儿童的需要,也难以让每个学前儿童积极参与。因此,这种活动组织形式不是所有的情况下都适合。而适合与否,应当根据目标、内容以及学前儿童学习该内容的特点来确定。比如,当全体学前儿童都对某个学习内容感兴趣、该内容的学习也不需要有过多的直接操作时(如讲故事),采用集体活动的组织形式具有很大的优越性。

2. 小组活动

小组活动可以为学前儿童提供与同伴和教师交谈、讨论、合作、分享经验的机会,同时更容易让学前儿童主动积极地操作材料,并可以按自己的速度和方式去做所要求做的事。通常来说,在对新的学前教育课程内容进行组织时,便可以采用小组活动这一课程内容组织形式。

3. 个别活动

个别活动可以是由一个教师面对一两个学前儿童进行指导,也可以是学前儿童的自发、自由活动。教师的指导一般在学前儿童自选活动时间进行,教师作为同伴参与到学前儿童的活动中去,与个别学前儿童互动,或是针对个别学前儿童的特殊情况进行专门辅导。

4. 日常生活和常规性活动

日常生活和常规性活动包括学前儿童的各种自由交往、户外玩耍等,也包括学前儿童的日常生活和常规性活动,前者如入(离)园、进餐、盥洗、如厕、午睡、起床等,后者如做操、各种值日活动等。学前教育课程内容中有很多是通过日常活动和生活环节完成的,尤其是学前儿童的文明卫生习惯、生活自理能力以及一些社会行为规范方面的目标和内容。因此,在组织学前教育课程内容时,这也是经常会用到的一种形式。

5. 游戏

对学前教育工作者来说,游戏在学前儿童身心全面发展中的价值与功能已是不言而喻的了。因此,在组织学前教育课程内容时,要充分利用游戏这一学前儿童最感兴趣、最能发挥并发展其主体性的活动形式,以切实培养学前儿童的创新精神和实践能力,全面提高学前儿童的基本素质。

第四章 学前教育课程的设计

学前教育课程设计是在一定教育理念指导下,对学前教育课程从设计到实施所进行的系统的和整体的规划,是对学前教育课程整体结构及每种课程的构成要素进行的规划与安排。它既涉及学前教育课程设计的理论基础的建构,也涉及学前教育课程目标的确定、结构的组织、内容的筛选及这些要素之间的统筹安排。下面分别阐述学前教育课程中的领域活动设计、单元主题活动设计和区域活动设计。

第一节 领域活动设计

学前教育课程的领域活动就是将学前教育课程分为若干学科(领域),以学科或领域为单位组织和实施教育活动。结合幼儿园教育活动的基础性、全面性和启蒙性的特性,教育部颁布《幼儿园教育指导纲要(试行)》将学前教育课程分为健康、语言、社会、科学、艺术五大领域。可以说,学前教育课程领域活动是实现学前教育课程目标的载体,更是完成学前教育课程设计的基础要素。以下主要围绕五大领域的内容阐述学前教育课程设计与组织的基本结构与一般程序。

一、学前儿童健康领域教育活动设计

学前儿童健康是人类生命质量得以提高的基石,是人类社会

第四章 学前教育课程的设计

发展得以继续的条件。学前儿童健康教育是根据学前儿童身心发展的特点，提高其健康认识，改善其健康态度，培养其健康行为，保持和促进其健康的系统教育活动。学前儿童健康教育是学前教育整体结构中的重要组成部分，也是素质教育的重要组成部分，对学前儿童发展具有独特的价值和意义。健康教育有利于学前儿童养成良好的饮食习惯和卫生行为习惯；能有效地促进学前儿童身体发育，增强体质，促进学前儿童智力的发展。同时，健康教育也能有效地促进学前儿童良好个性品质的发展。

学前儿童健康领域教育活动可分为学前儿童身体保健教育活动、学前儿童体育教育活动、学前儿童心理健康教育活动，下面就这三个方面的教育活动组织过程进行阐述。

（一）学前儿童身体保健教育活动的组织过程

身体健康是学前儿童身心全面和谐发展的基础，直接影响着学前儿童的智力品质、道德品质及其心理素质和能力的发展。学前儿童身体保健教育活动是以保护和促进学前儿童身体的正常生长发育、增进健康、培养学前儿童初步的健康意识和自我保健能力为目的的所有的教育活动。幼儿园进行身体保健教育活动，是为了更好地保护学前儿童的生命和健康，使学前儿童能主动关注自己的健康，保护自己的生命，珍爱自己的生命。

一个完整的学前儿童健康教育活动过程一般包括活动导入、活动开展和活动结束三个部分。活动导入部分是教师引导学前儿童参与活动的步骤，目的是向学前儿童交代本次活动的任务，提出具体要求，并用孩子感兴趣的方法初步引起孩子的注意；活动开展部分是完成活动目标的主要部分，包括用适当的时机向学前儿童展示学习内容和教师引导学前儿童参与活动、进行探索和练习的过程；活动结束部分是使学前儿童体验在活动中获得成功的快乐，让学前儿童在轻松愉快的情感中自然结束活动。具体到幼儿园身体保健教育活动的设计应主要考虑以下几个方面。

（1）活动名称的确定。要写清楚教育活动的具体类型，适合的年龄班,具体内容是什么,如:中班健康活动"保护我的小手"。活动名称要简洁,并易于学前儿童接受。

(2)活动目标的制定。明确目标才能保证活动的方向并使学前儿童获得充分的发展。因此,设计活动首先要确定活动的目标。确定一次具体的身体保健教育活动的目标有以下三个具体要求:第一,活动目标应紧扣学前儿童健康教育总目标和年龄阶段目标;第二,活动目标要从认知目标、动作技能目标和情感目标三个维度综合考虑;第三,目标表述要具体、明确,操作性强、切实可行、角度统一。

(3)活动材料的准备。活动准备包括两方面的内容:教具、游戏材料和环境创设等方面的物质准备;学前儿童知识经验方面的准备。

(4)活动过程的设计,具体包括活动内容、活动组织形式、活动方法的选择。选择健康教育活动内容应注重学前儿童本身知识经验的局限,注重科学性、趣味性和通俗性,使学前儿童对活动内容感兴趣,并有助于培养学前儿童关注健康和自身安全的态度与意识。学前儿童身体保健教育活动要根据本领域的发展目标、不同的教育内容、本园的实际情况和本班孩子的发展水平等具体情况,选择适当的活动组织形式。另外,仅靠专门的教学活动是不够的,必须要在日常生活中长期渗透和进行,在一日生活活动中加强练习。日常生活的每个环节几乎都可以用来对学前儿童进行健康教育。根据学前儿童的年龄特点,对他们进行身体保健教育时,要选择合适的教育方法。常用的方法如讲解示范法、表扬激励法、随机教育法、作品感染法、游戏活动法等。

(5)活动延伸。身体保健教育活动教师要充分考虑活动内容在生活活动中、环境中、家庭中的渗透,注重学前儿童掌握知识技能的一贯性和一致性,以帮助学前儿童加深印象、加强理解,不断强化。保证教育活动目标的实现。

幼儿园身体保健教育是一个综合实施、整体影响的过程。在进行活动指导的过程中,幼儿园教师要尊重学前儿童,充分发挥学前儿童的主体作用;发挥自身的主导作用;注意集体指导与个别指导相结合。

(二)学前儿童体育教育活动的组织过程

科学的、适合于学前儿童的体育活动,对于学前儿童增强身体素质、提高健康水平,将来更好地适应社会生活等,都具有重要作用和深远意义。因此,学前儿童健康教育要充分重视学前儿童体育,培养学前儿童对体育活动的兴趣,积极主动参加各种形式的体育活动和户外游戏,全面发展学前儿童体能,增强学前儿童体质。幼儿园体育教学活动的设计重点介绍如何设计活动目标、活动准备和活动过程这三个方面。

(1)确定适宜的体育教学活动目标。制定具体的体育活动目标时,必须按照学前儿童的发展水平和实际的条件,充分考虑体育活动的内容和形式的不同,有针对性地制定。

(2)做好体育教学活动前的准备工作。熟悉、了解学前儿童的知识、经验水平和身心发展特点;器材、玩具的准备要符合活动内容的特点和学前儿童心理发展的特点;活动场地的布置要安全、卫生;熟悉活动计划等。

(3)体育教学活动过程的设计。人体在开始活动时,能力逐步上升,然后达到并在一定时间内保持最高水平,最后逐渐下降。根据这一规律,在组织学前儿童开展体育活动时,活动量安排的总趋势是由小到较大,然后再由较大到小。身体的准备活动和放松活动都是不可忽视、不可缺少的环节。据此设计学前儿童体育活动过程可采用三部分结构:开始环节、基本环节和结束环节,具体如表4-1所示。

除了正常的体育教学活动,还有早操活动、户外体育活动,目的都是促进学前儿童身体健康发展。

早操活动是一日活动的开始,也是学前儿童早晨入园后在教师的组织、引导下进行的专门的身体锻炼活动。早操活动的内容应丰富多样。结合早操活动的要求,建议各部分内容安排如

表 4-2 所示。

表 4-1　学前儿童体育活动过程

环节	活动内容
开始环节	一些必要的身体准备活动，并从心理上调动学前儿童参与活动的积极性和愿望。在内容上主要包括排队和队列队形练习；向学前儿童说明活动的要求和主要内容，做一些基本体操或模仿操；开展一些运动负荷不大、有利于发展学前儿童体能的游戏；也可进行一些简单的舞蹈、律动等。该部分的时间不宜过长，约占活动总时间的 10%~20%，通常以学前儿童身体舒展及情绪逐渐激昂为宜
基本环节	一次活动一般安排 1~2 项活动内容，在内容安排上应注意新旧搭配、急缓结合。该部分的时间相对较长，一般集体体育、数学活动的大部分时间都分配在此阶段中，约占活动总时间的 70%~80%
结束环节	包括做一些身体放松的活动或动作，对本次活动的小结评价，收拾和整理器材等。该部分一般也比较简短，所用时间不长，约活动总时间的 10%

表 4-2　学前儿童早操活动各部分内容安排

环节	活动内容
开始部分	排队；变换队形、慢跑或走跑交替（冬季尤为适合）；在音乐伴奏下，做各种模仿活动或跳一些轻快而简单的舞蹈等
中间部分	在音乐伴奏下做一些节奏较快的律动（中、大班）；做各类基本体操（可结合队形变化，类似小型团体操）；进行各类器械练习和小型多样的体育游戏，或开展一些运动量较小的体育活动性游戏
结束部分	快步走；慢跑；在音乐伴奏下做一些轻快的舞蹈活动或组织一些安静的身体活动；简单小结并收拾和整理器材

幼儿园的早操活动，应将教师有组织的直接指导活动与教师间接指导的学前儿童自选、自由活动，以及集体活动与小组活动有机结合起来，以适合不同活动内容的不同活动要求。早操活动的时间为 10~30 分钟不等，教师应根据学前儿童的年龄特点和季节气候的变化而酌情选择。另外，活动的全过程应遵循人体生理机能变化的规律尤其是活动量的安排，应由小到中等，再由中等到小，绝不能过量。

学前儿童户外体育活动没有固定不变的模式结构，活动的全过程应遵循人体生理机能能力变化规律使活动量由小到大，由大到小，逐步变化。

（三）学前儿童心理健康教育活动的组织过程

心理健康教育对成长中的学前儿童来说尤为重要。因为他们对外界环境及其变化的影响比较敏感，容易受到各种不良因素的伤害。培养学前儿童良好的心理品质，逐步增强学前儿童自身心理强度，增强对内外压力的认识和评价、容忍和解决问题的能力，以更好地适应社会生活。

幼儿园心理健康教育活动设计也应考虑活动设计意图分析、设计活动目标、做好活动准备、设计活动过程、注重活动延伸等方面。这里重点说如何设计活动目标、做好活动准备和设计活动过程这三个方面。

（1）设计活动目标。学前儿童心理健康教育的目标是培养学前儿童良好的情绪、行为方式、性格、习惯和社会适应能力，使学前儿童在智能、情感、性格、行为方式方面能够与周围的现实环境平衡协调，以形成健康的心理素质。在教学活动中，应有针对性、有选择地对学前儿童加以培养和训练。

（2）做好活动准备。第一，准备上课用到的教具以及相关材料等。第二，创设心理氛围，让学前儿童能够融入其中，并引导学前儿童表达愿意交流的欲望。第三，熟悉和掌握学前儿童心理发展的特点和规律，掌握学前儿童心理健康教育的有关知识和技能；充分了解学前儿童的背景资料。

（3）设计活动过程。在活动内容选择方面，主要包括爱的教育，社会交往的教育，良好生活习惯的教育，情绪情感的教育，适宜的性教育。选择心理健康教育活动内容应注重学前儿童的身心发展特点和学前儿童本身的经历及体验，使学前儿童对活动内容感兴趣，并有助于活动目标的达成。幼儿园心理健康教育活动的组织形式多种多样，常见的形式主要有专门的心理健康教育活动、生活活动、家园合作活动。学前儿童的年龄特点、心理健康教育活动的目标和内容，决定了教育方法在实施学前儿童心理健康教育过程中的重要性。常用的学前儿童心理健康教育的方法有榜样示范法、情景演示法、讲解说理法。

学前儿童一日生活的各个环节都渗透着心理健康教育。学前儿童心理发展受多种因素的影响,并且具有连续性,这就要教育者必须保持要求的一致性。需要幼儿园教师及其他工作人员的支持,也需要家长的配合。学前儿童在成长过程中逐渐学会了将情绪由外露转为内隐,这就需要幼儿园教师善于观察,熟悉每个学前儿童的个性特点和表达方式,及时发现学前儿童的反常情绪,适时帮助其疏导情绪。学前儿童由于认知发展的不成熟,缺乏明辨是非的能力,容易受到周围成人的影响。因此,需要有效整合幼儿园、家庭和社会的教育影响,使各方面的力量保持一致、形成合力,这样才能促进学前儿童的心理健康发展。

二、学前儿童语言领域教育活动设计

语言是人们进行思维、学习和交往的工具。学前期是语言发展的关键期,语言能力的发展可以提升学前儿童的认知能力,促进学前儿童个性化、社会化发展。

(一)学前儿童语言领域教育活动过程的基本环节与基本方法

语言活动方案的写法不拘一格,但从总体内容上来分析,一般包括开始部分、基本部分、结束部分。在编写活动方案时,也可以按照教学的环节和步骤,具体地加以设计和编写。

1. 基本环节

(1)开始部分。主要是组织教学活动,是集中学前儿童注意力的重要环节。教师需要设计一个新颖的内容,把学前儿童的注意力吸引到教学活动中来。开始部分的设计要具有情、新、奇、趣的特点。即要富有感染力,能激起学前儿童思考和探究的欲望,富有情趣,使他们感到新奇。在语言教学活动中,一般常采用儿歌、谜语、故事、悬念、演示、歌曲、情境表演游戏等方式导入。

（2）基本部分。这是活动的主体部分。具体如何设计活动,要由内容来定。如果是语言教学游戏,要交代游戏规则,示范参与游戏,再带领学前儿童参与游戏,还要进行游戏评价。如果是讲述活动,则要引导学前儿童感知理解讲述对象,运用已有经验讲述,然后引进新的讲述经验,最后巩固和迁移新的讲述经验。这部分是活动方案的主要内容,要写得详细一些。要求步骤清楚、环环相扣、时间分配合理。

（3）结束部分。这是活动的最后环节。设计结束部分有很多形式,常用的有以下三种。第一,总结性结束:教师把活动的主要内容加以总结,加深学前儿童对活动的印象,帮助学前儿童有重点地记住活动内容。第二,悬念性结束:是指教师的"结尾性"教学用语具有悬念性,能够激发学前儿童的想象和探索的欲望,为延伸活动做铺垫,也可为学前儿童提供更广阔的空间。第三,活动性结束:活动结束时,可采用和教学内容相关的游戏、表演等活动方式结束。活动的结束也要讲究教学艺术,一般要简洁明快、生动有趣,使幼儿有意犹未尽的感觉。具体选用哪一种方式,均需在教案中简练、明确地写出来。

2. 基本方法

在进行学前儿童语言教育过程中,主要方法有以下几种。

（1）直观法。由于学前儿童心理发展处于直观形象性阶段,这一特殊性决定学前儿童学习语言需要借助视觉的直观形象。教师应为学前儿童提供生动形象的讲述对象,如图片、实物、情境表演等。只有当词和具体事物相联系,学前儿童才能掌握这个词汇。只有当具体事物出现在眼前时,学前儿童才能"有话可说"。年龄越小,这种特征越明显。

（2）示范法。教师的语言是学前儿童模仿的对象,在日常生活中起着渗透性的作用。教师应时刻注意吐字清晰、发音准确,必要时还可以辅以体态语言。

（3）游戏法。游戏法是指教师运用有规则的游戏,训练学前儿童的正确发音和丰富学前儿童词汇、学习句式的方法。众多的学前儿童语言游戏,正是运用游戏法的具体体现。运用游戏法时,要根据学前儿童语言教育的目标和内容,选择和编制游戏,目标要明确,规划要具体,便于学前儿童理解,达到训练语言能力的目的;可配合使用教具或学具;对于个别发音不清的学前儿童,可运用游戏进行重点帮助。

(4)表演法。表演法是在教师的指导下,学前儿童表演文学作品,以提高口头语言表现力的一种方法。在运用表演法时应注意:第一,教师必须在学前儿童理解诗歌内容,并能熟练朗读的基础上,指导学前儿童正确地运用声调、韵律、节奏、速度等进行诗歌朗诵表演。第二,教师必须在学前儿童理解故事内容、熟悉人物对话及体会角色心理的基础上,指导学前儿童正确地运用语言、表情、动作等扮演角色,进行故事表演(有的故事的叙述部分也可由教师讲述)。第三,鼓励学前儿童在故事表演中创新内容和增加对话。第四,要为全体学前儿童提供表演的机会,公平对待每个学前儿童。

实际上,语言教育活动还可以围绕几个方面进行拓展和延伸:日常生活、家庭、其他领域(科学、健康、社会、艺术领域)、区角活动、环境创设。

(二)学前儿童语言领域具体教育活动设计

根据学前儿童语言教育的目标、学前儿童语言习得和语言学习理论,可将学前儿童语言教育活动分为谈话活动、讲述活动、听说游戏、文学教育活动、早期阅读活动。以下就这几种教育活动的组织设计进行阐述。

1. 谈话活动的组织设计

学前儿童谈话活动是有目的、有计划地组织学前儿童通过相互交谈来学习语言的教育活动。它旨在通过创造一个良好的语言环境,帮助学前儿童学习倾听别人谈话,围绕一定话题进行交谈,习得与别人交流的方式、规则,培养交往能力。谈话活动设计的基本结构由以下三个步骤组成,依据这一结构序列去设计组织活动,可以取得良好的语言教育效果。

（1）第一步骤:创设谈话情境,引出谈话话题。教师在谈话活动的开端,通过一定的情境,激发学前儿童的兴趣,启发学前儿童对话题有关经验的联想,打开言语表达编码的思路,做好谈话的准备。这是谈话活动不可缺少的一个环节。谈话情境的创设,主要有以下三种方式:第一,以实物、直观教具创设情境。教师可以利用生动形象的实物、图片、玩具、模型等,向学前儿童提供与谈话主题有关的形象,激发学前儿童谈话的兴趣,调动其关于主题的生活经验。例如,在组织谈话活动"我喜欢的水果"时,教师可以布置一个水果展览,带着学前儿童参观水果展览,调动其生活经验,激发其谈话的欲望。第二,以语言创设情境。教师可以通过自己生动的语言创设情境,或通过提问来唤起学前儿童的记忆,调动他们的经验,以便使其顺利地进入谈话之中。例如,在设计"我最喜欢的动物"的活动时,教师可以用语言创设谈话活动的情境,教师可以说:"老师周末去动物园看到了可爱的猴子、漂亮的孔雀,很有意思,老师可喜欢了。"然后向学前儿童提出一些问题:"小朋友们一定也去过动物园吧,都看过哪些动物啊?"用这样的方式帮助学前儿童进入谈话。能使学前儿童在一种轻松愉快的氛围中进行交流。第三,以游戏或表演创设谈话情境。教师通过让学前儿童做游戏或表演,模拟一个与谈话主题有关的真实环境,激发其真实的感受,从而使其产生强烈表达的愿望,引出主题,例如,小班"交朋友"活动中,在设计谈话活动时,教师请两个小朋友表演两只小熊吵架又和好的游戏,这种具体鲜明的形式可以调动学前儿童的积极性,引起思考,利于创设谈话情境,展开谈话。在创设情境中教师应注意:一是无论采用何种创设方式,要避免无关摆设,要紧扣中心话题;二是要适合儿童的认知水平和特点;三是时间不宜过长,3～5分钟即可。

（2）第二步骤:学前儿童围绕话题自由交谈。谈话活动有了话题之后,教师接下来要向学前儿童提供围绕话题自由交谈的机会,目的在于调动儿童个人有关对谈话中心话题的知识储备,运用已有的谈话经验交流个人见解。可以通过以下两种方式为学前儿童提供自由交流的机会。第一,为学前儿童的谈话提供丰富的材料。材料可以是实物,也可以是图片或者多媒体动画。材料能引发学前儿童的兴趣,调动学前儿童的生活经验,激发学前儿童积极表达。第二,增加学前儿童动手操作的机会,激发其交谈的兴趣。谈话活动既是口头语言操作,也需要学前儿童其他方式的操作。谈话活动如果仅仅停留在教师与学前儿童或学前儿童与学前儿童之间一问一答的形式上,则会使谈话变得乏味,学前儿童的兴趣不高,谈话效果差。因此,根据学前儿童活动的特点,在谈话活动中适当地增加一些操作活动,使儿童产生动静交替、主动操作的体验,将更有利于激发学前儿童交谈的兴趣。例如:在"我喜欢的水果"活动中,教师可以设计让学前儿童尝一尝的内容。学前儿童一边吃水果一边谈论,这样的活动设计使谈话更加有趣味。因此,教师在组织谈话活动中,可以根据话题内容,适当增加学前儿童操作的机会。

设计和组织这一步骤的活动,应遵循以下几个原则:第一,应当放手让学前儿童围绕话题自由交谈。第二,鼓励每位学前儿童积极参与谈话,真正形成双向或多向的交流。第三,在自由交谈的活动过程中,适当增加学前儿童"动作"的机会,将更有利于调动学前儿童的兴趣,增进他们说话的积极性。当学前儿童进入围绕话题的自由交谈时,教师不能袖手旁观,要观察学前儿童谈话情况,了解他们运用原有谈话经验进行交谈的状态,明了学前儿童谈话的水平差异,为下一阶段活动的指导做进一步准备。

(3)第三步骤:教师引导学前儿童逐步拓展谈话范围。经过让学前儿童围绕话题自由交谈的活动阶段之后。教师要集中引导学前儿童逐步拓展谈话范围。在此阶段教师通过逐层深入的谈话,向学前儿童展示并帮助他们学习运用新的谈话经验,使学前儿童的谈话水平进一步提高。在这里需要特别指出,所谓新的谈话经验,是谈话活动目标在谈话活动中的具体化,是学前儿童要学习的谈话思路和谈话方式的总和。教师在设计组织谈话活动时,要防止那种机械呆板理解"谈话经验"的问题。

2. 讲述活动的组织设计

讲述活动需要教师创设一个相对正式的语言环境,学前儿童依据一定的凭借物,使用较为规范的语言来表达自身对某事、某物或某人的认识,从而进行语言交流。讲述活动的组织设计,可分为以下几个步骤。

(1)第一步骤:感知理解讲述对象。感知理解讲述对象,主要通过观察的途径进行。这里所说的观察,大部分是通过视觉汲取信息,但也不排斥从其他感觉通道去获得认识。许多看图讲述、实物讲述、情境表演讲述,先让学前儿童仔细看图、看实物、看表演理解讲述对象;而触摸实物讲述则要求学前儿童闭上眼睛摸一样物体,然后通过触摸感觉物体的特征,猜出物体名称并讲述物体;听录音讲述先让学前儿童听一段录音,请学前儿童分辨出录音中各种声响。

(2)第二步骤:运用已有经验讲述。在学前儿童感知理解讲述对象的前提下,教师引导学前儿童运用已有的经验进行讲述。这一步骤的活动组织,要求教师尽量放开让学前儿童自由地讲述,给他们以充分的机会,实践运用已有的讲述经验。组织学前儿童运用已有经验讲述的方式很多,基本上可以归纳为以下几种:学前儿童集体讲述、学前儿童分小组讲述、学前儿童自由交流讲述。

(3)第三步骤:引进新的讲述经验。新的讲述经验,是每次讲述活动的学习重点。在制定活动目标时,教师应考虑上次活动的重点、解决的问题、达到目标的情况,以便在此基础上向学前儿童提供新的讲述经验。引进新的讲述经验的方式是多种多样的,归纳起来有:教师示范新的讲述经验、教师通过提示引进新的讲述经验、教师与学前儿童一起讨论新的讲述思路。

（4）第四步骤：巩固和迁移新的讲述经验。讲述活动中，仅仅引进新的讲述经验是不够的，还需要提供学前儿童实际操练新经验的机会，以利于他们更好地获得这些经验。

3. 听说游戏的组织设计

听说游戏是一种特殊的语言教育活动，它是用游戏的方式组织语言教育活动，含有较多的游戏规则，能够吸引学前儿童积极参与到语言学习的活动中，积极愉快地完成语言学习任务。听说游戏的组织设计一般有以下几个步骤。

（1）第一步骤：设置游戏情景。在听说游戏刚刚开始时，教师需要设置游戏的情景以引发学前儿童参与游戏的兴趣。一般游戏情景的创设通常采用：物品创设情景、动作创设情景、语言创设情景。

（2）第二步骤：交代游戏规则。在创设游戏情景之后，教师接着要向学前儿童交代游戏规则。这一步骤的活动实际上是教师对学前儿童布置任务、讲解要求的过程。

（3）第三步骤：教师引导游戏。在教师交代完游戏规则后，在学前儿童已经初步理解游戏规则的基础上，教师可带领学前儿童开展听说游戏。在这一过程中教师帮助学前儿童学习掌握游戏中的对话及描述部分，为学前儿童独立开展活动积累经验。

（4）第四步骤：学前儿童自主游戏。在学前儿童自主游戏的阶段，教师可以放手让学前儿童自己开展活动。此时，教师已从游戏领导者的身份退出，处于旁观者的地位。在观察学前儿童游戏时，注意对个别不熟悉规则的学前儿童进行及时的指导点拨。

4. 文学作品活动的组织设计

学前儿童文学作品活动，是以文学作品为基本教育内容而设计的语言教育活动，它是以具体的学前儿童文学作品为内容载体而开展的一系列相关活动。学前儿童文学作品载体多种多样，包括童话、神话故事、儿歌、儿童诗、儿童散文、寓言、成语故事、谜语、绕口令等。文学教育活动的组织设计一般包括以下几个步骤。

第四章 学前教育课程的设计

（1）第一步骤：学习文学作品。文学活动首先就要将文学作品传递给学前儿童，帮助学前儿童感知文学作品语言符号所传递的内容。注意，教师不要在第一次教学作品时过多地重复讲述作品，不强调让学前儿童机械记忆背诵文学作品内容，可用提问的方式组织学前儿童讨论，帮助他们理解作品的情节、人物形象和主题倾向。

（2）第二步骤：理解体验作品。在理解和体验作品这一层次上，教师可以从文学作品内容出发设计和组织相关的活动。有的时候，可以适当采用观察走访的活动方式，让学前儿童接近了解与作品内容相关的自然或生活情景；有的时候，也可以选取绘画、表演的方式，引导学前儿童反映表现文学作品内容。

（3）第三步骤：迁移作品经验。在帮助学前儿童深入理解与体验作品的基础上，可以进一步引导学前儿童迁移作品的经验，进一步组织与作品重点内容有关的活动，帮助学前儿童将文学作品内容整合地纳入自己的经验。

（4）第四步骤：创造性想象和语言表述。经过上述三个层次的活动之后，学前儿童对文学作品的感知与理解已达到较高程度。接下来教师可以创设条件与机会发挥学前儿童的想象力，如续编童话故事、仿编诗歌散文，也可以让学前儿童围绕所学文学作品内容想象讲述。

5.早期阅读活动的组织设计

幼儿园的早期阅读活动，是有计划、有目的地培养学前儿童与书面符号互动的教育活动。这种早期阅读活动，向学前儿童提供集体学习的环境，帮助学前儿童接触书面符号，发展他们学习书面符号的行为，培养他们对书面符号的敏感性。早期阅读活动的组织设计一般包括以下几个步骤。

（1）第一步骤：学前儿童自己阅读。在阅读活动开始时，教师首先创设让学前儿童自己阅读的机会，但也应该是在教师指导下观察认识书面语言。

（2）第二步骤：教师与学前儿童一起阅读。教师的作用在于帮助学前儿童明确此次早期阅读内容，并正确地掌握书面语言的信息。

（3）第三步骤：围绕阅读重点开展活动。每一次阅读活动均有一定的重点，教师事先应当做到心中有数，并能有计划地在活动中贯彻落实。教师可以采用多种形式灵活开展教学活动，表演、游戏都可以作为早期阅读的方式。

（4）第四步骤：归纳阅读内容。教师可以通过表演的方式进行总结提升，让学前儿童通过角色扮演的方式体会故事中的人物心理、理解故事情节，加深对故事内容的理解。

三、学前儿童社会领域教育活动设计

学前儿童社会领域教育主要是指对学前儿童进行社会认知、社会情感、社会行为等方面的教育。具体来讲，它是指帮助学前儿童正确地认识自己、他人和社会，形成积极的自然情感和社会情感，掌握与同伴、成人相互交往以及与周围环境相互作用的方式，以便使学前儿童能有效地在社会中生存和发展的教育。

学前儿童社会领域具体教育活动可大致有自我教育活动、社会环境与社会规范认知活动、人际交往教育活动，下面就其组织设计进行阐述。

（一）自我教育活动的组织设计

学前儿童自我教育活动是为了让其能够正确认识自己并自我接纳，培养自信心，能够初步调控自己的情绪情感与行为。在设计此类活动时可以按照以下基本结构。

（1）引发认知，导入课题。学前儿童对自我的认识处在朦胧状态，如何引导他们关注自我和他人的不同；是有效引发学习目标的第一步。教师可以设计几个有趣的活动，如"猜猜他是谁"的活动，由教师描述每个孩子的相貌特征，让大家观察后猜测，由

此感受每个人独特的地方。

（2）讨论交流，实践体验。教师创设学前儿童相互交流、分享的环节，调动学前儿童生活经验，表达自己的感受和想法。如在"认识自己"的主题中，教师可以通过组织语言交流活动"喜欢和不喜欢"，让学前儿童讲述喜欢吃的东西和不喜欢吃的东西、喜欢的玩具和不喜欢的玩具等，引发学前儿童对自己情绪的体验。

（3）经验积累，行为建立。通过设计多种形式的活动帮助学前儿童积累丰富的实际经验，完成认知的迁移和良好社会性行为的落实。

（二）社会环境与社会规范认知活动的组织设计

社会环境和社会规范教育活动是一种引导学前儿童认知社会环境，掌握社会规范的教育活动。社会环境和社会规范教育活动的设计，一般可根据以下框架来进行。

（1）引导学前儿童感知认知对象。通过活动导入引出相关的社会环境和社会规范。例如，在活动"交通规则"中，教师可带领学前儿童到路边观察或观看相关录像，引导学前儿童观察路口有什么，车辆是怎么走的，人们是怎么过十字路口的，红绿灯有什么作用等。

（2）组织学前儿童自由表达与表现自己的认知体验。教师应提供机会和条件，让学前儿童自由表达和交流自己对新的社会环境和社会规范的认知体验，进一步加深认知。例如，"交通规则"活动中，学前儿童观看相应场景后，教师应组织学前儿童交流自己对交通规则的认识。

（3）引导学前儿童正确认知社会环境和社会规范。在学前儿童讨论交流的过程中，教师应用符合时代要求的社会规范来引导学前儿童，用自己对社会环境的认识来影响学前儿童。当学前儿童对社会环境和社会规范的认知发生冲突时，教师应对学前儿童进行合理而积极的引导。

（4）创设情景，引导学前儿童体验与练习相应的社会环境和社会规范。例如,"交通规则"活动中,教师可创设交通场景,让学前儿童扮演相应角色,模拟练习交通规则。

(三)人际交往教育活动的组织设计

人际交往活动是指教师创造一定的情境和条件,引导学前儿童学习某种人际交往能力的教育活动。学前儿童人际交往教育活动设计的基本框架大致如下。

(1)创设人际交往情景。在人际交往教育活动中,教师一般可以通过情景表演、听故事、看图片等方式,创设人际交往的情景,激发学前儿童的兴趣,引出人际交往的主题。

(2)引导学前儿童学习人际交往技巧。以各种方式向学前儿童传递正确的人际交往技巧。介绍人际交往技巧可以采用两种方法:一是直接呈现法,就是让学前儿童直接接触人际交往,如面带微笑,使用礼貌用语,并让学前儿童感受到这种交往技巧能够给人带来快乐。二是间接呈现法,就是指教师通过呈现一些反面事例,让学前儿童进行讨论,逐步引出人际交往技巧。

(3)组织学前儿童运用人际交往技巧。在活动最后,教师要提供各种条件和机会,让学前儿童学习使用这些人际交往技巧,帮助学前儿童掌握所学的人际交往技巧的具体运用。组织学前儿童运用人际交往技巧,一般可以采用角色扮演法创设一些交往情景,让学前儿童按正确的人际交往技巧进行表演。

四、学前儿童科学领域教育活动设计

学前儿童科学领域教育是引导学前儿童主动学习、主动探索的过程,是支持学前儿童亲身经历探究过程,体验科学精神和探究解决问题策略的过程,是使学前儿童获得周围有关物质世界及其关系的感性认识和经验的过程。

学前儿童学习科学的途径有多种,主要包括集体教学活动、区角科学活动、日常生活中的科学学习活动。以下就这三种教育

第四章 学前教育课程的设计

活动的组织设计进行阐述。

(一)集体教学活动的组织设计

在集体的科学教育活动中,学前儿童所采用的基本方法是科学探究。所谓科学探究,从学生科学学习的角度来理解,是指学生们为了获取知识、领悟科学的思想观念而进行的各种活动。学前儿童的探究可以大致分为五个阶段,每一个阶段都需要教师有针对性的指导策略,来促进学前儿童的学习和发展。

阶段一,确定探究主题,提出问题——学前儿童关注问题,进入探究的情境之中。在这一阶段,教师首先要选择适合于学前儿童发现的知识经验,这些知识经验必须能反映某一领域的关键概念,具有方法论意义,同时又符合学前儿童的年龄特点和经验水平,能引起学前儿童的探究兴趣。

阶段二,推测与讨论——学前儿童主动建构知识的前提。在确定了要探究的问题后,教师应积极调动学前儿童的原有经验,鼓励他们运用自己的原有经验进行充分的猜想和假设,提出自己对观察和实验的想法和做法,鼓励学前儿童对问题的答案进行推测,并尽可能用不同的方式记录下来。

阶段三,进行实验和观测——学前儿童学习获得事实依据和实证材料。在学前儿童实验和观测时,教师注意要尽可能让孩子直接接触实际的客观世界,运用多种感官去感受客观世界;鼓励孩子使用简单的定量测量工具。在指导时,教师不要干涉过多,但要给予必要的帮助。

阶段四,处理信息和数据,并把它们转换成证据——学前儿童学习对事物的客观描述。随着实验和观察的进行,教师需要鼓励和指导学前儿童用适宜的方式记录活动的信息。孩子们可以用图画、符号、表格、简单的文字、照片等多种适宜的方式,记录活动的主要过程和关键步骤。

阶段五,表达和交流——学前儿童学习表达自己和倾听别人。学前儿童要组织自己的想法,并设法向别人说明,或是设法说服别人,这是一次重要的思维过程。教师要让每个学前儿童都表达自己的观点,无论他的观点正确与否。

(二)区角科学活动的组织设计

区角活动是在区角进行的学习活动。在科学常识区,可以为学前儿童安排各种科学小实验。例如,"会转动的纸棒",为学前儿童提供电池、纸棒、圆珠笔,让学前儿童自己来动手操作、探索,从而发现塑料圆珠笔在头发上摩擦后会产生静电,引发学前儿童对静电产生兴趣。在劳作区,可以为学前儿童安排各种科学小制作。例如,"蛋壳不倒翁",为学前儿童提供蛋壳、牙膏、彩笔、剪刀等,让学前儿童试着做一做、画一画、玩一玩,从中了解由于牙膏挤进蛋壳底部后,蛋壳的重心下移,呈上轻下重的状态,所以就不会倒了的科学原理。在生活区,可以为学前儿童安排一些简易、安全,并与学前儿童生活中有关系的科技产品,让学前儿童学会简单的操作。学前儿童在活动中可以自由进入,独立或合作地进行观察、操作、尝试、实验。教师不直接介入,不随意评价。

(三)日常生活中科学活动的组织设计

生活是丰富多彩的、真实生动的,而生活之中处处都蕴含着科学的奥秘。例如,学前儿童在走平衡木时,引导学前儿童思考,用什么办法,使自己走得更稳。在午餐吃蛋时,启发学前儿童思考,怎样让鸡蛋立在桌子上。在结构游戏"建高楼"中,鼓励学前儿童多尝试,寻求用什么办法使楼建得又高又稳等。教师要善于抓住日常生活中的教育契机,挖掘一日生活中的科学素材,因势利导,适时教育,让学前儿童体验科学并不是什么神秘的事,它就在我们的身边,为我们的生活提供了许多帮助。

总之,学前儿童科学领域教育活动在设计与组织过程中,基本遵循着这样几个基本环节:其一,创设情境,激发好奇心。其二,引导操作,探究问题。其三,鼓励交流,表达成果。其四,生活中教,体验教趣。当然,任何事情都应在现实情况中灵活处理。

五、学前儿童艺术领域教育活动设计

学前儿童艺术领域教育是指教师有组织、有目的、有计划地借助艺术手段,依据美的规则对学前儿童艺术活动进行适时适宜的干预和引导,使学前儿童在愉悦的气氛中学会感受美、表现美,建立和遵守美的规则,发展美感,开启心智和创造意识的系统教育活动。学前儿童艺术领域教育活动是实施美育的主要途径,是学前教育的重要组成部分和实现人的全面发展的重要途径。

学前儿童艺术领域课程的内容可以分为美术教育和音乐教育两个方面的内容。以下就这两大部分内容的组织设计进行阐述。

(一)美术教育活动的组织设计

1. 绘画活动的设计

学前儿童绘画教育活动一般可分为活动准备、创作引导、作业辅导、作品评价和活动延伸五个主要步骤。

活动准备:主要包括了解学前儿童的实际发展水平,对活动目标和内容进行分析、理解,准备绘画材料与工具,帮助学前儿童进行相关经验的准备,制订活动计划等。

创作引导。创作引导阶段主要采用全班集体活动的形式,指导主要是用语言启发、讲解,帮助学前儿童明确本次活动的要求,使学前儿童的绘画活动能围绕主题来开展。

作业辅导。包括如何构思、如何造型、如何使用色彩、如何构图等几个方面的内容。

作品评价。教师应从以下几个方面来评价学前儿童的作品:适宜性、有童趣、艺术性(表现为线条有力、连贯,图形、形象清晰完整,画面饱满、均衡,色彩明快,内容丰富、充实)。

活动延伸。美术教育活动的延伸是指围绕一次专题活动的主题、目标,在课后游戏和美工角中,适当开展一些相关的活动来巩固学前儿童初学的新经验、新技能,丰富日常美术活动的内容的过程。

2.手工活动的设计

手工活动大体可分为泥工活动、纸工活动。

泥工活动过程的设计如表4-3所示。

表4-3 学前儿童泥工活动过程的设计

项目	相关表述
导入活动	明确所要制作的形象,激起学前儿童创作表现的愿望
讲解示范	讲解泥工制作的方法
作业辅导	采用巡回指导、分层指导的方法
评价作品	以积极鼓励为主,教师评价与学前儿童评价相结合

纸工包括粘贴、撕贴、折纸、剪纸等。小班:对齐、抹平;中班:看图折纸;大班:组合、折叠。

在开展手工活动过程中,要注意活动安全,认真检查学前儿童使用的工具和材料。提供足够的操作材料,满足学前儿童的不同需求。即便是学前儿童的无意创造,教师也要加以有意引导。教师清楚讲解、演示制作的基本技巧。处理好有组织的手工活动和自由手工活动的关系。教师要注意调动学前儿童审美的积极性,准备精美有趣的范例。

3.美术欣赏活动的设计

第一,导入活动,引起兴趣,引出美术欣赏的内容。

第二,引导学前儿童欣赏作品的造型美、色彩美和构图美。

第三,教师与学前儿童讨论、总结审美感受。

第四,创作活动,调动学前儿童的想象力和创造力。

教师做好物质、知识上的准备,活动目标的制定和教学方法的使用要依据学前儿童的年龄特点和审美经验来进行。启发引导、循序渐进,通过谈话、自由讨论等多种方法理解作品的意境。

（二）音乐教育活动的组织设计

1. 歌唱活动的设计

新授歌曲的程序为教师向学前儿童提供相关的感性材料→介绍新歌（通过讲故事、儿歌、猜谜语、谈话提问、实物、图片等）→新歌导入和范唱→熟悉新歌→教唱新歌。

如果是复习歌曲，学前儿童可以采用多种方法复习，如边唱边表演，边用教具边歌唱，在玩游戏中歌唱，用接唱的方法为歌曲增加伴奏，听音乐绘画等巩固歌唱内容。

如果是引导学前儿童进行创编，注意引导学前儿童为歌曲配动作；引导学前儿童为歌曲增编（或改编）歌词；引导学前儿童自编歌曲（曲调）。

2. 韵律活动的设计

活动前的准备工作：提供感性认识，丰富生活体验，使学前儿童对所要表现的形象有一定的认识和理解；进行必要练习，缩短教学进程，教些简单的动作，如拍手、走步、摇头、点头等。

整体感受作品（倾听与感受）：让学前儿童了解作品的情绪、风格和结构，以及作品的节奏、旋律，并感知作品的动作特点。

表演动作的教授：简单动作整体教，示范—模仿—练习，如律动和简单的舞蹈动作；复杂动作分解教，分解—组合—完整，如歌唱表演、舞蹈；不同角色分别教，玩玩—做做—说说，如音乐游戏。

3. 打击乐活动的设计

导入引起兴趣：击打乐器发出各种声音，吸引学前儿童的注意力，或者以游戏的方式引入，激发学前儿童的兴趣。

欣赏打击乐曲：告诉学前儿童乐曲名称、主要内容后，就要引导学前儿童仔细听，感受音乐的内容、情绪、性质、力度、速度、风格及节奏等。

练习基本节奏型,帮助学前儿童尽快掌握基本节奏型,随音乐练习合奏,以便在短时间内使用乐器演奏。

在练习打击乐器的过程中,可让部分节奏感较强的幼儿先拿乐器练习,随后逐步扩大到其他学前儿童,互帮互学。

4. 音乐欣赏活动的设计

第一,分析教材,包括内容、情绪、情感及音乐的基本表现手段、教材的重难点。

第二,活动准备,包括环境创设及必要的教学用具。

第三,初步欣赏音乐作品1~2遍;重点深入地欣赏音乐作品,深化审美效果;复习、检查音乐欣赏的效果。

第二节 单元主题活动设计

单元主题活动是指在一段学习时间内围绕一个中心内容即主题来组织的教育教学活动,是将各个学科科目的教学内容综合到一个网络之中,围绕主题而展开的一系列教育活动。可由教师确定活动目标和活动内容,也可以由学前儿童根据与主题有关的学习经验发起活动,还可以是某一节日等。

一、单元主题活动的设计步骤

单元主题活动的设计流程一般包括选择与确定主题、确定单元主题目标、设计主题网、设计每个活动、考核与评价。

(一)选择与确定主题

活动主题是核心,教师要确定主题,首先根据教育目标以及学前儿童的兴趣爱好,选择适合学前儿童发展的主题。

1. 主题选择的依据

幼儿园教师在选择单元主题时,首先要思考一下为什么要选择这个主题。教师不妨思考以下几个具体的问题,并尝试着回答。

(1)这个主题学前儿童会喜欢吗?符合他们的兴趣和需要吗?一个学前儿童喜欢的、能够调动起他们积极性的主题,应该是学前儿童当前关注的、与他们的生活相关的问题或事物。有时学前儿童没有直接表现出对某主题的关注,但由于它与学前儿童的发展关系密切,符合学前儿童的基本需要和心理特点,也会比较容易引起学前儿童的兴趣和学习热情。

(2)这个主题隐含着什么样的教育价值?它可能有助于达成哪些教育目标?一个有意义的主题应该蕴含着多种教育价值,有助于达成多方面的教育目标。幼儿园课程以增进学前儿童身体动作、智力、社会情绪、语言、创造力等方面全面和谐的发展为目标,因此,单元主题活动要以目标为导向,在选择主题内容的时候要考虑到这些内容能否支持、帮助、引导学前儿童达成上述的发展。我们强调从学前儿童的兴趣出发,但也不能否认主题活动的目的性,考虑社会对学前教育的要求。当然,有些目标可以直接达到,有些目标需要长时间的实践活动才能达到,但无论如何,这些目标都是这个主题本身所蕴含的而不是牵强附会的。主题活动的目标离不开学前教育的总目标,我们在选择主题内容时,可以直接从学前教育的目标出发,寻找相应的主题活动。例如,根据学前教育目标"培养幼儿热爱大自然的情感",结合学前儿童的兴趣需要,就可以选择以一年四季为主要内容的主题内容,可以多设置一些踏青等户外的活动,这样既满足了学前儿童的兴趣需要,又实现了学前教育目标。这样的主题才更有价值。

应该说,许多主题有多种教育价值,但分析比较一下,就可能从中选择出更有意义的主题。在分析主题的教育价值时,以既定的幼儿园教育目标为参照标准进行分析,并对照本园本班的学前儿童发展状况,是一种有益的做法。

（3）这个主题涵盖哪些教育内容？可能引起哪些方面的学习？可以提供给学前儿童什么样的学习经验？一个涵盖课程领域较广的主题，有利于学前儿童获得均衡的学习经验，有利于安排各种不同类型的活动。如果主题本身涵盖的领域有限，可能会导致同类活动的重复。

（4）这个主题的可行性如何？所需要的材料容易获得吗？是否容易转化成让学前儿童积极参与的具体活动？一个具有可行性的主题，其所需要的活动材料必须容易获得，必须容易转化成具体的活动，能够让学前儿童直接参与其中。有些活动材料虽然可以获得，但如果花费较高，就不如选择能达到同样目标的其他主题。

（5）这个主题与其他各单元活动之间的关系如何？能否与有关的经验相互衔接？选择主题时，还应该尽量考虑到主题之间的连续性。后面的主题活动应考虑到学前儿童在前一个主题单元中所获得的经验和能力。适宜的主题产生之后，可以考虑给它起个能够突出单元活动目的和中心的名字，以此提醒教师关注教育活动的重点，并帮助家长了解学前儿童学习的内容。不过在命名时，首先考虑的往往是学前儿童是否理解、是否符合学前儿童的兴趣。

2. 主题选择的来源

主题内容是丰富多彩的，一般来源于学前儿童的生活。确定当前学前儿童的兴趣和需要在选择主题时至关重要的。

（1）学科领域。主题的设计一般是以学科领域为基础的，主题名称也往往是学前儿童在该领域关注的话题。比如，"奇妙的身体""春天来了""相亲相爱一家人"等。这些主题明显与特定的学科领域有关，可将这些学科内容知识重新整理安排，展开主题教学活动。

（2）学前儿童生活。学前儿童的很多主题活动都来源于学前儿童的生活事件，以及与学前儿童相关的社会生活事件。可将这些日常生活事件整合到主题教学活动中,由于它们与学前儿童密切相关,能够真正吸引学前儿童的兴趣,增强学前儿童的积极性。例如,拿主题来源的社会生活事件来说,把兴趣点放在乡情生活部分,如"水晶博览会""灯会""小区真美丽"等便是比较适合的主题,它们既是生活中的重大事件,又是与学前儿童相关的、学前儿童关注的,并涉及学前儿童学习的各个领域的知识。围绕学前儿童生活事件设计的主题活动覆盖了多个领域的内容,往往具有很大的活动生成空间,因此,学前儿童的一日生活的各个环节都可以作为主题课程的内容来考虑。应处理好预设课程与生成课程的关系,设计出最符合学前儿童发展需要的主题内容。

(3)文学作品。文学作品也是幼儿园主题教育活动很重要的一个来源。文学作品中尤其是故事、儿歌、寓言等,短短的文字渗透着大大的道理,并且故事、寓言、儿歌都是学前儿童非常喜欢的,可以将这些文学作品中的内容融合到主题教学中,对学前儿童良好习惯的培养以及道德启蒙的熏陶起到一定的作用。

(4)自然规律。人们在社会发展过程中,总结、提炼、概括了一些原理、规律。教师可以指导学前儿童有趣味地去发现它、认识它,把一些相关的事物和活动串联起来,构成一组串联的活动。例如,中国的二十四节气的变化、颜色的变化、长辈的称谓等,这些原理规律也可通过主题的形式将内容整合起来,从而便于开展相关的综合活动,开阔学前儿童的视野。

(二)确定单元主题目标

主题在确定的过程中,已经融合了多方面的考虑因素,设计者也很清楚该主题的教育价值所在,这些教育价值即主题目标,用规范的语言文字表述出来,主题目标也就完成了。值得注意的一点是,由于一个主题内容比较丰富全面,并且主题要在相当长的一段时间内实施,所以,主题的目标一定要全面。

(三)设计主题网

主题网是按照主题活动内容之间的关系组合到一起,以便清晰地了解活动之间的关系,有利于活动内容的拓展和生成。有的主题中一个子活动可以达成一个主题目标,但是也有的一个主题目标需要几个子活动来达成,如果在主题目标中提到了,而在活动内容中没有体现,那就必须要考虑增加相应的内容,如图4-1所示。

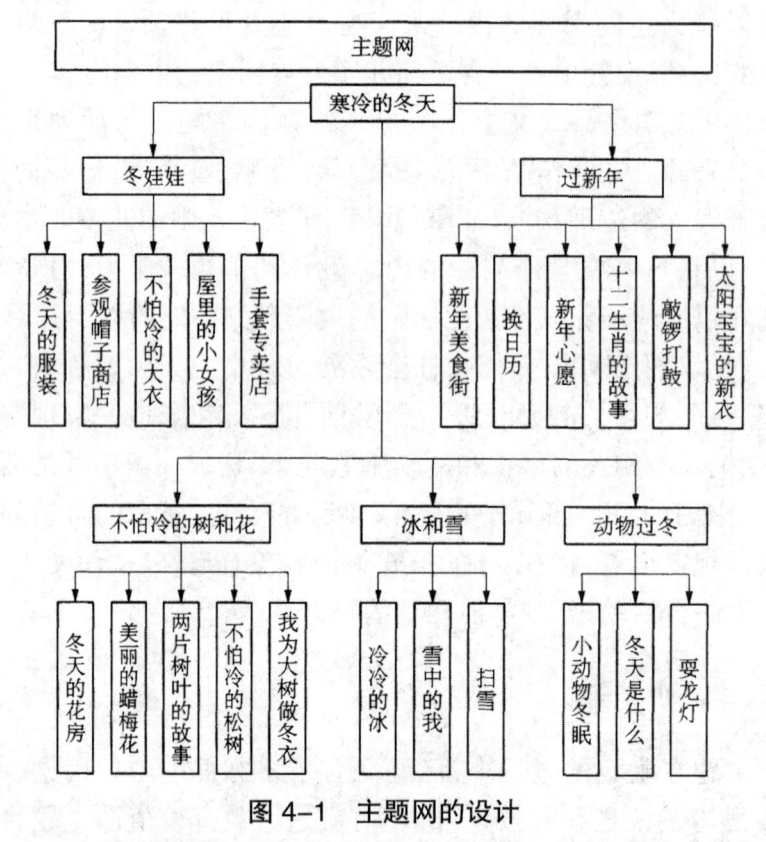

图 4-1 主题网的设计

编制主题网络,就是将通过"脑力激荡"而调动出来的与主题有关的知识经验或概念,经过归纳整理,建立起某种关系和联系,并以网状的形式,将这种关系和联系直观形象地呈现出来。如图4-2所示,主题活动"颜色躲猫猫"由三级主题构成主题网络图。

第四章 学前教育课程的设计

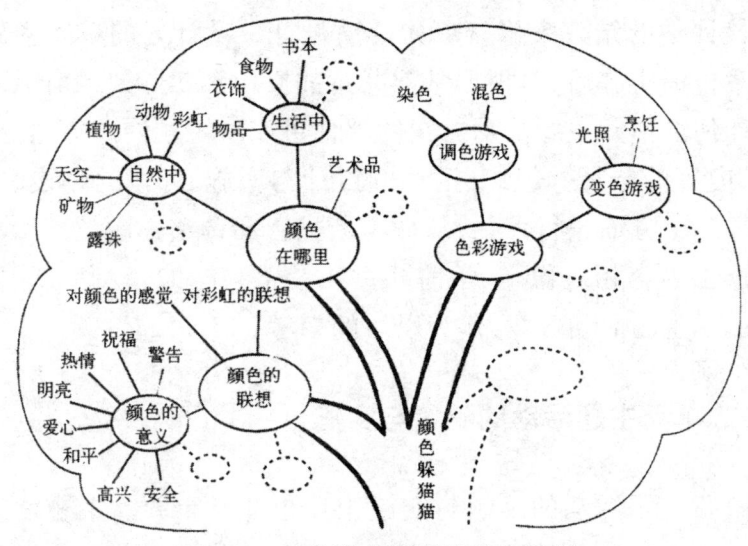

图 4-2 "颜色躲猫猫"主题网络

在图 4-2 这个主题网络中,首先围绕主题"颜色躲猫猫"生成了"颜色的联想""颜色在哪里""色彩游戏"等一级主题,在一级概念"颜色的联想""颜色在哪里""色彩游戏"下分别是二级主题"颜色的意义""自然中""生活中""调色游戏""变色游戏"等,其余则是隶属于二级主题的三级主题。实线所指向的主题是由教师提供的,而虚线所指向的主题则是留给幼儿生成的空间。这些主题活动有机地联系在一起,形成了幼儿园活动的主题网络图。

（四）设计每个活动

制定好主题网络结构图之后,子主题就很清晰地呈现出来,下面的每个活动也一目了然,下一步需要做的就是设计好主题下面的每一个活动。设计每个活动的框架：活动的名称、目标、准备、过程、延伸等。活动目标必须要具体详细,可操作,区分于主题目标。

（五）考核与评价

单元主题活动设计好之后,可以做一个预先的考核评估,根据考核评估的结果来修订单元活动设计。设计好的单元主题活动方案付诸实施后,再根据学前儿童的反应和实际效果对活动设计再评估。单元主题活动方案的评估可以从主题的选择、目标的确定、内容的选择和组织、活动的设计与实施、环境的创设、家园工作等各个方面进行评估,从而不断完善和调整主题教育活动方案。选出内容相对稳定、学前儿童比较感兴趣的、教育价值比较高的单元主题活动方案,作为以后的参考。

二、单元主题活动的组织与实施

做好主题活动的组织与实施工作也非常重要。主题活动开展的成功与失败,直接关系到学前儿童的发展。教师对主题的理解和演绎不同,围绕主题展开的知识也不同,学前儿童获得的发展也不同。这就要求教师在进行主题的组织与实施过程中,园长做到统一筹划,把握幼儿园特色办学方向;教师积极参与,努力挖掘主题资源;家长、社区等做好配合与支持工作,确保主题活动顺利实施。具体而言,单元主题活动的组织与实施一般包含以下几点内容。

(1)研讨交流。教师在主题活动开展前,应该就要开展的主题内容,以及围绕主题的中心话题进行讨论,对主题所蕴含的问题、现象等事件进行交流探讨。

(2)观摩学习。主题活动是灵活多样的,在制定和实施的过程中生成空间较大,可以根据幼儿园、班级的不同组织实施,这就给教师提供了一个互相交流学习的平台。教师每学期可以定期开展教研活动,互相交流。

(3)注重评价与反思。学前儿童教师应该学会自我反思,建立自我评价机制。例如,适时思考一下所设计的课程是否适应了具体的课堂情境;如何对课程进行延伸、拓展以发展学前儿童的个性等。幼儿园也要建立一套评教系统加以督促。

在单元主题活动组织的过程中,特别注意以下问题:第一,

第四章 学前教育课程的设计

要注意单元主题活动的整体性、综合性,主题活动应该是自然的,一气呵成的,不是知识模块堆积、生拼硬凑的。第二,要注意发挥学前儿童的主动性、积极性。第三,要注意单元主题活动知识之间的横向联系,以便通过提供一个整体性的外部内容来影响学前儿童,形成一个内部完整的经验结构。

第三节 区域活动设计

区域活动又称区角活动,指的是教师精心地根据学前儿童的年龄、经验、兴趣,结合一定的教育目标,在教室中划分出一些区域,并且在各个区域中投放适宜的活动材料,允许学前儿童自主选择的活动。在这种低结构化的教育活动中,区域活动的材料是低结构化的材料,区域活动的组织方式强调个别化和学前儿童自主选择性,区域活动中教师的指导以简洁指导为主。

一、学前儿童区域活动设计要点

（一）区域划分

一般来讲,班级活动室会按照活动内容类别划分为若干个区域,这些区域可以延伸到走廊、大厅和户外等公共区域,幼儿园的若干功能室也可以看作是班级活动区的延伸。幼儿园活动区空间的规划要从两个维度考虑。一个维度是活动的性质,即静态和动态;另一个维度是干性和湿性,即用水和不用水。如美工区要尽量靠近水源,方便学前儿童清洗颜料等。这简称为"十字定位分析法"[1],图4-3所示的"静态干性区",主要用于设置休息区、图书区、益智区、建构区和私密区等,开展的是属于静态或偏静态

---

[1] 汤志民. 幼儿园环境创设指导与实例[M]. 上海：华东师范大学出版社,2013：97.

的活动,对用水要求较低;"动态干性区"主要用于设置装扮区、表演区和音乐区等,开展的是动态活动;"静态湿性区"主要用于设置科学区、生活区和美工区,可以开展属于静态或偏静态活动,对水源要求较高;"动态湿性区"主要用于设置沙水区和种植区。幼儿园教师可以根据这个方法,事先规划创设。

在较小的活动室内,可在地上用即时贴贴上一些走道的指示标记或鞋印,表明活动区的位置、方向或可参加的人数,从而使学前儿童能有目的地选择自己需要去的活动区。

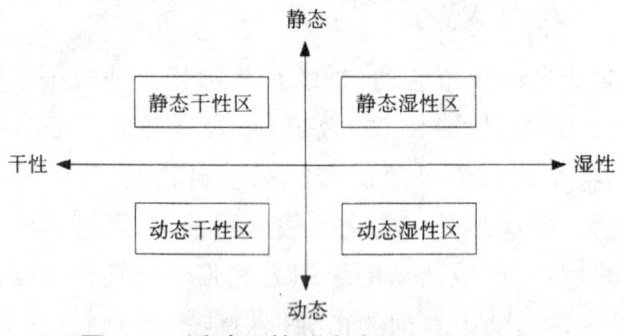

图 4-3 活动区的"十字定位分析法"

也有教师喜欢将活动区安排在活动室四周,中间留出一个较大的空地。这样学前儿童为调换活动区就会在空地中跑来跑去,互相不碰撞,但是这样不易形成安定的氛围。场地的安排可以根据活动内容做定期调整。

(二)材料投放

材料在区域活动中具有重要的作用,是学前儿童操作的主要对象,学前儿童是否对材料感兴趣,是否能够顺利地开展区域活动,在很大程度上有赖于材料的提供。具体来说,教师应做到以下两大点。第一,材料多样化。教师应该在各个区域中投放数量足够的玩具,使得学前儿童能够自由地选择与操作,并且材料应该满足不同发展水平的学前儿童的需要。第二,材料玩具摆放清楚明确。多样化的玩具和材料应当有系统地分类放在开放性的、低矮的架子上,或者用透明的容器分类摆放,如筐、篮子、盘子等。

同时也要用文字或图案来表示物品存放的位置。这既方便学前儿童轻松顺利地取、拿和收拾物品,保证活动的顺利开展,也便于教师管理。

二、学前儿童区域活动的具体组织

区域活动的组织与指导的一般流程为区域活动的开始→进行区域活动→总结、回顾。

(一)区域活动的开始

(1)介绍任务区。在区域活动开始前,教师可以有目的有计划地向学前儿童介绍今天开放的区域有哪些,重点区域是什么。然后介绍其他开放区域有哪些,让学前儿童知道除了重点区域外,还有哪些区域开放(自选活动)。

(2)介绍层次性材料。介绍层次性材料,让学前儿童知道开放的区域材料有哪些,特别是新投放的材料玩法,要让学前儿童明白其的玩法,增强学前儿童进区兴趣。

(3)介绍区域活动中的规则。操作活动中,学前儿童规则意识的强弱、遵守规则的情况将直接影响活动质量。

(4)了解学前儿童所进区域情况,学前儿童自主选择区域。在介绍任务区和层次性材料后,教师要了解学前儿童进区人数,对人数较多的区域进行及时协调,让学前儿童能按自己的意愿,有序持卡进去。

(二)学前儿童进行区域活动

学前儿童是主动的学习者,是学习的主体。以往的游戏活动通常是在教师的控制、指挥下进行,而区域活动的开展,更适合学前儿童发展的需求,他们可以自主决定"我想玩什么",按自己的方式和意愿进行游戏,让学前儿童成为真正的主人。

（三）总结、回顾

学前儿童的小结谈话,谈谈自己的区角、选择的问题、探索的结果等。

进行相关延伸活动,引导学前儿童记录刚刚的区域活动。

合作探讨某些学前儿童遇到的重点问题。

到展示区展示学前儿童的活动成果。

教师与学前儿童总结刚刚的区域活动。

第五章 学前教育课程的实施

任何课程计划都必须付诸实施才能达到预期目标,因此,课程实施是课程管理中一项非常重要的事情。学前教育课程实施是学前教育改革与发展的核心,学前教育工作者必须把握好学前教育课程实施的取向、出发点、主要途径、影响因素等。在此基础上,学前教育工作者才可能更好地实施课程,获得良好的实施效果。

第一节 课程实施的含义与取向

一、课程实施的含义

课程实施是把静态的课程方案转化为动态的课程实践的过程。换句话来说,就是教师依据课程计划组织课程活动的过程。课程方案或计划通常是课程设计者(主要是教师)在综合考虑各方面要求、条件的基础上对课程活动的构想。这一构想再好,如果不能付诸实施,那么一切都毫无意义。

本书论述的是学前教育课程,为了更明确地认识课程实施的含义,这里对学前教育课程实施涉及的三个要素进行一定的说明。

学前教育课程实施的第一个要素是学习者。这里的学习者即学前儿童。学前儿童是具有主体性的人,既具有共同性,又具有个体性。学习者是课程实施最开始就要考虑的重要因素之一。学前儿童认知的动作性、具体性、形象性突出,心理的感性因素强,情绪波动大,易受环境影响,好动,好奇心重,探索欲旺盛,兴趣是其行动的原则。学前儿童的这些特点,都是课程实施过程中不得不考虑的。学前儿童是学前教育的对象,学前教育的价值最后要落实到他们身上,所以学前儿童又是被组织的对象。

学前教育课程实施的第二个要素是教育者。教育者控制着课程实施的过程及其方向。相对于学前儿童,学前教育工作者代表着教育目的的方向性,是具有理性和强大力量的影响源。学前教育工作者不仅在自己的教育观、儿童观支配下,通过实际的教育方式对学前儿童产生直接影响和有意影响,还产生间接的和无意的影响。当然,学前教育工作者在学前教育课程实施的过程中必须遵照学前儿童身心发展特点和规律,根据学前教育的目的、任务等组织和实施教育活动。学前教育工作者和学前儿童的相互作用,不仅发生在组织课程的过程中,而且发生在其他时间,如课程实施前的准备工作,之后的总结工作中;不仅发生在幼儿园等教育机构之中,也发生在家庭、社区等处。学前教育工作者就是课程实施的指挥中枢或控制系统,主要扮演指挥者和控制者,他们要根据学前儿童的特点,充分激活他们的动力系统,让他们向更好的方向发展。

学前教育课程实施的第三个要素是教育情境。教育因人、因事、因场景而异。同样的事情,在有的场合很平常,在另一些场合就很感人;同样的场景,一些人毫无感觉,另一些人可能心潮澎湃。找对了场合,创设了情境,教育就可能事半功倍。教育情境是学前教育课程实施的重要物质媒体。它既是学前儿童作用的对象,又是师生共同建构的条件和结果。学前教育工作者要想在课程实施中取得较好的效果,就不能不重视教育情境的创设。

二、学前教育课程实施的基本取向

课程问题之所以具有复杂性,很大程度上是因为人们所持的不同的教育哲学观念。这是观念会贯穿从课程编制到课程实施的整个过程。在课程实施问题上,自然也存在着因不同的教育哲学观念而带来的不同取向。关于课程实施的取向,我国学者张华认为,它是指对课程实施过程本质的不同认识以及支配这些认识的相应的课程价值观。[①]忠实取向、相互适应取向与课程创生取向是课程实施的三个基本取向。对于学前教育课程实施来说,这三个取向依然适用。

(一)忠实取向

学前教育课程实施的忠实取向,就是指把学前教育课程实施的整个过程看成忠实地执行学前教育课程计划的过程。具体来说,就是学前教育工作者在学前教育课程的实施过程中要完全按照课程目标的描述,将课程内容忠实无误地落实到教学中。这一过程和建筑中的按图纸施工极为相近。课程计划相当于一张建筑设计图纸,课程实施相当于具体的施工。一般来说,设计图纸会对施工作具体的规定和详细的说明,在施工时,建筑工人要严格按照图纸的规定或说明来施工。一般实际施工与设计图纸之间的吻合度越高,施工的质量也越高。所以,衡量学前教育课程是否得到了成功的实施,可以看课程实施过程中是否很好地实现了预定的课程计划。

这种课程实施取向中,教师这一角色的实质是课程专家所制订的课程变革计划的忠实执行者。他们应当按照专家对课程的设计,循规蹈矩地实施教学。对于持忠实取向的课程学者来说,课程实施成不成功主要与教师是否忠实地传递课程有很大关系。

其实,这种课程实施取向属于一种理想化的认识,因为在课程实施过程中完全实现课程计划的情况几乎是不存在的。

(二)相互适应取向

20世纪70年代中期,美国课程学者伯曼和麦克劳林最先提

[①] 张华.课程与教学论[M].上海:上海教育出版社,2000:336.

出了相互适应理念。学前教育课程实施的相互适应取向就是指把学前教育课程实施过程看成课程计划与班组或学前教育机构实践情境在课程各方面相互调整、改变与适应的过程。简单来说,就是课程的设计者与实施者彼此之间的相互适应。一方面,课程实施者应当根据现实的教育情境对课程计划中的课程目标、课程内容、组织形式等进行适当的调整和变革;另一方面,课程设计者则应当根据课程实施者在具体的教育情境中所发现的现实问题和教学需要对原有的课程计划进行必要的改变和修订。很显然,持相互适应取向的学者不像持忠实取向的学者那样,把课程实施看成一个预期目标和计划的线性演绎过程,而是将其视为一个复杂的、非线性的、不可预测的过程。

课程计划一般是由课程设计者和教师一起制定的,实施课程计划的时候,尽管教师要贯彻事先制订好了的课程实施方案,但完成这项方案的具体细节则主要由教师来处理,也就是说教师要根据课程实施过程中的具体情况随时做出明智的反应。如果说忠实取向视野中的教师不过是预定课程计划的被动的"消费者"的话,那么,相互适应取向视野中的教师则是主动的、积极的"消费者"。

从课程价值方面来说,持相互适应取向的学者将课程计划与具体情境的课程实践视为交互作用的过程,课程设计者与课程实施者之间相互理解而达成对教育意义的一致性追求,关注课程变革的过程性和复杂性。可见,该取向在本质上是受"实践理性"支配的。[1]

(三)课程创生取向

学前教育课程的创生取向,本质上是教师与学前儿童在具体的教育情境中创造新的教育经验的过程。在这种取向中,课程计划的地位大为降低,它只是供这个经验创生过程选择的工具。显

---

[1] 侯立平.坚守与转向[M].北京:清华大学出版社,2016:278.

然,这一课程实施取向关注的是课程建构问题,认为教师和学前儿童都是课程的创造者。

对于坚持课程创生取向的学者来说,课程是教师与学生联合创造的并且是教师与学生实际体验到的经验,这种课程的性质就是典型的经验课程。这种课程是情境化的、人格化的。这种课程的实施是教师与学前儿童个性成长与完善的过程,强调教师与学前儿童在课程过程中的主体性和创造性,追求个性自由与解放。由此看来,创生取向在本质上是受"解放理性"支配的。

从上述三种课程取向来看,它们都具有合理性,都具有存在的价值,在不同的课程情境中都有可能得以体现。不过,在实际的学前教育课程实施过程中,不可能只坚持一种取向,因为三种取向都有自身的局限性。忠实取向的课程实施使课程成为机械的、技术化的程序,从而扼杀了教师与学习者的主体价值;相互适应取向的课程实施具有折中主义的色彩,它虽然兼具其他两种取向的优点,但也不可避免地存在那两种取向的不足之处;课程创生取向的课程实施要求教师能够随着课程具体情境的变化而适时地做出正确的判断、选择和解释,不断地与学前儿童共同创造新的课程,这显然也比较理想化,实现的难度很大。

不过,换一种思路看,从忠实取向到相互适应取向,再到课程创生取向,可以说是课程实施不断发展和超越的一个过程。学前教育工作者在实施学前教育课程时,不能局限在某一种取向上,而应注意将这三种取向看成一个连续体,既要重视课程计划,大方向上遵循计划而实施,也要根据课程实施过程中的实际情况,灵活调整与变化,推动课程变革,还要注意发挥教师和学前儿童的主体性,重视个性化。

第二节　学前教育课程实施的出发点

幼儿园要实施学前教育课程应当从了解儿童开始,只有充分了解儿童,从儿童的角度来开展工作,才能使学前教育课程的实施真正发挥作用。要想了解儿童,学前教育工作者就必须学会观察。观察是指在自然条件下有目的、有计划地对观察对象或行为进行考察、记录和分析。在学前教育教学工作中,观察儿童是十分重要的内容之一。

一、学前教育课程实施出发点的内涵

在实施学前教育课程之前,课程实施者首先应当对学前儿童有深入的了解,获得一些有用的信息,而这些信息获取的方式主要就是观察。所以,观察学前儿童是学前教育课程实施的出发点。具体来说,观察学前儿童主要是想达到以下几个方面的目的。

(一)了解学前儿童的经验获得

教师要想在学前教育课程实施过程中获得较好的效果,就不能不对学前儿童的经验获得情况有所了解。不清楚学前儿童经验水平的课程实施是盲目的,也难以做出有效的调整。学前儿童主要通过与教师、同伴、材料、环境、家长等的互动来获取信息和积累感性经验。所以,他们获得经验的途径是比较多的。教师可以深入到学前儿童的学习和生活中去观察他们的言行,倾听他们的交谈,了解近阶段他们所获得的各种经验内容。借助于观察,教师不仅能了解到近阶段学前儿童的经验与认识上的发展变化,还可以了解到学前儿童经验的来源以及对他们产生的影响,如家庭活动、电视传媒等在学前儿童经验获取中的作用。

第五章 学前教育课程的实施

（二）了解学前儿童的能力发展

随着教育科学研究的不断完善及现代科学教育技术的发展，了解学前儿童发展水平的方式方法已经有很多，然而在学前教育实践中，最实用也最简便易行的还是观察。观察能真实地反映学前儿童的客观状况，能让学前教育工作者更全面地了解他们的能力发展水平。比如，教师要想了解学前儿童的社会性发展水平，就可以通过对学前儿童日常活动的观察来收集其社会性发展规律的相关信息，如在游戏中，能发现有一些学前儿童在与同伴交往中的主意很多，组织能力强，并常常担任一些指挥者角色；而一些学前儿童没有自己的主见，总是跟在别人后面，很少主动与同伴交往。显然，即使是同一年龄阶段，不同的学前儿童在社会性发展水平上是不同的。这些可以通过观察而得知。

（三）了解学前儿童个体的学习方式

在学前教育课程的实施过程中，教师要想使课程能吸引学前儿童，满足学前儿童在课程中的不同需要，使其获得良好的发展，就必须通过认真细致的观察，了解学前儿童的兴趣、习惯和学习方式。因为只有了解了这些，教师才能有目的、有计划地实施有效的教育。为了获得更好的观察结果，教师可以开展一些主题活动，在活动中观察。例如，开展一个"汽车"的主题活动，在区域中，为学前儿童提供各种有关汽车的活动，由他们自由选择，有的孩子玩起了电动汽车，边玩边谈，说出了很多轿车的名称，有的孩子用乐高玩具拼搭汽车，搭了又拆、拆了又搭，每次的汽车都有变化，最后拼搭出一辆双层汽车，有的孩子在画汽车，甚至画出了车的挡泥板……在这个活动中，可以看出有的孩子喜欢通过动作的反复探索来学习，有的孩子喜欢通过语言交流的方式来学习，有的则喜欢通过视觉形象学习。不同的选择表明了他们不同的学习风格，教师了解了这些，在实施课程的过程中就能根据学前儿童的个别特点进行有针对性的教育。

(四)了解学前儿童的心理需要

学前儿童的心理变化往往能通过语言、表情、动作等方式表露出来。比如,一个原来活泼好动的孩子突然沉静下来、默不作声,有可能是遭受什么打击;而一向听话内向的孩子突然有粗暴的言行,也可能是他需要发泄内心的不满。当然,教师如果不进行细致、敏锐的观察,是难以了解到的。观察不但可以使教师了解学前儿童在言语表达、身体运动、社会性等认知与能力上的发展状况,还可以让教师通过对学前儿童外部行为特征的分析,识别他们真实的心理状态。

二、观察的内容

教师要通过观察来了解学前儿童,那么该观察些什么呢?实践证明,教师通过观察学前儿童的谈话和游戏活动,更能够达到观察的目的。以下具体来看。

(一)观察学前儿童的谈话

教师在教育过程中有意识地观察学前儿童的谈话、讨论,可以了解他们的兴趣、需求,可以发现有价值的活动线索,从而开展有价值的教育活动。所以,学前儿童的谈话是观察的一个重要内容。教师要时刻注意观察学前儿童之间有价值的谈话,并及时做好观察记录。例如,大班的孩子小明和小刚在活动场地上放风筝,小明让小刚拿着风筝,自己拿着线轴,当他开始跑时,他喊小刚放手,风筝摇摇晃晃地飞了起来。一会儿,当他跑过来时,风筝掉了下来,他们拾起风筝,一点不气馁,又开始放。这一次,小明认真地拉线,风筝飞起来了,但不久还是掉下来了。"怎么飞?""我不知道。""可能我们的风筝不行。""上次我爸爸把这风筝飞上天了呢,好像要有风才行!""刚才有风的呀!"这时,一个小朋友过来说:"放风筝要跑得快。"小明听了后说:"我跑快了但还是没有飞上天。"那个小朋友说:"那是怎么回事呢?"说完就走了,小明和小刚继续尝试着放风筝。教师观察了三个孩子的谈话后,在观察记录中写道:"从孩子在放风筝过程中的谈话可知他们三人碰到了一些问题,是用已有经验也解决不了的。可他们仍对风筝怎样上天很有兴趣。我将在以后的活动中邀请风筝艺人或会放风筝的家长与孩子一起放风筝,共同探讨解决问题。"显然,通过观察,教师了解到了孩子的一些兴趣和需求,并对今后的教学内容有了一定的安排。

(二)观察学前儿童的游戏行为

众所周知,游戏在学前教育中占有很重要的位置。游戏可以反映学前儿童的思维及问题解决方式,可以反映学前儿童的认知、社会性及个性发展的水平。所以,教师应当将学前儿童的游戏行为作为观察的一个重要内容。对学前儿童游戏行为的观察可帮助教师确认教育目标及辅导目标,并追踪学前儿童在这些特定目标上的进展。由于学前儿童在不同类型的游戏中会有不同的表现,因而教师在观察学前儿童的游戏行为时,要分类记录,标明行为发生的情境,如表5-1所示。

表5-1 学前儿童游戏行为观察表

类别	儿童A		儿童B		儿童C	
	日期	情境	日期	情境	日期	情境
独自游戏						
平行游戏						
互动性游戏 (与一位同伴)						
互动性游戏 (与多位同伴)						
四处张望						

当然，观察记录的形式有很多，教师可按照自己的喜好选择，只要科学合理，能够获得预期的观察结果就行。

三、观察的主要方法

在观察学前儿童时，教师应该根据学前儿童的特点、观察条件、环境背景等多方面考虑使用适宜的观察方法。就实践来看，适用于观察学前儿童的方法主要有描述观察法和抽样观察法。

（一）描述观察法

描述观察法主要是对学前儿童在日常生活的自然行为进行观察记录。使用描述观察法，幼儿园教师可以在平时的细致观察中，用记叙性和描述性语言记录学前儿童的动作、语言和活动，从中获得对学前儿童个体或群体的认识。这种观察方法比较灵活和方便，观察者可以较少地受到限制，在方便的时间、地点都可以自由地观察学前儿童，对学前儿童日常生活中的自然行为获得鲜明的印象。它的适用范围广，不管是在幼儿园中，还是家庭中，观察者都可以随手记下孩子的行为表现、言谈举止，从而分析孩子的发展过程。

根据观察记录和目的要求及效果不同，描述观察法可分为日记描述与逸事描述法。

1. 日记描述法

日记描述法，就是指对一个或几个学前儿童长期跟踪，进行反复观察，以日记的形式描述性地记录他们的行为表现、发展情况的观察方法。日记可以是综合性日记，即把学前儿童各个方面的行为表现都如实地记录下来；也可以是主题日记，即只记录学前儿童某一方面或某几方面的行为表现。观察记录者通常是亲戚、保姆及其他与学前儿童亲近的人。用日记的形式将学前儿童在自然情境下的发展过程做仔细的记录，可以提供有力的资料，而且所获得的资料一般比较真实可靠,能够为学前教育课程的实施提供有益的信息支持。此外,持续而有规律的日记式记录能长时间记录行为的持续情形,并帮助教育者发现一些有意义的发展模式。

然而,日记描述法往往用于对一个或几个对象的日常观察,只能说明少数学前儿童的行为特点与发展情况,而缺少对整体学前儿童的观察和描述。而且,运用日记描述法一般没有预先约定观察范围及记分标准,要耗费大量的时间与精力,观察记录者要花费很长的时间才能完成。

2. 逸事描述法

逸事描述法是观察法中最容易使用的一种方法。其不受时间或情境的限制,不需事先设计好表格,不需对所要观察的行为下定义,观察者在观察过程中只要觉得是重要的或是有意义的学前儿童行为,就可以记录下来。逸事记录可由教师、保育员、父母或其他专家以固定时间方式(但也有不固定的)的记录来呈现事实,可以记录行为事件(如×××在参观动物园时,表现得很开心)、里程碑(如×××开始主动与老师交流了)或是重要的偶发事件(如×××突然与别人打架),也可以记录事件的原因或后果。客观的逸事记录能提供有关孩子发展方面极丰富的信息,帮助教师在开展教育活动时,采取适合的方式方法。

逸事记录常反映出观察者的倾向。所以,逸事记录时应注意以下一些事项。

(1)每次仅叙述及评论一个事件。

(2)事件发生后尽快做记录,包括日期、特殊的细节及事件发生的先后顺序。

(3)将事实与解释分开,事先设计记录的格式,以便利其问题的区隔。

(4)考虑纳入其他支持的材料(如学前儿童作品的照片)。

(5)提供有关情境的信息。

逸事记录确实可以帮助教师了解一些其他方法所不易捕捉到的学前儿童行为,但若要使其对教学活动有帮助,记录必须要客观、真实,而且还需要有后续的研究。每一项行为还必须考虑,该行为是否是该儿童及其同伴的典型或代表性行为。

逸事记录需要教师每天做好笔记,并定期整理,这不是一件容易的事。有些教师及保育人员建议,应依据不同的发展领域采用不同颜色的目录卡,或做笔记时使用关键字,以便稍后转成有意义的字句。教师也可以事先制作一些表格来协助逸事记录工作,如表5-2所示。

表5-2 逸事记录表

学前儿童姓名: 观察者:

发展领域	日期	情境	观察内容	评论/备注

(二)抽样观察法

抽样观察法是一种严格、系统的观察方法,是观察者根据一定的标准,抽取一定的学前儿童行为进行观察、记录和研究,从而获得对学前儿童的进一步认识、理解的方法。这种观察法要求观察者事先做好周密的计划和准备,观察结果也有较强的可靠性和代表性。抽样观察法又可以分为时间抽样观察法和事件抽样观察法。

1. 时间抽样观察法

时间抽样观察法是在指定的统一时间限制内,观察学前儿童的某一特定行为,并把观察到的结果记录到事先拟定的编码记录表上的方法。这种方法以时间作为选择标准,重在记录行为出现与否,发生的次数。例如,观察学前儿童在教育活动中的注意力分散的表现,把教育活动时间20分钟分为四段,即每段为5分钟,记录每段时间内学前儿童注意力分散的表现。教师对于预先确定的行为表现必须熟记于心,以便观察时操作。观察过程中,教师只需记录在每个时间间隔内某个行为出现与否,而并不记录这一行为的持续时间和频率。也就是说,不管某个行为在一个时间间隔内出现了一次还是十次,此行为都将获得同一个记录,即"发生了"。

时间取样有很多方式,观察者可以用打钩表示某种行为(如学前儿童使用某种特殊的语言)在观察的时段内出现的频率,可以累计在观察时间内,指出某行为(如举手)出现的次数,也可以在观察的时段内,指出某行为是否一直持续,如学前儿童专注于绘画活动或阅读活动。从这样的观察中,观察者可以知道在该观察时段内,目标行为到底有没有发生。表5-3就是一份记录练习的表格,每位学前儿童在各抽样时间段内,若表现出不专注的行为,就会被记录下来,该表可再依被观察的人数再增加行数。当然,在观察之前,观察者应事先列出不专注行为涵盖的范围。

表5-3 不专注行为观察记录表

姓名	10:00	10:05	10:10	10:15	10:20	10:25	10:30	总计

只要发现某学前儿童在列好的时间段内出现不专注行为,就打钩,打钩能够帮助观察者将观察到的行为快速记录下来。

时间取样法省时、简便、科学性强。运用时间取样法进行观察时,教师能够在较短时间内获得大量的信息,这些信息能够在一定程度上保证客观和有代表性。时间取样法也有一定的局限。一方面,只适用于观察学前儿童经常发生或出现时间比较短的外显行为。另一方面,观察所获得的信息只能说明学前儿童行为的某种特性(如频率),但难以得到关于环境、背景的资料以及行为的相互关系和连续性,至于因果关系更是难以被揭示出来。

2. 事件抽样法

事件抽样法,是抽样观察并记录学前儿童的某些特定的事件的方法。在进行事件抽样法之前,观察者事先应明确观察的目的,选择所要研究的行为,确立研究的时间、地点,确定记录的项目并设计出方便实用的记录表格,如表5-4所示。

表5-4 学前儿童争吵事件记录表

姓名	年龄	性别	争吵持续时间	开始情况	过程	行为类型	言行	结果	影响

采用事件抽样法研究学前儿童争吵事件,成为早期运用事件抽样法的经典研究。这个事件抽样观察,可以使观察者了解学前儿童争吵事件发生的频率及原因、持续时间长短、学前儿童争吵的表现等,使教师对本班学前儿童争吵问题有一个清楚的认识,为有的放矢地实施教育提供依据。

总体而言,时间抽样法与事件抽样法各有各的优缺点,不能单纯运用哪一种方法,而是要视具体情况选择合适的方法。

四、获得和保存观察资料的手段

获得观察资料的手段主要是人的感觉器官,但有时需要一些专门设置的仪器来帮助观察。在保存观察资料的手段中,人脑是天然器官。但这种与观察主体连在一起的保存手段缺乏精确性与持久性,也未实现资料的客体化。因此,人们先利用文字、图形等符号手段,进而又利用摄影、录音、录像等技术手段,把观察时瞬间发生的事物、状况以永久的方式准确、全面地记录下来,供研究反复重现的观察资料和分析资料时用。从当前来看,在学前教育界以录音与录像来记录学前儿童行为情形的已经越来越多。不过,每一种设备都有其优点,也有其限制。以下就是获得和保存观察资料的几种主要手段。

（一）现场观察

现场观察可以是在观察活动时记录，也可以在观察结束后，追忆整理记录材料。在观察现场进行即时笔记，教师可以采用便于快速记录的临时性符号记录法，这种记录法一定要注意两点：一是符号应简单，数量不要过多，一般不要超过10种；二是观察后当天要进行整理，把一些当时非常生动、有意义的细节补记上去，不然时间过久了就难以回忆起来。

现场观察是观察研究所获取的宝贵原始资料，它是教师以后进行分析的经验事实基础。一般应包括以下五个部分。

（1）教育现象的粗略描述。

（2）当时未予记录，事后追忆起来，认为应该重视的现场情况。

（3）对某些现象的分析意见和简单的推论。

（4）个人初步印象和感觉。

（5）下一步应该继续搜集的信息登记。

情境现场所蕴含的信息，比任何一段时间内所能处理的信息都多，因此，观察者会有意识地选择观察的焦点，焦点之外的信息就会被筛掉，而所看到的信息也会再被整理，以符合观察者参照框架。如果观察者有意探讨较多学前儿童的营养状况，便会注意他们身体及行为的表征，如肤色、指甲、头发、体重、警觉性、活力；同时会忽略他们彼此间的语言交流或他们所选择玩耍的东西。

（二）静态照片

教师可以拍下事前、事后的照片，或摄下一系列的事件，以捕捉学前儿童在发展上的重要事项，或拍摄学前儿童的学习方案，存放在学前儿童的某一主题档案中。长期收集照片可以帮助教师记录学前儿童发展的历程，在与父母沟通学前儿童的学习成果时，照片也能够发挥很重要的作用。

静态照片虽然可能受限于拍摄者的选择,但它确实是保存观察资料的一种有效手段。它可以让观察者重复检视,以验证其对该照片的观点及诠释;也可以让观看者检视行为或活动出现的次序,来推论动作或行为是否有改变。面对照片,观看者也可与别人比较对同一件事件的看法,也可在日后再审视此事件。

(三)录音与录像

如果有足够的设备且适当安放的麦克风、录音机,那么观察者也可以通过录音、录像,把观察的内容记录下来。尤其是那些有情境、有语言互动的内容,录音、录像是很好的记录方式。

在听着录音或看着录像评价对话时,我们可以将重点放在内容分析、语音分析、声量大小的改变、说话的速度及声音的情感等。但在真实的情境中,观察者不可能从对话中立即接收及分析上述各种不同的重点。所以,录音、录像的优势一下子就很明显了。

有声录像带所提供的信息是最为完整的,因为声音、视觉、时间都包括在内,不过,观察者在观赏录像时处于较被动的角色,受限于影片拍摄者的选择,而且观看者本身的选择也难免渗入其中,观赏者在观看录像时,易将他们个人的偏见及经验等带入所看的录像内。此外,即使采用录像的方式,往往因为摄影设备的角度或学前儿童正进行活动的性质仍有可能会遗漏重要的行为。尽管有上述缺点,但有声录像可以将画面定格,一幕一幕看,或暂停画面、再度播放,也可以同时有很多人一起看。它非常适用于训练观察人员及分析资料,也能够帮助教师增进对学前儿童的了解,包括他们解决问题的过程及所采用的策略。

第三节　学前教育课程实施的基本途径

虽然学前教育课程流派纷呈，不同课程观下对学前教育课程实施途径的选择有所不同，但总体上来说，学前教育课程实施的基本途径有三种，即生活活动、教学活动和游戏活动，课程目标正是通过这三种活动而达成。对于学前教育工作者来说，充分把握这三种基本途径及其相互关系，就在一定程度上把握了学前教育课程实施的根本。

一、生活活动

学前教育中的生活活动是指学前儿童一日活动中的生活环节和一些每天都要进行的日常活动，包括入/离园、进餐、睡眠、如厕和盥洗等。它是学前教育课程的内容实施的基本途径。学前儿童的年龄特点、身心发展需要和生活本身所蕴含的丰富教育价值共同决定了这一基本途径。

（一）生活活动的价值

生活活动在学前儿童一日生活中时间长、内容丰富、形式多样，对学前儿童的发展起着不可替代的作用。它不仅能够促进学前儿童生活能力、自我服务能力的提高，而且具有多方面的课程价值。这是由生活本身即蕴含着丰富的教育价值这一特点决定的。例如，在盥洗活动中，教师不仅可以教给学前儿童正确的洗手方法等健康常识，还可以引导学前儿童观察、体验水的特征，以及逐步形成节约用水的意识和习惯，从而充分挖掘和利用盥洗活动中的健康、科学、社会教育价值。又如，生活活动中包含大量的学前儿童与成人、同伴之间的交往活动，这些交往活动离不开语言的运用和对一定的社会规则的遵循，在这个过程中，学前儿童的语言能力和社会性也能得到发展。其实,学前儿童的年龄特点和身心发展水平也决定了生活本身就是需要去学习的;生活能力的养成,包括生活自理能力、基本的文明卫生习惯、良好的生活习惯等,都是其成长发展的重要组成部分。尽管这些方面的素养可以借助专门组织的教学活动加以培养,但更主要的还是通过日常生活中的相关活动不断学习和练习,才能真正转化为学前儿童的自我服务能力。

(二)实施生活活动的注意事项

尽管生活活动能够满足学前儿童的基本生活需要,且具有多方面的发展价值,但如果没有科学的组织和实施,没有将学前教育课程的内容很好地融入其中,那么它也难以取得应有的价值。通过生活活动来实施学前教育课程,一般应注意以下几个方面。

1. 贯彻保教结合的原则

在学前教育中,保教结合是一条总的原则。这一原则在生活活动的实施中体现得更为明显。保教结合就是指在实施生活活动过程中,一方面要注意发挥生活活动满足学前儿童基本生活的需要,提高学前儿童自我服务能力的作用;另一方面要充分挖掘生活活动中丰富的、潜在的教育价值,从而最大限度地发挥生活活动的教育价值。作为学前教育工作者,贯彻这一原则时,一定要注意不能将保育和教育割裂开来,不能只注重精心照料学前儿童的生活,保护他们的身体健康,而不注重良好习惯的培养,不注重开展心理保育,不关注学前儿童的情绪情感等。学前教育工作者要树立保教并重的思想,把保育和教育有机地结合起来,使学前儿童在健康成长的同时增长知识和技能,发展智力的同时形成良好的品德和行为习惯。

2. 建立科学的日常生活制度

学前教育机构中的日常生活制度有广义和狭义之分。广义的日常生活制度包括学前儿童在学前教育机构中的总体生活安排;狭义的日常生活制度指学前儿童一日生活中各主要环节的时间划分、顺序安排和规则要求。日常生活制度的建立对生活活动的顺利开展极为重要。学前教育工作者必须予以重视。例如,在进餐方面,学前儿童的消化系统功能较差,食物在胃内停留时间一般为3~4小时,因此,学前儿童宜少食多餐,进餐时间一般间隔为3~4小时。日常生活制度的建立还要考虑季节和地域等因素。例如,在睡眠方面,一般来说,学前儿童一昼夜应睡11~13个小时,其中午睡为2~2.5小时。而根据季节变化,夏季午睡时间可比冬季长一些。在科学的制度指导下,学前教育中的生活活动开展必然容易很多。

3. 建立合理的生活常规

生活常规是日常生活制度的组成部分。合理的生活常规的建立,有助于学前儿童适应集体和公共环境,也有助于维持班级正常活动的秩序。合理的生活常规标准有三个:一是保障学前儿童健康安全之必需;二是保障集体生活及学前儿童交往顺利之必需;三是要符合学前儿童年龄特点,是学前儿童可以做到的。

4. 从学前儿童的特点出发,设计指导生活活动

教师在设计指导学前儿童生活活动时,一定要从学前儿童的实际水平出发,逐渐培养他们自理自立的能力,不能急于求成。在具体的设计指导方法上,也要从学前儿童的年龄特点出发。

对于小班的学前儿童,在培养他们良好的生活习惯和独立生活能力的时候,教师要通过"示范+讲解"的具体方法,设计情景表演或教学活动,让学前儿童在不断的活动中,通过看、听、练,逐渐强化他们的技能。而对于中班的学前儿童,则着重于让他们将小班学习的生活技能继续巩固、内化,最终形成良好的行为习惯。指导的方法也从具体的示范讲解转为以语言为主的提醒、检查、表扬等。对大班的学前儿童,则要求他们能做到自觉形成良好行为习惯的定式。

学前儿童与学前儿童之间,因为身体状况、家庭环境、性格、

个性等方面的不同,存在着能力等方面的差异。因此,在生活活动的实施过程中,教师还应该重视这些差异,在培养他们独立的自理能力和生活习惯的时候,注意区别对待,个别照顾。

5.充分挖掘生活活动潜在的教育功能

生活活动是教师观察、发现和教育学前儿童最经常、最自然、最容易的活动。所以,教师实施生活活动时要注意充分挖掘其中潜在的教育功能。比如,进餐活动就包含着丰富的教育功能。首先,学前儿童通过进餐活动养成细嚼慢咽、不挑食、不要成人喂食等良好的进餐习惯,并掌握餐具的正确使用方法,培养独立进餐能力。教师在餐前用优美的词语向学前儿童介绍食物的名称、材料、颜色、制作方法,不但有利于学前儿童不挑食,还可以产生语言、常识方面的教育功能。

结合学前儿童的行为表现,教师还可以在生活活动中进行德育。有的学前儿童吃饭的时候,把饭菜撒得满桌满地;拿点心的时候,在点心盘里挑来拣去;洗手的时候,为了抢水龙头和同伴争吵……这时教师最容易观察到学前儿童的内心世界,也是教育学前儿童的最好时机。学前儿童能否与同伴团结友爱,能否爱护公共物品,能否尊重成人的劳动等,都是在生活活动中点滴形成的。所以,幼儿园教师要精心设计生活活动,并积极发挥自身的良好指导作用。

二、教学活动

(一)教学活动的内涵

教学活动是幼儿园教师依据学前教育课程目标和内容,有计划、有组织地设计和安排活动,以引导学前儿童获得有益的学习经验的活动。它具有目标明确、内容精选、计划性强、教师的组织指导作用明显等特点。这类活动主要用于帮助学前儿童获得新知识、新技能,并能整理、扩展、提升儿童原有的经验。学前教育课程实施的主要途径就是教学活动。它更多地强调教师的作用,强调教学的结果。

(二)实施教学活动的注意事项

鉴于学前儿童自身的特点,学前教育机构在实施教学活动时,一定要注意以下几个方面。

1. 注重教学内容的综合化

学前儿童的经验是整体的,对学前儿童来说最好的活动是在教师引导下的主动探索活动而不是具有分领域性质的教学活动。但是,由于我国学前教育的传统与物质基础,要想完全脱离教学活动还不现实。所以,幼儿园教师只好在教学活动的实施过程中,尽可能地照顾学前儿童的经验整体性,以学前儿童关于一件事、一个问题的经验完整为前提,而不是以教师规定的内容的完整为前提。也就是说,教学内容要综合化,不必严格分领域教学。例如,在学习歌曲《影子》的教学活动中,教师如果不照顾学前儿童经验的完整性,不注重内容的综合化,那么,教会学前儿童唱这首歌就可以了。其实,这首歌曲的内容是很好的关于影子的科学探究的内容。如果从影子的科学探究入手,让学前儿童了解影子变高变矮的一些道理(把强光灯打在墙壁上,学前儿童站在墙壁前不动,只要移动灯光就会出现影子的变化),然后再学这首歌曲,并进一步体会歌曲中影子变高处音调也变得很高、影子变矮处音调也变得很低的旋律变化。经过这样一个过程,学前儿童对影子的这个经验就形成了一个相对完整的经验。从光线的角度来看,学前儿童知道了影子是什么样的;从音乐的角度来看,学前儿童感受到影子变高时音也变高、影子变矮时音就变低的对应关系;从情感的角度来看,学前儿童有自己影子变高变矮的真实体验。

需要注意的是,强调教学活动中内容的综合化主要是为了让学前儿童有一个关于学习内容的尽可能完整的经验。一个相对完整的经验一定是让学前儿童从这个经验中获得一种对其自身有意义的结果,这种有意义的结果就是学前儿童不断发展的推动力。

2. 设置生活化的教学情境

不考虑学前儿童特点的教学活动一般是硬生生地将知识灌输给学前儿童。这种方式显然不适合学前儿童。学前儿童需要获得的知识不是学科性的,所以不能采取中小学或是大学那样的教学路线,而是要在教学活动实施中注重设置生活化的教学情境,让学前儿童在生活或类似生活的情境中学习。因为这种情境设置是在学前儿童已有经验范围内的,是生活化的,所以比较容易激发学前儿童的本能与兴趣,吸引学前儿童自发地进入新学内容中去。

以小班"认识一对"这个教学活动为例,对教学情境的生活化进行一定的说明,这个教学活动的目的是让学前儿童理解"袜子、鞋子、手套都是成对的"这个概念,由于袜子最容易理解,所以从认识袜子着手。按照传统教学路线,教学活动往往从教师让学前儿童看他们穿的袜子有几只,为什么是两只,可不可以只穿一只这些问题开始;以教师的总结"袜子一定要两只都穿,而且两只袜子的颜色、料子都是一样的,两只一样的袜子我们叫作一对"结束。这种教学的思维逻辑是成人的,学习方式也是成人的,很难让学前儿童产生学习冲动。学前儿童对"一对"这个概念的理解不会太深,也不能用语言清晰地表达出来。然而,从学前儿童的逻辑开始开展这个教学活动,首先要布置生活化情境,让学前儿童进入情境状态。比如,在教室里堆了一堆不同颜色、不同质地的单只袜子,让每个学前儿童手上拿一只袜子。教学活动一开始,教师请学前儿童为手上的袜子找朋友,凡是能找到袜子朋友的学前儿童对"一对"的概念显然是有感觉的。找完朋友后再请无论找得是对的还是找得不对的学前儿童表达为什么找这个朋友。这种教学活动从生活情境中开始,从动作操作中开始,从学前儿童的已有经验开始,把教学的逻辑起点彻底放到学前儿童身上。这样,教学活动的效果必然会好很多。

3. 注重学前儿童在教学过程中的参与

传统的教学是教师在课堂上讲,学前儿童坐着听。这种教学把学习看作是外在于学前儿童的一个事件,以为知识可以脱离学前儿童原有经验,可以脱离学前儿童因原有经验而萌发的那种兴趣与冲动,从外部强行注入学前儿童的头脑中去。这显然是不合理,也不符合学前儿童的学习特点的。

学前教学活动不能无视学前儿童原有经验,也不能无视学前儿童的参与性。学前儿童是刚从动作思维进入形象化思维阶段的一个群体,其形象化思维只有在动作的帮衬下才能更好地发挥出来,所以学前教育机构在教学活动的开展过程中,应当让学前儿童参与进来,多进行身体操作与思维操作。让学前儿童身体操作是其学习的心理要求,而让学前儿童在身体操作的同时进行思维操作,是学前教育机构教学活动的教育意义所在。

4. 充分开发和利用教学资源

幼儿园教师应有课程开发的意识,善于利用和开发学前教育机构空间、设施设备、活动材料等多种多样的课程资源以支持学前儿童的学习活动。开辟种植园、饲养园、气象站等实践基地;丰富操作、实验材料与资料的品种;利用墙壁、廊道以及专用活动室,引导学前儿童在与环境互动中进行探索和学习。

在学前教育机构之外也有很多不错的教学资源。比如,社区的自然和人文环境就蕴含着丰富的学习资源。学前教育机构应充分利用社区和周边的环境,如自然景观、小区街景、少儿图书馆、中小学校、儿福会、敬老院等,扩展学前儿童的学习空间,为他们的体验性、探索性学习创造条件。学前儿童的同伴群体、家长以及其他成人也是重要的教学资源。家长的文化背景、藏书、收藏品以及家庭中有关物品,是学前教育课程可利用的有效资源。学前教育机构应争取家长的理解、支持,鼓励家长参与各项教学活动,帮助家长理解和指导学前儿童的发展。

三、游戏活动

（一）游戏活动的内涵

游戏是学前儿童最喜爱、最适合其年龄特点的活动,其中蕴含着巨大的发展价值。所以,游戏是课程的内容,也是课程的实施途径。学前儿童游戏活动本身来自于活动主体自身的需要,而不是他人的直接要求引起的。自身需要发动了游戏,游戏满足了学前儿童的需要。需要的满足带来了快乐,而快乐使学前儿童对游戏产生更大的兴趣。所以,游戏与学前儿童有着天然的联系。对于游戏的特征,不同的学者对其有不同的概括,见表5-5。

表5-5　有关游戏特征的代表性观点

代表人物	观点名称	所列特征
纽曼	游戏特征"三内说"	内部控制；内部真实；内部动机
克拉斯诺和佩培拉	游戏四因素说	灵活性；肯定的情感；虚构性；内部动机
加维	游戏行为五特征说	令人愉快、有趣的活动；没有外在目标；自发自愿、非强制的；包括对游戏者的积极约束；游戏与非游戏活动之间有着某种系统性的联系
克罗伊斯	游戏行为六特征说	自由；松散；易变；非生产性；由某种规则和玩法支配；虚构的
鲁宾等人	游戏行为的六倾向说	内部动机；对手段的注意；与探究不同；想象或虚构；规则来自游戏需要；游戏者积极参与

从表中观点可以看出,虽然不同学者对于游戏特征的数量及表述不同,但涉及的游戏特征却有诸多共同之处,如都强调了游戏的内驱性、非强制性、愉悦性、趣味性、过程性、非生产性、虚构性、想象性。当然,这是自然状态下的游戏活动。学前教育机构

第五章　学前教育课程的实施

是一个有目的性和计划性的"人为的"教育机构,所以学前儿童游戏与纯粹的游戏不同,它可以被称为教育性游戏。这种游戏的特征在于它一方面服务于教育目的,另一方面又使学前儿童得到满足与快乐。当然,即便是教育性游戏,其在根本上还是游戏。所以,不能让教育代替游戏,应当是教育与游戏充分地结合起来。

目前,国内常用的分类是按照游戏的关键特征,将游戏分为角色游戏、结构游戏、表演游戏、规则游戏等。学前教育机构中开展的游戏活动也主要以这几类游戏为主。

(二)实施游戏活动的注意事项

学前儿童游戏活动的实施一般需要经过三个阶段,即准备阶段、观察阶段与参与阶段。在每一个阶段,教师都应当做好相关工作,以使游戏活动顺利进行,并取得良好的活动效果。以下分别来看各个阶段教师需要注意的事项。

1. 准备阶段的注意事项

(1)要有充足而合理的时间准备。具体的一项游戏活动需要多长时间,与游戏者的年龄、游戏技能以及游戏类型相联系。幼儿园教师应当充分考虑这些要素,做好时间预算。例如,开展角色游戏,可以确定为一次 30～50 分钟,在这段时间里,学前儿童需要选择玩伴、分配角色、寻找材料、设计情节、协商合作等。如果时间太短,学前儿童就无法做好准备,长此以往,就会失去对这种游戏的兴趣。

(2)做好空间准备。宽阔的空间是高质量的游戏所必需的,它对学前儿童的游戏行为有很大的影响。史密斯等人在 1980 年前后的研究表明:当空间密度从 6.97 平方米下降到 2.32 平方米时,学前儿童的大肌肉游戏活动减少;当空间密度从 2.32 平方米下降到 1.39 平方米时,学前儿童的侵略行为和否定反应大大增加。在户外游戏区域,如果面积有限的话,就要采取减少学前儿童参加人数或减少运动器械等手段来改善游戏空间;在室内游戏区域,每一区域的学前儿童数量限制在 4～5 名。

（3）投放好丰富而准确的材料。学前儿童的游戏在很大程度上受游戏材料的制约，不同类型的游戏材料会引发学前儿童开展不同类型的游戏。所以，教师所投放的游戏材料，一定要有较高的质量，不仅要种类多，还要与游戏内容配套。

（4）做好经验准备。各类游戏，尤其是角色游戏与结构性游戏，学前儿童是依赖头脑中对所要模拟的角色或所要搭建的实物的表象来进行操作的。如果让学前儿童扮演他们不熟悉的社会角色或建构他们不熟悉的物品，这对学前儿童来说是一件痛苦的事。作为教师应该清楚班上学前儿童的经验准备情况，也应该清楚在做具体的一项游戏活动时，还需要一些怎样的经验准备。

2. 观察阶段的注意事项

观察是教师了解学前儿童游戏行为的窗口。一方面，只有通过观察，教师才能更好地为学前儿童提供时间、空间、材料与经验上的准备；另一方面，只有通过观察，教师才能使自己对游戏的介入或干预建立在尊重学前儿童兴趣与需要的基础之上。

在观察过程中，教师不仅要知道学前儿童当前的游戏兴趣，如学前儿童喜欢进行何种游戏，喜欢使用哪些游戏材料，喜欢什么样的游戏场地，喜欢哪种主题的角色游戏，而且还要了解学前儿童的游戏水平、性别特征等。当然，所有的这些观察要建立在教师对游戏特征的了解、对游戏分类的熟悉与对游戏是学前儿童主体性活动这一本质特性的深刻的体会的基础上，否则观察就会沦落为"空洞的一双眼睛"。

真正意义上的观察又是教师促进学前儿童游戏进程，丰富学前儿童游戏情节的重要手段。所以，观察一定要到位，指导也要及时进行。这样才能使学前儿童的游戏锦上添花。

3. 参与阶段的注意事项

学前儿童游戏活动的实施需要教师参与其中，帮助学前儿童更好地完成游戏任务，获得良好的游戏目的。教师参与游戏的形式有多种，主要有平行式参与、合作式参与与指导式参与。不同的参与形式对学前儿童有不同的影响,应适时加以选用。

（1）平行式参与。这种参与形式是指教师在学前儿童身旁和学前儿童玩相同的玩具,但没有直接与学前儿童发生交往。教师的这种参与方式,一方面会使学前儿童感到自己玩的游戏是有价值的,所以他会玩的时间更长;另一方面会给学前儿童提供模仿的范例,使其掌握新的玩法。

（2）合作式参与。这种参与形式是指教师加入学前儿童正在进行的游戏之中,但游戏进程的主控人物还是学前儿童。为了促进游戏的发展,教师会偶尔提出一些问题和建议,但不是直接教给学前儿童任何新的游戏行为,学前儿童可做出反应、予以接受,也可不予理睬、加以拒绝。在学前儿童没有邀请教师参加游戏的情况下,教师可以根据游戏情节,利用角色的身份,主动参与进去。教师的合作式参与方式,能将更多的学前儿童吸引进来,也能帮助学前儿童提高游戏水平和社会交往能力。

（3）指导式参与。这种参与形式是指教师教学前儿童如何进行游戏。教师通过发起游戏、控制游戏,教给学前儿童一些新的游戏行为,在整个游戏过程中给予适时的指导。教师的指导式参与可以按以下两种形式进行:一种是教师作为游戏的局外人,从游戏的外部对学前儿童的游戏进行评价、提出建议;另一种是教师直接参加游戏,通过扮演角色,以游戏的口吻,对学前儿童的游戏进行指导。教师的这种参与方式有助于学前儿童获得新的游戏技能,学会与同伴交往,发展语言表达能力。

四、学前教育课程实施中生活活动、教学活动与游戏活动的关系

生活活动、教学活动与游戏活动都是学前教育课程实施的基本途径。三者各有各的优势,实施得好都可以实现学前教育课程的目标。需要注意的是,这三种实施途径需要相互融合、彼此支撑。学前教育机构不能仅仅选择其中一种途径来实施学前教育课程。因为生活活动与教学活动、游戏活动一起构成学前儿童的一日活动,三者缺一不可。

三类活动既有各自独特的作用,同时又常常相互转化,彼此加强。注重三类活动的协同,对于提高学前教育课程实施的效率大有裨益。特别是在生活活动中,由于没有外部压力,学前儿童的表现最接近自然状态,通过观察评估,有利于发现学前儿童的"已有水平",进而在此基础上组织游戏或教学活动,帮助学前儿童向"理想水平"迈进。在这个意义上,生活活动不仅是满足学前儿童基本生活需要的活动,还是其他类型活动设计的可能起点。

教学活动与游戏活动之间既有本质区别,又需要共存于学前教育课程中。从两者的区别来看,教学强调教师的组织计划,游戏则强调学前儿童的自主自发;教学相对重视效果,游戏则相对重视过程。不过,他们对于促进学前儿童发展的需要又都具有不可替代的作用。一般来说,学前教育课程应当既适应、满足学前儿童的兴趣、需要,同时又能帮助学前儿童逐步掌握一定的社会文化内容,使学前儿童达到一定的社会要求。对于这两项要求,游戏活动往往更能满足前一要求,教学活动往往更能满足后一要求。由此看来,将游戏活动和教学活动有机地结合起来,才能成就平衡、有效的学前教育课程,才能更好地促进学前儿童的全面发展。当然,协调好游戏活动和教学活动的关系并不是一件容易的事情,一旦协调不好,就容易出现"游戏功利化"或"教学小学化"的现象。

在学前教育中,纯粹的游戏和纯粹的教学都是不好的。学前期的特点决定了其活动中天然具有游戏成分,而学前教育机构作为一个制度化教育机构,其中发生的活动的目的性、计划性和组织性也是必然会存在的。因此,可以说学前教育机构中的大多数活动都是游戏与教学的混合体,其主要区别在于游戏、教学所占比重的多少,而非全有或全无。对于学前教育课程的实施者来说,要真正获得预期的课程目标,就应当综合考虑多方面的影响因素,尽可能地为课程的实施创造良好的条件。

第四节　学前教育课程实施的影响因素

影响学前教育课程实施的因素有很多,以下是最为主要的几个。

一、课程计划及教材

课程计划是课程实施的蓝图和依据,因而不可避免地会影响课程的实施。国家层面的学前教育课程计划,包括学前教育纲要、课程标准或指南、教材等,反映了国家对于学前教育课程的价值导向和实践构想,往往是幼儿园教师实施课程的基本依据,对幼儿园教师实施课程有巨大影响。例如,《纲要》将幼儿园课程内容划分为健康、语言、社会、科学和艺术五大领域,提出了我国幼儿园课程改革的基本理念,极大地影响了我国幼儿园课程实施的走向。2012年颁布的《3—6岁儿童学习与发展指南》进一步明确了不同年龄阶段的各领域发展目标和相关教育建议,成为学前教育课程设计与评价的基本依据,正在对学前教育课程的实施发生重大影响。

除了国家总体性的课程计划外,教材对课程实施的影响也是不容忽视的。教材是一线教师接受新的课程改革理念的重要载体。对一线的幼儿园教师来说,他们不可能有精力、有条件像教材编制者那样去全面、深入地研究理论,所以,他们获取新理念的主要途径是教材。如果教材编制者不能把新的课程理念充分体现到教材中去,教师们就更不能体会到新理念的要义。新理念的要义体会不到,教师就不可能在课程实施过程中很好地贯彻新理念。当然,除了教材是否体现了适宜的课程理念,教材本身的可传播性、可操作性也是影响课程实施的重要因素,必须予以重视。

二、学前儿童的参与度

学前儿童是学前教育课程的主要实施对象,所以学前儿童对课程实施的参与度直接影响了课程实施的效果。一个真正符合学前儿童发展规律、满足学前儿童需求的课程,必然能够吸引学前儿童参与其中。学前儿童是一切课程设置和实施的基础与目标,也是最佳的课程设计者,他们的想象力、创造力、生成性与多变性是课程发展的重要源泉。

在以前,学前儿童在课程实施过程中的主体性作用没有得到重视。教师是课程实施过程的主体,而学前儿童在课程实施过程中则完全处于被动地位,常常被当作是知识传输的客体,其主体地位和主体性常常被忽略。在现代学前教育中,"儿童中心"逐步取代"教师中心"。学前教育课程更注重从学前儿童的现实生活境遇出发,引导学前儿童热爱和参与生活,激发学前儿童潜能的全面发展,启发学前儿童的智慧,培养学前儿童的生活实践能力以应对外部环境的种种机遇、挑战、挫折等。当学前儿童的这些能力达到较高的水平,且能更好地参与到学前教育课程的实施过程中,则必然有助于课程的顺利实施,以及有助于取得良好的实施效果。

三、园长的课程领导力

在一所幼儿园中,幼儿园园长会对课程的实施产生较大的影响。提升园长的课程领导力,是提高幼儿园课程品质和实施水平,进而提高整个幼儿园教育质量的关键。所谓幼儿园园长的课程领导力,是以幼儿园园长为核心的课程团队,在幼儿园课程实践过程中所体现出来的规划、执行、建设和评价的能力。具体而言,幼儿园园长的课程领导力包括其对学前教育课程的解读力、对学前教育课程现状的判断力、课程资源的开发力和课程文化的建构力。幼儿园园长课程领导力的系统提升,要求园长实现"教育者""领导者"和"行政者"三重角色的整合,要求园长尽可能地摆脱烦琐的零碎工作,努力构建和谐向上的组织文化,帮助幼儿教师提高专业素养,进而改善学前教育课程的实施效果。

四、教师素养

教师是学前教育课程的直接实施者,是学前教育课程设计与课程目标实现等多个环节的重要联结者。他们的水平和能力在很大程度上决定课程的实施质量。如果教师的水平跟不上,课程政策制定者的意图再先进,课程编制者的计划再完美,课程实施也难以获得理想的实施效果。教师的专业化程度,特别是教师的课程素养是高质量学前教育课程实施的重要保证。因此,幼儿园教师一定要重视自身课程素养的提升,不管是在职前还是职后,都要积极参与培训、进修等活动。一方面认识清楚课程素养的重要性,另一方面努力提高课程实践能力和反思能力。

五、外部环境

学前教育机构所处的外部环境,如家长的支持、教育行政部门的支持、社区的支持等,都会影响学前教育课程的实施。

学前儿童的父母或监护人对学前教育课程的支持与否,是课程实施是否取得实效的一个重要方面。学前儿童家长越是支持,学前教育课程的实施就越顺利。在课程实施的过程中,要广泛征集家长的意见和建议,充分发挥家园合作的效应。同时,让家长参与课程教材的选取,认真听取他们对学前教育课程的意见,让家长代表参与学前教育课程的决策,这都能为学前教育课程实施营造良好的氛围。

各级教育行政部门对于学前教育课程的实施更是有重大的影响作用,这种影响作用的发挥主要是通过对学前教育课程的审定、选用、督导、评估等途径实现的。教育行政部门对学前教育课程实施的影响主要是以间接的方式，即通过对课程实施者——教师的影响发生的。其中尤为重要的是，要给幼儿园教师"减负""松绑"，使他们把更多的时间、精力用于"课程设计实施"这一对学前儿童发展有着核心作用的专业工作上来。有不少调查发现，很多幼儿园教师觉得自己在幼儿园的一日工作中，差不多有一半的时间都做着无用的工作。这显然不利于学前教育课程的实施。特别是在课程改革的背景下，教师更需要不断学习充电，反复实践探索，才能领会课程改革的动向并将其创造性地转化为实践，这些都需要时间、精力的保障。如果时间本就有限，精力被大量的琐事占去，课程实施难免受影响。要想改变这种状况，教育行政部门就应从专业化的视角制定教育政策，尽可能地使幼儿园教师有更多的时间、精力来实施课程。

　　学前教育课程的实施与学前儿童所处的社区的支持也有一定的联系。社区对学前教育课程的实施越支持，课程实施也就越顺利。

第六章　学前教育课程实施的环境创设与管理

　　环境问题是学前教育课程实施中的主要问题之一,环境的创设关系到课程实施的质量,并且会直接或间接地对学前儿童造成深刻的影响。众多的研究表明,幼儿园的物理环境和空间使用状况对学前儿童的行为表现会有较大的影响;幼儿园的心理环境(也即精神环境)更是影响学前儿童社会性发展的重要因素。《纲要》明确指出,环境是重要的教育资源,应通过创设并有效地利用环境促进幼儿的发展。环境是有生命的,学前儿童的心情与感受,感觉方式与行为表现,都与幼儿教师所提供的环境息息相关。

第一节　环境的价值与创设原则

　　人类生存的空间及其中可以直接或间接影响人类生活和发展的各种自然因素称为环境。教育上的环境多指影响个体生存发展的各种因素。相对于一般意义上的环境来说,幼儿园环境则是一种更为具体、更为特殊的环境。幼儿园环境创设主要是指教育者根据幼儿园教育的要求和学前儿童的身心发展规律、需要,充分挖掘和利用学前儿童生活环境中的教育因素,并创设对学前儿童起积极作用的活动场景,把环境因素转化为教育因素,以促进学前儿童身心主动发展。环境本身并不会自动成为教育环境,只有当它进入人的活动视野,作为认知对象并被作为材料,经过艺术加工,成为学前儿童喜闻乐见的专用场所、设施、音像制品甚至特种玩具,才成为教育环境。以下就环境创设的价值与原则进行阐述。

一、环境对学前儿童的价值

环境具有改变人行为的功能,而幼儿园环境又不同于一般环境,它是根据幼儿园教育目标和学前儿童身心发展的特点,有目的、有计划、有组织地精心创设的。在幼儿园教育中,环境不仅是美化的需要,还是教育者实现教育意图的重要中介,教育者把教育意图隐含在环境中,让环境去说话,让环境去引发学前儿童应有的行为。这种功能对学前儿童的影响是潜移默化的、是渗透性的,其作用是长期的。具体而言,环境创设对学前儿童的价值主要体现在以下几个方面。

(一)促进学前儿童身心健康

宽敞的空间与适宜的设备器械可以锻炼学前儿童的机体;整洁优美的环境会给学前儿童美的享受;具有探索性的环境和材料可以满足学前儿童的好奇心;文明有序的集体活动环境有利于培养学前儿童的规则意识和集体意识,同时培养孩子合群、利他,克服孤独、自私等性格特质;融洽和谐的人际关系使学前儿童感到宽松自由。

(二)促进学前儿童认知能力的发展

学前儿童认知能力的发展是在与周围环境相互作用的过程中得以实现的。通过与物质环境的接触、互动,对物体进行感知、观察和操作,学前儿童获得对物体及物体与自身的关系的认识,并尝试获取解决问题的方法,在此过程中,学前儿童的感知观察力、记忆力、思维力、想象力等得到充分的发展。幼儿园环境对学前儿童认知水平发展的影响是多方面的,包括活动材料投放的质量和数量、空间密度和分割方式以及活动的氛围,都会影响学前儿童认知能力的发展。

（三）促进学前儿童社会性的发展

作为一个群体性组织，幼儿园是学前儿童成长的重要场所，其环境对幼儿社会性发展水平有重要的影响。良好的幼儿园环境能够激发教师与学前儿童、学前儿童与学前儿童之间的交流对话，促进学前儿童与教师以及同伴的交流互动，帮助学前儿童逐渐摆脱以自我为中心的意识，学会体会他人的想法，从而有效地支持学前儿童社会性的发展。幼儿园应该积极创设教育环境，利用各种教育形式帮助学前儿童学习社会知识、社会技能、社会行为规范，提高学前儿童社会性发展水平，使其积极融入社会生活，成为一个社会人。

（四）激发学前儿童的创造潜能

学前儿童不是环境创设的消极旁观者和享用者，而是环境创设的积极参与者和互动者。在环境创设的过程中，学前儿童参与设计构思、材料搜集以及动手制作和布置的全过程，由此激发出学前儿童自我发展的主人翁意识。在与环境交互的过程中，学前儿童会根据自己的需要，自由选择环境，探索环境，控制和驾驭环境，使其积极性、主动性、创造性可以得到最大程度的释放。

（五）提高学前儿童的审美水平

整洁、美观、大方的幼儿园环境往往能够给学前儿童带来美的感受。无论是环境中丰富的物品造型还是多样的呈现方式，无论是教师精心制作的装饰品，还是学前儿童用心完成的涂鸦画，都可以让学前儿童直接地感受美、体验美、欣赏美，形成正确的审美能力。通过积极参与环境的创设，学前儿童还能够体验创造美的乐趣，在感受合作的快乐和成功的喜悦中萌发美好的情感。

二、学前教育课程实施环境创设的原则

学前教育课程实施环境创设的原则,包括安全性原则、教育性原则、适宜性原则、参与性原则、开放性原则、经济性原则、动态性原则。

(一)安全性原则

安全性原则主要是指幼儿园的园舍建筑、设施设备、活动场地、玩教具等物质条件必须要符合国家颁布的相关卫生标准和安全标准,不会对学前儿童的身体或心理造成危险或安全隐患,不造成学前儿童畸形发展。

安全的幼儿园环境是学前儿童身心健康发展的首要条件,只有在安全的环境里,学前儿童的健康发展才能获得保障,学前儿童才有可能获得自由快乐的发展。这里的安全包含心理的安全、身体的安全。

1. 心理的安全

心理安全主要指良好的师幼关系、同伴关系以及合理的生活制度与要求等。例如,学前儿童能深切地感受到教师是很关心和爱护他的,小伙伴是欢迎和接受他的。因此,幼儿园教师在进行环境创设时,还应该充分关注学前儿童心理安全的满足。如果忽视学前儿童的身心发展特点,仅仅从成人的视角来创设环境,就容易给学前儿童带来陌生感,从而使其产生心理焦虑,这样幼儿园环境对学前儿童的教育作用也就无从谈起了。

2. 身体的安全

身体的安全主要指的是避免外界物质对学前儿童身体的伤害。这主要从两方面着手:一是设施、设备、材料本身是安全的。如废旧物品制作的玩具是否会对学前儿童造成伤害;安排的场地空间是否合理;所种的花草是否既漂亮,又无毒、无危险,比如

夹竹桃、仙人球之类就不宜在幼儿园种植。二是对设施、设备、材料的位置摆放是安全的。电线、开关和插座、消毒液、外用药液应放在学前儿童手不可及的地方；防护装置应符合安全要求。2016年3月1日起实施的《幼儿园工作规程》（简称《规程》）明确提出："幼儿园的园舍应当符合国家和地方的建设标准，以及相关安全、卫生等方面的规范，定期检查维护，保障安全。幼儿园不得设置在污染区和危险区，不得使用危房。幼儿园的设备设施、装修装饰材料、用品用具和玩教具材料等，应当符合国家相关的安全质量标准和环保要求。"

（二）教育性原则

教育性原则是指幼儿园环境的创设应该具有教育性。有人认为，只要是有美术特长的人就会创设幼儿园环境，其实不然。因为创设幼儿园环境不只是追求美观，更要注重环境的教育性。为了充分发挥环境的教育功能，在创设幼儿园环境时，必须明确环境创设所要达到的教育目的，以教育目标为依据来创设幼儿园环境。

环境是学前教育课程的重要组成部分，创设幼儿园环境时只有充分考虑环境的教育性，才能保证环境育人功能的发挥。要实现幼儿园环境的教育性功能，就应该做好以下两个方面的工作。

第一，环境创设要有利于教育目标的实现。幼儿园教师在进行环境创设时，应该认真分析幼儿园教育的目标，并结合教育目标进行有针对性的环境设计，发挥环境潜移默化的教育功能。《幼儿园工作规程》中对幼儿园教育目标是这样描述的："对幼儿实施体、智、德、美等方面全面发展的教育，促进其身心和谐发展。"所以说，为了学前儿童的全面发展，我们在健康、语言、社会、科学、艺术五大领域不能重此轻彼。不同环境应有相应的环境布置。比如很多幼儿园，在活动区门口设计几双小脚印；在公共楼道印上上下楼梯的箭头图案；在洗漱间展示正确洗手的图示；这些环境创设就是对学前儿童渗透规则意识。另外，还要依据幼儿园教育目标,对环境教育做系统的规划。要根据学期计划和月计划、周计划的不同,设计与之相适应的环境,形成系统的、系列的环境布置,促进教育目标的完成。

第二,实现环境与学前教育课程的巧妙融合。首先,环境要支持课程的开展。获得环境支持的课程才能真正发挥其教育功能。课程实施的过程中,教师应该思考创设哪些环境来辅助教学,切实提高教学的效率。其次,环境也能生成课程。良好的环境蕴含着无穷的教育契机,教师要善于把环境中蕴含的教育契机转化成课程,对学前儿童施加影响。

(三)适宜性原则

适宜性原则是指幼儿园环境创设要与学前儿童身心发展的特点相适应,满足学前儿童发展的多种需要,促进学前儿童身心和谐健康发展。学前儿童正处在身体、智力迅速发展以及个性形成的重要时期,幼儿园环境创设要与学前儿童发展水平、年龄特点、兴趣爱好、个性特征等相互匹配、同步、协调,这样才能促进每个学前儿童全面和谐的发展。遵循这一原则,需要按照以下两个"适合"来对环境进行创设。

(1)要适合学前儿童的年龄特征。一般来说,小班更加注重情趣,中班更加注重变化,大班则倾向于综合。幼儿园教师在创设环境时应创设符合学前儿童年龄特征的环境,以满足学前儿童发展的需要。比如,墙面的布置应根据学前儿童视线的不同而设置;材料投放的性质、种类、数量应考虑学前儿童的年龄特点与人数等。在玩具投放方面,一般小班玩具要求种类少,数量多,中大班的玩具则要求种类多,而每一种玩具的数量可以相对减少。

(2)要适合学前儿童的个性特点。学前儿童正处在身体、心理迅速发展的时期,这种发展既有共性的特点,也有个性的特点。幼儿园教师应该尊重学前儿童在兴趣爱好、能力水平以及学习方式等方面的差异,灵活地设计幼儿园环境,以促进学前儿童的个性发展。例如,有的学前儿童天性好奇,有强烈的探索愿望,教师就应为学前儿童创设问题情景,使学前儿童有发现问题并解决问题,提高思维水平和动手能力的机会;有的学前儿童性格比较"外向",那么具有操作性和冒险性的游戏材料更适合这些学前儿童;有的学前儿童气质比较"内敛",那么就应该为这些学前儿童设置专门的安静区或私密区。

(四)参与性原则

参与性原则是指环境的创设过程是学前儿童与教师共同合作、共同参与的过程。教育者要有让学前儿童参与环境创设的意识,要认识到幼儿园环境的教育性不仅蕴含于环境中,而且蕴含于环境创设的过程中。幼儿园环境的价值不仅仅蕴含在环境中,还蕴含在环境创设的过程中,更蕴含在学前儿童与环境的互动过程中。

贯彻参与性原则,可以从以下两个方面来考虑。

第一,要积极引导学前儿童参与环境创设的过程。当前幼儿园环境创设的过程更多是从幼儿园教师的视角展开的,学前儿童关注的和感兴趣的内容往往被忽视,这影响了环境教育作用的发挥。尊重学前儿童的需要,搜集学前儿童对环境设计的意见和建议,调动学前儿童参与环境创设的积极性、主动性,使环境创设的过程变成教育的过程,环境育人的功能才能实现。现实中,有的幼儿园老师认为学前儿童年龄小,不会做事,只会"添乱"。即使让其参与,也多是挑选自认为能力强的学前儿童,在教师的指挥、监督下,按教师的意图去做。有的幼儿园老师认为,自己很快就能准备好,这样可以让孩子多点时间活动。如果学前儿童只是一个旁观者,而不是积极主动的参与者的话,他们永远不能变得能干起来。环境创设的好坏标准不在于做的东西是否精美,而在于教师与学前儿童共同合作的程度以及学前儿童投入的程度,这才是体现环境质量的最重要的东西。当然,在创设环境的过程中,教师应教会学前儿童一些参与的方式和方法。

第二,要鼓励学前儿童与环境发生有效的互动。环境只有与学前儿童发生互动,才能对学前儿童的发展起到促进作用。因此,在环境创设完成后,幼儿园教师还要提供机会鼓励学前儿童与环境积极互动,在与环境互动的过程中,学前儿童通过实践操作、亲身体验,获取对身心发展有益的经验。现实中,存在这样的误区,认为让学前儿童参与环境创设,就是让学前儿童给教师"帮忙"。事实上,教师和学前儿童都是环境的主人,因此幼儿园环境的创设既是教师分内的事,也是学前儿童分内的事,绝非只是教师一方的事。"帮忙"的思想实质是"以教师为中心"。

在环境创设的过程中,重视学前儿童的参与,具有重要的意义。第一,培养学前儿童的主体精神,发展学前儿童的主体意识。第二,培养学前儿童的责任感。学前儿童参与环境的创设,能切实地体验到自己做的事对集体的影响。比如大家一起收拾活动室,擦桌子、扫地、整理玩具,把活动室打扫得干干净净,参与这一过程会使学前儿童真真切切地感到自己在集体中的作用。如果没有亲身参与,这个环境与自己无关,学前儿童就不会真正去关心这个环境,也不会理解什么叫责任。第三,培养学前儿童的合作精神。环境的创设要依靠大家的力量,比如说,布置活动室的墙面的时候,大家分工合作,有的剪、有的画、有的贴,要让墙面布置得漂亮,需要学前儿童齐心合力,不光顾自己做,还必须学会商量,要听别的小朋友的意见,相互帮助。这样,学前儿童才能够切实地感受到集体的力量,发展合作的意识,从而提高相互合作的技能和能力。

(五)开放性原则

开放性原则是指创设幼儿园环境不仅要考虑幼儿园内的环境要素,同时也要考虑幼儿园外的环境要素,使两者有机结合,协同一致地对学前儿童施加影响。科学技术发展所带来的信息量给学前儿童的刺激可以说是全方位的,学前儿童的成长随之受到多方面的影响。面对外界环境的复杂影响,幼儿园应采取积极的态度,主动与外界结合,让家庭和社区成员更进一步地了解学前儿童和幼儿园,使幼儿园教育获得家庭和社区的支持和配合,有针对性地设计学前教育课程。幼儿园环境创设应该从空间、内容和参与者等多个方面体现出开放的理念,形成立体综合的幼儿园环境系统,对学前儿童持续地发挥教育影响。

贯彻开放性原则,可以从以下两个方面来考虑。

(1)突破传统思维限制,把环境创设从幼儿园内部延伸到幼儿园外部,融合幼儿园、社区、大自然环境的优势,发挥整体环境的育人功能。

(2)打破传统教材、主题活动的限制,回归学前儿童的生活。应选择与学前儿童生活经验息息相关的内容,这样的环境更接地气,更能引发学前儿童的共鸣,激发学前儿童探究的兴趣。

(六)经济性原则

经济性原则是指创设幼儿园环境应考虑幼儿园自身的经济条件,勤俭办园,因地制宜地办园。每个幼儿园都应该结合本地区的实际情况和自身的经济实力以及学前儿童身心发展的需要,发挥地方资源优势,就地取材。例如,搜集废旧物品,精心处理再利用,花小钱办大事。又如,有的山区盛产竹子,利用它可以做一些积竹(竹子做的积木)、高跷,供学前儿童玩游戏;农村幼儿园用三合土铺的活动场地,比水泥地省钱又安全。

贯彻经济性原则,可以从以下三个方面来考虑。

(1)充分挖掘地方资源优势,降低环境创设成本。相对来说,每个地方都有自己的资源优势,幼儿园应该充分利用好当地的资源优势,就地取材,从而降低办园成本。与此同时,熟悉的材料还容易消除孩子的陌生感,提高学前儿童与环境的互动性。

(2)废旧物品再利用,降低环境创设成本,同时提高学前儿童参与环境创设的积极性。废旧物品通过二次加工,既可以培养学前儿童的动手能力,又可以帮助学前儿童获得一定的成就感。

(3)提高环境的使用率,最大限度实现环境育人的功能。创设环境的最终目的是激发学前儿童的活动兴趣,促进学前儿童的身心发展。环境只有与学前儿童发生互动,才能发挥其教育价值。所以,环境创设完成后,要给学前儿童充足的机会与环境互动,而不是成为一种摆设。

(七)动态性原则

动态性原则是指幼儿园物质环境创设要从空间、内容、材料、规则等方面关注环境的不断生成和变化。环境创设是一项持续性的活动,布置的内容并非固定不变,而应随着活动主题、季节、节日的变化而变化。长期固定不变的环境会影响学前儿童丰富的想象力。陈鹤琴曾指出:"环境中布置的东西如果长时间一成不变,就会失去教育意义。"瑞吉欧教育工作者更是主张:"环境的设计变化必须按照孩子兴趣的变化而变化。"兴趣是最好的老师,环境如果能及时地追随学前儿童兴趣的变化,便会激发学前儿童不断思考,使学前儿童享受探索的快乐和幸福。

环境的动态性原则包括三层意思。第一,尽量体现"动"的形式。比如,一所幼儿园在大门处,根据幼儿园门厅弧形结构,量身设置一个直通二楼的多功能玩具区,学前儿童可以通过钻、爬、攀、滑等多种方式来上下楼梯。活动区投放材料尽可能地选择能让学前儿童动手操作的低结构材料,如沙、水等材料和废旧材料。第二,体现"变化性"和"生成性"。比如,在内容上,学前儿童学习的主题、时间和地点应当富有弹性和变化性。环境创设内容应随主题、节日、季节等变化而随时更换,随着学前儿童的兴趣和问题的变化而变化。例如,有的孩子对温度没有直接经验,就会有"今天好热呀,有80℃!"这样的错误表达,教师应及时捕捉到这一信息,从而生成关于天气的主题活动。第三,配合教育主题的变化而变化。为了满足学前儿童不断发展变化的需求和教育主题的变化,在环境的空间布局和材料投放上几乎每隔一段时间就应该进行重新设计和布局。

第二节　学前教育课程实施的物理环境创设

学前教育课程实施的物理环境,不是随意设计的结果,而是根据教育目标、课程目标,着眼于学前儿童身心发展的需要而精心规划和创设的成果。创设学前教育课程实施的物理环境,要考虑其功能性、教育性、美观性、适用性。室内外的空间环境不同,布置的具体要求也有所不同。这里主要将学前教育课程实施的物理环境分为户外公共环境和室内公共环境两大部分。

一、幼儿园户外公共环境创设

幼儿园的户外公共环境创设应充分考虑园所的现有条件,明确各区域的价值,根据不同区域活动的特点及要求来规划与设计。首先,幼儿园户外公共环境要满足学前儿童户外活动的基本需求,如游戏的需要、交往的需要、运动的需要、操作的需要、观察探索的需要、亲近自然的需要、审美的需要等。其次,户外公共环境的地面应质地多样、软硬兼有。户外公共环境大致包括园门及围墙、游戏区、种植区、养殖区等。由于幼儿园活动游戏化的特点以及场地面积的限制,一般幼儿园的运动区会与游戏区相融合,有条件的幼儿园会设有独立的运动场地,如操场、小足球场、小篮球场等。

(一)园门及围墙

园门及围墙是幼儿园对外界的"名片",也形成学前儿童对于园所的第一印象。一般来说,园门上应有幼儿园名称,方便人们辨认幼儿园,园门和围墙应简朴庄重,具备保护学前儿童的功能,同时可以考虑用轻松活泼的颜色吸引学前儿童注意,也可以在大门和围墙上描绘上可爱的形象以体现幼儿园特色。

园门两侧要展示幼儿园的名字,也可以恰当展示幼儿园的级别、办园理念、特色介绍或相关荣誉等,使人们在门口就能对本园有初步的直观的了解,产生良好的印象。

(二)户外游戏区

游戏是学前儿童的基本活动。对学前儿童来说,游戏是最自然、最快乐、最自由的活动。游戏能丰富学前儿童积极的情感体验并促进其各种能力的发展。户外游戏环境是学前儿童尽情游戏的天地,也是促进其学习和发展的多样化活动空间,它的价值就在于能够支持与引发学前儿童的多种游戏,为学前儿童提供游戏的机会与条件。表6-1列举了户外游戏区的各大区域的设计要点。

表6-1 户外游戏区的各大区域的设计要点

区域	设计要点
沙水游戏区	面积充足;深度适宜;沙质干净松软;造型自然、实用;沙水结合;立体化设计,与玩具器械结合;做好排水
运动游戏区	面积充足、地势平坦;地面软化、确保安全;器械材料种类丰富、数量充足;器械存放位置合理、便于取放。另外,幼儿园可以在适宜的位置设计多功能长廊,同时,周围可种植具有观赏性的攀爬类植物,使长廊既可作为运动游戏区域,又兼具遮阴及景观功能
角色游戏区	相对有私密感,空间形式多样;使用能支持和引发角色游戏的辅助设施;游戏材料类型多样,数量适宜;材料架尺寸、位置合理,便于取放;可设置水源
表演游戏区	要设置表演场地与观看区域。在表演区应为学前儿童设置能够进行表演的小舞台。舞台的设计应结合户外环境的整体风格,形式灵活、富有创意和情境感,能引发学前儿童表演的欲望。此外,小舞台应相对固定、结实耐用,不宜太高,以方便学前儿童上下舞台,确保学前儿童安全。提供基本的服装、道具、乐器、音响
建构游戏区	面积充足、地势平坦;设置在人流量较少的区域;建构材料规格多样、种类丰富、数量充足;材料架位置、尺寸合理,便于取放;可提供便于搬运建构材料的工具
涂鸦区	设置在相对安静的区域;为学前儿童提供多种形式的涂鸦空间;适合户外的操作台;操作工具种类齐全、数量充足;原材料丰富多样;设置便捷的水源;有艺术氛围

第六章　学前教育课程实施的环境创设与管理

续表

区域	设计要点
野趣区	面积相对较大，地形多样，植被丰富；充分利用已有资源设计游戏设施；专门设计投放充满野趣的游戏设施与材料；做好边界处理，防止水土流失
木工区	位置选择合适，规划合理；应做好简洁实用的防雨设计；工具设施相对齐全，摆放合理；操作台高度适宜，满足需要；操作材料丰富多样；设置作品展示区；准备实用的木工服装
泥巴区	造型简洁、实用的泥巴池；高度适宜的操作台；干净细腻黏性大的泥土；必要的工具、模具；靠近水源
大型玩具区	玩具大小与区域面积匹配；区域位置应设置在院落边缘位置，不应占据院落中心；关注大型玩具的功能、造型、色彩与质量；关注与其他区域的关系

（三）户外种植区、养殖区

幼儿园的种植区、养殖区对学前儿童亲近自然、感受自然、认识自然起着重要的作用。学前儿童在亲历种植、喂养的整个过程中学习使用工具，学会播种、照料、收获，了解动植物的生长变化，体会到人与动植物和自然环境的密切关系，懂得尊重和珍惜生命，并能力所能及地保护自然环境。因此，幼儿园的种植区、养殖区在科学、环保、情感、能力等多方面都有重要的价值。

种植区、养殖区的设计要注意以下几点。

（1）位置宜选在院落朝阳位置，土质良好、面积适宜。在规划种植区、养殖区时要结合园所户外环境的情况，设置在阳光充足的区域。面积的大小要根据园所情况而定。

（2）整体设计要方便学前儿童观察、照料。在进行种植区、养殖区设计时要考虑学前儿童的参与性、互动性，预留适宜的通道与空间以便学前儿童近距离观察与照料动植物。

（3）动物房的设计要考虑美观、实用、卫生、安全。动物房一般用木质、铁质材料进行镂空设计，以保证通风、便于观察。为保证学前儿童及动物的安全，镂空尺寸不宜过大。设计时还应考虑清理的便捷，可以采用双层抽拉式的底部设计，还可以利用水缸、石槽、水池等饲养水生动物。

（4）要有针对性地选择种植和养殖的种类。在选择种植种类时,要充分考虑本地区的气候特点,选择易于成活、便于管理的蔬菜、作物。在树的种植上,常绿树和落叶树可以各种植一部分,使幼儿园环境常年都有生机盎然的感觉。草坪应该足够宽,草的质量应有保证,使孩子能够在上面自由奔跑和玩耍。区角植物例如盆栽、植物角、小花园等,应尽量种植多种类型的植物,特别是与幼儿园课程相关的植物,能够帮助学前儿童更好地认识、观察、了解这些植物。花草树木的种植要考虑一定的层次。有条件的幼儿园要建造花廊,撑起架子,上好油漆,周围种植攀缘植物如金银花等,使学前儿童有休息、活动的场地。种植还应与当地的地理位置、气候、时节相结合。例如,北方会更多地种植杨树、柳树或苹果等树,而南方有可能会种植棕榈、椰子、杧果等树种。这样的安排不仅能营造绿化环境,还能有利于学前儿童的科学学习。

养殖的动物应考虑形体较小的、性情温和的、便于照料易于饲养的,如兔子、仓鼠、花栗鼠、荷兰猪、松鼠、鸡、鸭、鹦鹉、鸽子、鱼、乌龟等。

（5）设置水源。为方便灌溉、照料和清理种植区、养殖区,如园所有条件,最好设置方便的水源。

二、幼儿园室内公共环境创设

幼儿园室内公共环境是指非专门供某部分教师或学前儿童活动的室内场所,包括门厅、走廊、楼梯、公共活动室、生活区等。

（一）门厅

幼儿园门厅是进入室内的一个缓冲区,可以起到出入过渡、短暂停留及人群分流的作用。每一天,学前儿童、家长、老师都要经过幼儿园的门厅。可以说,门厅是幼儿园的集散地,是幼儿园面向家长展示特色的窗口,是幼儿园整体环境创设的灵魂所在,

第六章　学前教育课程实施的环境创设与管理

代表一所幼儿园的教育理念和教育品位。门厅的设计要注意以下几点。

（1）确保空间通畅。在进行幼儿园门厅环境创设时，从空间规划、装修装饰到物品的布置与摆放，都要考虑到人群分流的基本需求，确保空间通畅、通行方便。

（2）满足功能需要。门厅环境的创设要充分考虑门厅的功能性，要根据功能需要，结合空间结构及面积大小进行合理的设计与规划。首先，要实现门厅的展示功能，如展示理念性的文字（一般是向成人展示的，高度适合成人的视线）、学前儿童作品（高度要适合学前儿童的视线）。其次，要考虑门厅氛围营造的功能。有的园所的门厅还兼具咨询接待功能，在设计门厅时应考虑设置前台或沙发区等，以便营造温馨、亲切的交流空间；有的园所还需要在门厅进行晨检工作，这就需要设定一个合适的空间，这样既能方便进行晨检，又能保证人员通行顺畅。最后，门厅空间较大的园所通常还会设置一些可供亲子活动的空间，如阅读区、角色区、表演区等。

（3）关注学前儿童需求。在进行门厅设计时，首先要充分考虑学前儿童的心理需求。门厅是学前儿童入园的第一个公共空间，温馨的、美的、像家一样的氛围能让学前儿童感受到亲切、放松、愉悦，让学前儿童有安全感。其次要满足学前儿童探索、学习、游戏、活动的需要。在门厅的设计与布置中应根据空间基础条件，尽量设计一些可供学前儿童操作、探索的游戏，能够引发学前儿童的积极互动交往。需要注意的是，门厅中家具的尺寸、设施的高度都应方便学前儿童使用。

（4）凸显园所文化。幼儿园门厅是展现园所文化与园所风格特色的重要空间，因此，在进行设计时首先应准确地把握园所文化的内涵。其次要选择恰当的方式进行呈现，应多从学前儿童的角度考虑，文字的呈现不宜过多；也可将园所文化的内涵通过空间布置、装修材质、物品陈设以及色彩搭配等巧妙无痕、自然而然地呈现出来。

（5）保持风格一致。门厅与走廊、活动室及功能教室的风格应保持一致、衔接自然。

（6）注重氛围营造。氛围的营造与门厅的设计布局、装修的材质、空间的色彩、灯光的设计、家具物品及装饰品的选择等都息息相关。因此，在创设时要精心设计、用心选择，力求创设舒适的、温馨的、美的氛围。

（二）走廊

走廊是学前儿童和教师每天要经过的场所，所以一定要保证通畅、确保安全。走廊也是很好的放置物品的场所，但不宜摆放过多物品。幼儿园可以购买低矮的鞋柜在教室门口的走廊上用于放置学前儿童的鞋子，可以在走廊上张贴与最近活动主题相关的一些知识卡片方便学前儿童认识，可以在走廊上设置"家园合作栏"，还可以张贴学前儿童的美术作品。

走廊的设计风格应与公共空间的风格协调一致，保证整个公共环境空间的完整统一。可以结合走廊的结构特点（如走廊的尽头、拐角、墙壁的凹凸部分、比较宽敞的位置等）及学前儿童的兴趣需求，巧妙地设计一些有创造性的区域或作品，从而起到增添情趣的作用。可以结合某个时间段的活动主题，采用废旧材料制作成各种悬挂物，进行美观大方的展示。需要注意的是，悬挂物应至少高于学前儿童三个头以上，以不妨碍室内采光和学前儿童活动为宜，还应考虑到色彩协调，与主题一致。

如果走廊比较宽敞，则可以利用走廊的部分空间进行区域活动，或者设计成为各班级的功能区。此外，走廊内的各类标识既要规范清晰又要与整个走廊风格协调一致。

（三）楼梯

幼儿园楼梯需要符合学前儿童的身体特点，每一个台阶最大高度 0.15 米，最小宽度 0.26 米，楼梯应有扶手。楼梯旁边的装饰应与学前儿童的兴趣和需要结合,楼梯上可以布置一些帮助学前儿童掌握数数或者认识形象的图片等。

楼梯的转角在空间允许的情况下可以摆放少量体积小的装饰物品,但应以不影响通行为原则。在装饰安排上,最好是能够近距离欣赏的一些图片或文字,形象不要过大,以学前儿童适宜观看为度;还要考虑各个设置之间的整体性,如有些楼梯上有窗户,则可以在两窗之间安排一些相互间有某种联系的装饰。

楼梯地面与墙面的色调、材质尽可能与走廊等公共空间协调一致,也可适当对楼梯空间进行相对简约的设计与布置,可在凸显风格的同时发挥教育与展示作用。

(四)公共活动室

公共活动室是学前儿童生活、活动的主要场所。公共活动室应配置盥洗室、厕所、挂衣室、储藏室和卧室等。按我国国家建设委员会规定的建筑设计指标,每名学前儿童应占2.5平方米的面积,活动室室内净高不低于3.3米。幼儿园的公共活动室按功能分为多功能活动室、专用活动室和班级活动室三种类型。

多功能活动室一般是幼儿园大型活动室,可供开展音乐、体育、游戏、观摩、集会及陈列学前儿童作品等活动。其设计应简洁,保证空间面积的有效利用;设计风格大方简约,与园所整体环境协调一致;设计尺寸适宜、功能齐全的舞台;设计功能齐全,位置合理,方便使用;采用吸音材料设计;满足多种需要的灯光设计;配备有品质的家具。

专用活动室是具有特定功能的活动室,如美术活动室、图书室、木工房、科学发现室等,这类活动室一般面积较小,功能较单一。

美术活动室设计要点:第一,区域类型丰富,满足各类美术活动需求。第二,空间设计富有创意,有艺术氛围。第三,橱柜桌椅尺寸适宜,方便学前儿童使用。第四,橱柜与操作台的设计要满足功能需求。第五,关注灯光的科学设计。第六,设置便捷实用的水源。第七,关注美术活动室门口空间的设计。

图书室设计要点：第一，采光设计科学适宜。第二，阅读空间力求舒适、多样，有创意，有趣味。第三，图书摆放合理，取放方便。第四，营造良好的阅读氛围。

木工房设计要点：第一，空间规划科学、合理、有序。第二，工具设施齐全，摆放合理。第三，操作台高度适宜，数量充足。第四，操作材料丰富多样。第五，准备简便实用的木工服装。第六，设置作品展示区。第七，设置数量、高度适宜的电源。

科学发现室设计要点：第一，空间面积相对充足，规划合理。第二，设置能够满足展示、存储等需要的材料架及橱柜。第三，设置与操作内容相适宜的、尺寸合适的操作台。第四，布局合理的电源、水源。第五，设置种类齐全、数量充足的设备及操作材料。第六，注意营造科学的氛围。

在班级活动室的布置上，主要是规划好各活动区域。幼儿园活动室应该规划的区域有学习区域、生活区域、自由活动区域。学习区域主要用于对学前儿童进行集体教育活动，应配备足够数量的桌椅和各类玩具；生活区域包括盥洗室、卫生间、小饭桌等；自由活动区域主要用于学前儿童进行各领域的自由探索，应投放符合学前儿童兴趣和年龄特点的材料。

（五）生活区

幼儿园生活区主要用于学前儿童睡眠和盥洗。有的幼儿园将生活区和班级活动室分开，设有专门的寝室和洗手间，有的幼儿园则将学前儿童的睡眠区与活动室设置在一起。一般来说，生活区的布置应卫生、干净、整洁、舒适，色彩柔和，形式简洁。睡房的整体布置应素雅简洁，以减少对学前儿童的刺激，方便学前儿童快速入睡；卫生间高低大小以学前儿童为本，干净整洁最为重要，能够满足学前儿童的盥洗需要。

第三节　学前教育课程实施的心理环境创设

一、心理环境及其构成要素

幼儿园必须把保护学前儿童的生命和促进学前儿童的健康放在工作的首位。树立正确的健康观念,在重视学前儿童身体健康的同时,也要高度重视学前儿童的心理健康。为学前儿童创设温馨的心理环境,是对学前儿童儿进行心理健康教育的有效手段。

幼儿园心理环境是个复杂的综合体,主要包括幼儿园文化、教师的教育理念和行为以及人际关系。

(一)幼儿园文化

一般认为,幼儿园文化是在社会文化的大背景下,幼儿园领导、教师、职工以及学前儿童在长期实践活动中所形成的各种文化形态的总和,是幼儿园自身所特有的,是幼儿园成员共同遵循的理想信念、价值标准和行为规范。幼儿园应该重视文化建设,尤其是精神文化建设,它是幼儿园心理环境建设的重要组成部分,对学前儿童身心发展的影响是潜移默化的、长远持久的。精神文化蕴含了幼儿园发展的核心价值观,体现在教育理念、教育方式以及教育氛围等多个方面。精神文化能形成一种相对稳定的强大的文化效应,潜移默化地影响着幼儿园教师和学前儿童的身心发展。

(二)教师的教育理念和行为

教师是学前儿童生活学习环境中具有重要影响的人,幼儿园教师的教育理念和教育行为对学前儿童身心发展具有重要的影响。教师举手投足之间流露出的教育理念,对学前儿童的影响是深远的。教师必须树立科学的儿童观、教育观,努力为学前儿童营造积极温馨的心理环境。

(三)人际关系

人际关系是指在社会生活实践过程中,个体所形成的对其他个体的一种心理倾向及其相应的行为。幼儿园里的人际关系主要包括师幼关系、同伴关系和家园关系等。良好的人际关系,有助于形成融洽的心理氛围,对学前儿童的心理健康有积极的作用。

二、幼儿园心理环境创设的要求和基本原则

(一)幼儿园心理环境创设的要求

(1)创设良好的物质环境。虽说心理环境制约着物质环境功能的发挥,但另一方面,物质环境也会影响心理环境的形成,比如拥挤嘈杂的物质环境容易引起人际关系紧张。学前儿童在良好的物质环境中,才能产生积极的情感和愉悦的情绪,在自由的探索中主动去发现周围世界的奥秘。

(2)创设宽容理解的师幼环境。《纲要》中提出:"要尊重幼儿的人格和权利。"实际上,孩子有很多心理问题是从学前时期形成的,如孤独感、自卑感、攻击行为等。尊重学前儿童的人格和权利,就是把学前儿童当成有思想、有个性的人。学前儿童的身体和心理都是脆弱的,这就需要教师的充分尊重和包容。教师应该始终以宽容之心来看待学前儿童的各种行为表现,不能轻易地批评孩子,也不能过分地批评孩子,公正客观地对学前儿童进行评价,并要以正面激励为主。

(3)营造积极正面的集体氛围。建立良好的孩子群体,是幼儿园精神环境创设的重要内容,它能促进学前儿童个体心理的发展。所以教师应坚持正面教育的观念,使学前儿童的个体才能在

集体中得到充分表现,逐渐使学前儿童产生自信和自主感。

（4）建立良好的人际关系。人际关系是在社会生活实践过程中,个体所形成的对其他个体的一种心理倾向及其相应的行为。这里的人际关系主要指教师之间的关系。幼儿园具有良好的人际关系,可使教师相互尊重,和谐共事,学前儿童在这样的人际关系里,能受到老师的尊重,扮演成功的角色,并尽可能地得到多方面的合理需要的满足。因此,维系良好的人际关系,对学前儿童的心理健康具有十分重要的作用。

（二）幼儿园心理环境创设的基本原则

为学前儿童创设良好的心理环境时必须遵循以下原则。

1. 多接纳原则

多接纳是一种平等公正的态度,是一种宽容博爱的情怀。幼儿园教师在营造精神环境时,无论面对的孩子是聪明的还是迟钝的,健全的还是缺陷的,富足的还是贫穷的,顽皮的还是乖巧的,都应以平等的态度、无私的情怀去真心接纳每一位孩子。幼儿园教师要接纳学前儿童的个体差异,接纳学前儿童的"错误"行为。

2. 多关注原则

幼儿园教师在实施多关注原则时,不仅要注意到每一个学前儿童的发展状况,同时也要及时地给每个学前儿童提供必要的帮助。关注学前儿童,还要注意以下几点。第一,多关注"过程",不仅仅关注"结果"。第二,多关注所有学前儿童,不仅仅关注少数学前儿童。第三,多关注生活活动,不仅仅关注教学活动。

3. 多赏识原则

赏识最终是为了调动人的内在积极性。精神环境营造中的多赏识原则是以人性为基础,满足学前儿童内心的高层次需要,建立和塑造学前儿童健全的人格以及健康的心理,进而使学前儿童得到最大程度的全面发展。因此,幼儿园教师在实施多赏识原则时应注意以下几个方面的问题。第一,防止出现"赏识"过程中的误区。第二,注重学前儿童的个体差异,做到"因材施教"。第三,运用适度的赏识方法。

4. 多尊重原则

尊重学前儿童是历史悠久的教育命题,已成为深入人心的教育信条。教师要把学前儿童作为与成人一样拥有基本权利的人来尊重,要在学前儿童发展的各个方面都给予重视并认真对待。在营造精神环境中要着重注意以下几个方面。第一,尊重学前儿童的经验。第二,尊重学前儿童的情绪情感。第三,让学前儿童学会尊重,激发学前儿童"内在"自尊。

5. 多互动原则

互动主要是指发生在幼儿园内部教师与学前儿童之间的相互作用、相互影响的行为及过程。虽说师幼互动的质量与教师和学前儿童的特点都息息相关,但是决定师幼互动质量的主要还是教师。因此,多互动原则是指在营造幼儿园心理环境时,教师应与学前儿童在有效的互动中建立良好的师幼关系,以促进学前儿童身心全面发展。在实施多互动原则时,互动的发起应从教师转向学前儿童,从消极互动转向积极互动。

6. 多支持原则

当学前儿童的思想、行为以及情感得到他人的支持,特别是得到他所尊敬之人、权威之人的支持时,这不仅能使这种思想、行为或情感受到强化而增加表现的强度、频率和持续时间,还会产生愉悦的结果。所以,教师对学前儿童一定要多一些支持,少一些反对。例如,保护学前儿童的天性,尊重学前儿童的作品;为学前儿童提供有效的情感、方法和行为支持。

7. 多自主原则

学前儿童通过自己的活动建立和发展自己的世界。可以说,没有学前儿童的自主活动,就没有学前儿童的发展。因此,教师在实施多自主原则时应注意以下几个方面。第一,满足学前儿童自主需要,激发其学习的内部动机。第二,合理安排活动,满足学前儿童的胜任力需要。第三,在自主探究活动中,给学前儿童提供情感上的支持。第四,利用现代教育技术为学前儿童创造自主学习的机会。

三、幼儿园心理环境创设的策略

良好的心理环境创设有助于提高教师工作的积极性,也有助于营造和谐的人际关系。幼儿园应该通过文化建设,培育科学的教育理念和行为,打造积极和谐的人际关系,促进学前儿童健康发展。

(一)注重幼儿园文化环境的创设

成功的幼儿园文化环境,应当融合该园的办学理念,反映幼儿园的办学底蕴,体现该园的主题文化。首先,幼儿园文化环境要体现幼儿园的现实发展水平,体现幼儿园的育人目标,体现幼儿园的价值追求,切忌凭空设想,避免照搬照抄。其次,幼儿园文化环境只有为全体成员所认同,才能对幼儿园成员形成强大的教育导向作用和激励作用。

(二)培育科学的教育理念和行为

教师的教育理念和行为是幼儿园心理环境的重要组成部分,是创造良好心理环境的决定因素。教师应该树立科学的教育理念并通过科学的教育行为为学前儿童营造良好的心理环境,促进学前儿童的身心健康发展。传统的环境创设理念往往更多地侧重于有形的物质环境方面的创设,忽视了心理环境的创设,影响了环境教育功能的发挥。现代的幼儿园教师应该充分认识心理环境对学前儿童身心发展的价值,营造积极向上、宽松自由的心理环境,让每个学前儿童都有机会参与活动。同时支持、鼓励他们大胆提出问题,尝试发表不同的意见,从而学会尊重别人的观点和经验。

树立科学的儿童观和教育观,有助于幼儿园教师更好地创设心理环境,促进学前儿童的身心健康成长。幼儿园教师应该热爱每一个学前儿童,以民主的态度来对待学前儿童,以平等的心态与学前儿童沟通交流,允许学前儿童自由地表达个人的观点和想法,允许学前儿童犯错误,创设民主、包容的幼儿园心理环境。

在学前儿童成长的过程中,幼儿园教师的心理健康水平始终是一种"无言之教",对学前儿童身心发展的影响是潜移默化的、持久深远的,是幼儿园心理环境的重要组成部分。然而,面对激烈的社会竞争、繁重的工作任务、低廉的工作报酬以及来自社会各方面的压力,有些幼儿园教师产生了心理冲突,当不良情绪爆发出来的时候,学前儿童也无辜地受害。对此,幼儿园教师应该经常反省自己的教育行为,要自觉调整心态,努力提升自身心理健康水平,给学前儿童创造一种安全的心理环境。

(三)积极营造和谐的人际关系

幼儿园的人际关系主要包括师幼关系、同伴关系和家园关系等。

1. 营造平等的师幼关系

在幼儿园各种人际关系中,师幼关系是最重要的。平等的师幼关系是创设良好心理环境的基础。在师幼平等的环境氛围中,学前儿童才会无拘无束、大胆自主地活动,获得自然的发展。

(1)尊重学前儿童的主体地位。传统的教育观念中,教师是教育过程的主导者,学前儿童只是被动地接受教育和管理。这种传统的观念造成了师幼互动过程中教师作为主导者的地位,教师往往习惯于按照自己的意图和计划来开展活动,较少地顾及学前儿童的想法和需求。幼儿园教师应该把自己的角色定位为学前儿童学习活动的支持者、合作者和引导者,努力为学前儿童创造

第六章 学前教育课程实施的环境创设与管理

一种宽松、和谐的心理环境,促进学前儿童积极主动发展。

(2)重视学前儿童情绪情感发展的需要。愉快的情绪体验能够促使学前儿童更加主动地观察、探索与创造,不愉快的情绪体验则容易导致消极行为的出现。因此,幼儿园教师要特别关注学前儿童情绪情感的需要。教师亲切和蔼的态度、宽松民主的管理氛围能够给学前儿童带来安全感,培养学前儿童积极稳定的情绪情感。教师还要尽量采用正面的评价,肯定学前儿童取得的成绩,鼓励学前儿童改进不足,向更好的方向发展。而负面的评价则很容易伤害学前儿童的自尊心和自信心,使学前儿童产生消极的情绪体验。

(3)塑造良好的个人形象。模仿是学前儿童学习的重要方式,他们模仿学习的对象主要是幼儿园教师。教师的一言一行、一举一动都会成为学前儿童模仿的对象,进而成为调节个体行为的标准。因此,幼儿园教师应该高度重视自身形象对学前儿童的感染力,既要呈现给学前儿童一个健康的外在形象,又要关注自身行为对学前儿童的影响,以形成良好的师幼关系。

2. 构建自由愉悦的同伴关系

自由愉悦的同伴关系是学前儿童健康发展的重要心理环境,有利于学前儿童形成自尊、自信、活泼开朗的性格,有利于促进其社会化及心智的发展。幼儿园教师要为学前儿童创造良好的交往机会,帮助学前儿童学习恰当的交往方式,形成自由愉悦的同伴关系。

(1)为学前儿童创造良好的交往机会。幼儿园教师应该为学前儿童提供有利于其交往的活动形式、活动场所以及物质材料,以促进学前儿童交往活动的实现。游戏是幼儿园的基本活动,是学前儿童同伴交往的重要形式,能在很大程度上满足学前儿童交往发展的需要。适宜的活动场所和活动材料也是引发同伴交往的重要因素,定期的座位调整有助于促进全体学前儿童的相互了解和认识,丰富的物质材料能够支持学前儿童持续性的交往活动,这些都会为学前儿童建立自由愉悦的同伴关系奠定基础。

（2）引导学前儿童准确表达自己的思想、感情。学前儿童存在明显的自我中心倾向,还不会进行换位思考,缺乏对他人的情绪情感状态的认知、了解。另外,学前儿童还不能很准确地表达自己的思想情感,这也在一定程度上影响了幼儿园同伴交往的水平。幼儿园教师应该积极引导学前儿童与同伴交流自己的思想和感情,引导学前儿童了解他人的情绪、情感状态,了解彼此的需要和想法,进而产生帮助、合作等社会行为。

（3）帮助学前儿童学习恰当的交往技能。同伴交往能力是可以训练的。研究表明,同伴交往训练对 3～4 岁学前儿童心理理论发展有促进效果,且不同类型的同伴交往均可以不同程度地促进学前儿童心理理论的发展。帮助学前儿童掌握恰当的交往技能,有利于提高学前儿童的交往能力,促进学前儿童同伴交往活动的深入开展。礼貌的交往用语、和善的面部表情、得体的手势动作等交往技能的运用,能够帮助学前儿童结识更多的朋友,体会到交往的乐趣,提高交往的自信心,赢得理解和尊重。为此,教师要善于在日常生活中强化学前儿童的交往技能,如善于把握晨间谈话、洗手、喝水、就餐、散步、自由活动等活动机会进行教育,恰当地运用随机教育和个别教育,帮助学前儿童习得更多的交往技能,提高学前儿童的交往水平。

3.构建和谐的家园关系

《纲要》明确指出,家长是幼儿园教师的重要合作伙伴。应本着尊重、平等的原则,吸引家长主动参与学前儿童的教育工作。向家长介绍幼儿园的保育教育工作,争取家长的理解、支持和参与。幼儿园心理环境的创设离不开家庭环境的大力支持,构建和谐的家园关系,调动家长参与幼儿园环境创设的积极性,加强教师与家长的双向沟通交流,形成家园教育合力,对于学前儿童良好心理环境的形成具有积极的意义。首先,要加强教师与家长的沟通交流,方便双方了解学前儿童在家及在园的表现情况。信息互通的过程有助于学前教育的连续性和一致性,提高学前教育的效果。其次,家园双方还应该积极就教育观念和教育方式达成共识,为学前儿童发展营造协调一致的心理氛围。

第七章 学前教育课程评价

学前教育课程评价是学前教育工作的重要组成部分,是帮助幼儿园教师、幼儿园教育教学管理人员了解学前教育课程的适宜性、科学性,并根据其评价结果调整学前教育课程,实现学前教育目标的重要方式。在学前教育体系中,科学的课程评价对诊断、修正、调整学前教育课程十分必要,是确保学前教育课程有效实施的重要手段,也是学前教育课程运作的终点和学前教育课程继续发展的起点,是贯穿于整个学前教育课程的重要内容,应引起学前教育工作者的重视。

第一节 学前教育课程评价概述

为了保证学前教育课程体系的科学合理性,幼儿园要做好课程评价。而开展学前教育课程评价,要先对学前教育课程评价的基本理论和概念有一个了解,本节就对这部分内容进行分析。

一、学前教育课程评价的概念

评价是人们对客观事物的价值做出判断的过程。许多事物都可以成为人们的评价对象。在现实生活中,人们经常会对各种事物价值的高低、好坏,做出自己的评定和判断。例如,听完一节课,我们会对这节课的教学效果进行评价。因此,评价是人们表达对事物看法的重要工具。

第七章　学前教育课程评价

学前教育课程评价是针对学前教育课程的特点和组成成分,分析和判断学前教育课程的价值的过程,即评估由于学前教育课程的影响所引起的变化的数量和程度。进行学前教育课程评价,需要在一定的教育价值观的指导下,采取科学的方法,对学前教育活动有关的各个方面进行价值判断,这意味着学前教育课程评价具有以下几个方面的内涵。

(1)学前教育课程评价是一个信息收集的过程。学前教育课程是一种复杂的社会活动,对它进行评价,必须是建立在翔实信息收集的基础之上,否则这个活动缺乏事实依据,评价结果不可能科学、真实、可靠。

(2)学前教育课程评价是一个有目的、有计划地进行的有意识的行为系统。

(3)学前教育课程评价是一个价值判断过程,就是用一定的标准评价教育活动的价值,进而做出抉择。

二、学前教育课程评价的意义

课程评价伴随学前教育课程运作过程的始终,它对学前教育课程具有选择、监控、总结、反馈、导向的作用。学前教育课程评价的目的和作用是紧密相连的。而学前教育课程评价的作用,具体来看有以下几个方面。

(1)帮助教师选择更好的课程。通常,幼儿园教师在对学前儿童实施恰当的教育之前,都要通过课程评价手段来了解学前儿童的现有发展水平和需要,确定学前儿童的最近发展区,从而找到课程实施的起点。教师也需要考虑家长对学前教育的认识水平和需求,来确定课程的内容。教师可能还需要对多种现成的课程方案的价值进行评估。当教师掌握了有关学前儿童发展需要、社会需要以及现有课程方案的价值的相关信息时,就可以对多种课程方案做出合理的选择。课程评价的选择作用通常体现在课程系统运作的开始阶段。

（2）可以提供一种监督作用，帮助教师审视当下的学前教育课程实践是否遵循了科学的学前教育观和儿童发展观，教师是否按照学前儿童的身心发展规律组织和实施课程，保证教师在进行课程改革的过程中不偏离方向。另外，课程评价可以帮助教师、幼儿园管理人员及各地教育行政部门的相关人员监督课程运作的全过程，特别是对课程实施过程中各相关要素的运行情况进行跟踪，对于出现的问题，能及时地调整，使课程实施过程朝着预定的目标方向前进。

（3）总结学前教育课程，当一个课程实施过程结束，需要通过课程评价所提供的信息来全面总结预定目标的达成情况及课程实施的效果，找出课程系统运作中的经验和存在的问题，为新一轮的课程实施提供借鉴。

（4）提升教师专业水平。教师是学前教育课程的实施者、是学前儿童发展的促进者，教师的实践行为直接决定学前教育课程的实施与学前儿童发展水平。对学前教育课程诸要素做出的价值判断，蕴含着对教师道德、知识、技能等改善的期待。通过学前教育课程评价，有助于改进教师实践行为，提升教师专业发展水平。

三、学前教育课程评价的分类

按照不同的标准可以将学前教育课程评价分为不同的类型，这里主要介绍几种常见的学前教育课程评价的分类。

（一）按照评价的功能和开展时间分类

按照评价的功能和开展时间，可将学前教育课程评价分为形成性评价与终结性评价两类。

形成性评价是在课程系统运作、发展过程中收集课程各个要素的相关材料，加以科学分析和判断，以此调整和改进课程方案，使正在运作中的课程更为完善的一种评价方式。它体现了人们对课程运作过程的动态把握,可以使课程的示范和推广过程更加科学,更切合课程采纳者的实际需要。

终结性评价一般只涉及课程实施的结果,不涉及课程实施的过程,是事后的评估,是对学前教育课程实施以后所获得的实际效果进行验证的评价方式,它可以为各级各类决策者提供信息。

(二)按照评价的基准分类

按照评价的基础,可将学前教育课程评价分为相对评价、绝对评价和个体内差异的评价。

相对评价是指在某一类评价对象中选取一个或若干个作为基准,将该类对象逐一与基准相比较,判断其是否达到基准所具备的特征及其程度。这种评价中存在着明显的竞争状况,容易造成被评价者的心理压力,因此需要注意评价标准的制定,评价过程的实施,以及评出相对标准后如何在组织中宣传模范、推广经验、促进保教质量的提高等问题。

绝对评价是指以某种既定的目标为参照,目的在于判断个体是否达到这些目标。它具有客观的标准,所以比较容易保证评价的科学性、准确性,容易使评价者心安,使被评价者信服,维持心理平衡。评价后也有助于被评价者及时找到差距,调整行为,但必须注意评价标准的客观性,这一标准必须是经过充分的调查研究的。

个体内差异的评价是将评价对象的过去与现在进行比较,或将评价对象的各个方面进行比较。这种评价方式充分照顾到了个体的差异,使每一名幼儿园员工和幼儿园总体都能看到自己的进步和不足,并且不会给被评价者造成过大的心理压力,因此是一种常见的课程评价方式。

(三)按照评价的主体分类

按照评价的主体,可将学前教育课程评价分为内部评价和外部评价。

内部评价又称自我评价,是指由幼儿园内部或教师本人对照课程评价标准,对园内或教师自己的课程实施状况与效果做出分析和判断的一种评价方式。内部评价可以使评价过程成为教师自我认识与提高的途径,有利于改进工作。

外部评价就是他人评价,是由有关人士或专门人员组成评价小组,对学前教育课程的整体实施状况做出判断的一种评价方式。外部评价的作用通常是为教育主管部门有效管理课程提供决策信息。

第二节 学前教育课程评价的基本要素

一般来说,学前教育课程的评价主要由评价目的、评价内容、评价主体、评价客体、评价指标、评价方法这些基本要素构成,由于本章第四节会专门分析学前教育课程评价的方式方法,因此这里主要分析其余要素。

一、学前教育课程评价的目的

为什么评价学前教育课程,即评价的目的是什么,是评价工作首先需要明确的。它指导和支配着整个评价过程。过去学前教育课程评价的目的是区分评价对象的优劣程度,重视评价的分等鉴定或选拔功能。

一般来说,学前教育课程评价的目的主要包括以下几个方面。

(1)为现有课程的发展与完善,或为开发新的课程提供依据,是课程评价的总目的。也就是说,学前教育课程评价的最终目的是改进学前教育工作,而不是给学前儿童和教师排队。评价是为了更有利于学前儿童全面发展,也更有利于幼儿园教师的自我成长。

第七章　学前教育课程评价

（2）了解课程的目标、内容、实施过程，以及学前儿童整体的发展状况，对学前教育课程的整体结构、目标、内容、组织实施各个环节进行评价，以便发现问题，及时调整，避免出现课程管理的无序状态。

（3）帮助教师判定学前教育课程的效果，并通过与预定的目标作比较和对照，判断课程目标的达成程度。

二、学前教育课程评价的内容

学前教育课程评价的内容十分多样，一般来说，课程评价的范围、教育效果，以及学前教育课程的内容都属于学前教育课程评价的内容。

（一）课程评价的范围

学前教育课程评价的范围应当包括课程各要素的构成及运行方式，具体包括以下四个方面。

（1）以学前教育课程的目标为依据，检查和评价学前教育课程教学计划在目标设定、内容规划、实施方法等方面是否有助于学前教育课程目标的实现，是否科学合理。

（2）以《幼儿园工作规程》及其各项要求为依据，检查和评估学前教育课程在实施的过程中，教师的各项行为以及教育态度、师生间的关系和互动是否符合要求，是否有助于学前教育课程目标的实现。

（3）及时记录学前儿童在课程教育活动中的各种反应和表现，并以此为依据定期与学前教育课程目标进行对比，检查和评估各项课程要素是否科学合理。

（4）以学前教育目标为依据，检查学前儿童在课程教学活动中身心发展、社会适应等方面的情况，评估学前教育课程是否适宜。

（二）教育效果

教育效果是学前教育课程评价的重要内容，这一效果一般主要体现在学前儿童、教学活动、教师三个方面，因此对教育效果的评价也主要从这三个方面入手。

在学前教育课程评价中，对学前儿童的评价不仅仅只局限于学前儿童通过学前教育课程发展了多少知识，更重要的是要评价他们通过学前教育课程的引导，在学习和生活中的态度、方法和行为等发生了怎样的变化。

教学活动是学前教育课程的重要组成内容，对教学活动的评价一般要侧重于看学前教育活动是否与学前教育课程目标一致，是否有利于学前教育课程目标的实现；教育活动的内容是否与学前儿童已经掌握和未掌握的生活经验和知识能力相关，是否有助于学前儿童的科学发展；教育活动是否适应学前儿童的发展规律，符合学前儿童的身心健康和学习特点，且又能体现和发展学前儿童的个性；教育活动是否重视学前儿童在学习方法和思维观念等方面的引导。

对幼儿园教师的评价一般主要侧重于教师在学前教育课程中的表现，如教育课程设计、教学活动组织、教育引导、教学态度等。

（三）学前教育课程内容

在学前教育课程内容的评价中，要以学前儿童的身心发展规律和内在的知识结构逻辑为依据，突出以下价值判断。

（1）学前教育课程的内容是否符合新时期社会发展的理念，是否符合多元科技时代的教育观念。

（2）学前教育课程的内容是否对学前儿童有启发和引导作用，是否有助于激发学前儿童积极主动的思考；是否有利于开发学前儿童的思维；是否有助于诱发学前儿童的好奇心。

（3）学前教育课程所选的知识以及经验、活动等是否符合学前教育对知识规划的全面性、系统性、趣味性等要求。

（4）学前教育课程的内容是否有助于学前儿童良好人格的形成，是否有助于学前儿童形成创造性的能力。

三、学前教育课程评价的主体

课程评价的主体即评价者。教育行政管理人员、幼儿园园长、教师、学前儿童、家长等均是学前教育课程的评价者。在这里，需要特别指出的是教师和学前儿童既是课程评价的"对象"，又是评价的"主体"。

（一）教师和学前儿童

学前教育课程评价是一种价值判断的过程，评价主体多元化特别强调评价者与被评价者都是平等的主体，其中教师与学前儿童既是被评价的对象又是评价的主体。

幼儿园教师的评价目的是了解学前儿童发展的水平，发现学前教育课程的优点与不足，改进学前教育课程，促进学前儿童的发展。以教师为主体的评价是学前教育课程评价的核心，因为幼儿园教师是学前教育课程的主要实施者，他们的观念和行为是影响学前教育课程实施效果的主要因素。幼儿园教师可以通过课程评价及时调整自己的观念和行为。这不仅有助于学前儿童的发展，也有助于教师自身的成长与提高。

学前儿童也可以作为学前教育课程评价的主体参与评价过程。学前儿童与其他年龄段的学生不同，他们对学前教育课程进行着无言的评价。学前儿童评价教育的内在准则是他们自身的需要和兴趣。他们主要是"通过自己的行为反应和发展变化来发表对课程的看法"，因此，教师要随时观察学前儿童的行为反应和发展变化，及时调整自己的教育教学。

(二)家长

家长参与课程评价,让学前教育评价走进每个学前儿童的家庭,强化了家园联系,真正构建了多元的评价体系。同时家长对教师进行评价的过程也是家园协作的过程,能够更好地促进学前儿童的发展。家长在对教师的评价过程中所反映出来的想法、意见和建议对教师改进并提高工作质量有着重要的参考价值。在实施中可以通过召开家长会、发放家园联系册、家长问卷调查等途径,听取家长的建议和评价。例如,每个学期的家长开放日,请家长来园看学前教育课程的开展情况,看自己孩子的表现,同时看看教师是怎样给学前儿童开展活动的;新学期开学时,召开家长会,总结上学期情况,向家长通报本学期的工作计划等,利用多种形式、途径,充分发挥家长在学前儿童、教师成长评价中的作用。又如,幼儿园各班可提供《学前儿童成长手册》,设计一些栏目如"我的情况""我的秘密""家中的我"等让家长填写,"我的身影""本月活动""老师的话"等栏目由教师填写,每月往返一次。通过这样的互动,教师对学前儿童的了解更全面,对学前儿童的评价也更客观、更科学,更有利于学前儿童的成长。还可利用班级家园联系栏,创设"我进步了"专栏,由教师和家长在学前儿童名字后面不定期地把学前儿童的进步写出来,既增进了家园联系,又增强了学前儿童的自信。总之,形式多样的家长参评对学前儿童的成长起到了积极的作用。

(三)管理人员

各级教育行政管理部门人员也是学前教育课程评价的主体之一,根据《幼儿园工作规程》《纲要》《3—6岁儿童学习与发展指南》的精神对全国或地区的学前教育课程进行评价,其目的是了解学前教育课程的整体发展状况,评估幼儿园执行国家和地方学前教育课程政策的情况,衡量幼儿园的办学效益或为课程推广提供决策信息。他们对学前教育课程的评价具有重要的导向作用,他们的评价标准反映了国家和地区学前教育课程政策的基本精神。

在学前教育课程评价中,管理人员应该作为评价的发展促进者,实施由"筛子"到"泵"的发展性评价。传统的评价好比"筛子",以筛选为目的,而发展性评价好比"泵",它强调评价的过程、评价维度的全面性,强调评价促进学前儿童的发展、教师的成长以及幼儿园办学水平的提高。因此管理者作为评价的元素,应该构建科学的评价指标,建立全方位的评价体系,尝试开展发展性评价,实现由"筛子"到"泵"的转变。

四、学前教育课程评价的客体

评价客体的概念主要是与评价主体概念相对应的,一般指的是评价的对象。从一般意义上来看,学前教育课程评价的内容和范围是比较广泛的,大致可以划分为课程方案、实施过程、课程效果。

(一)课程方案

评价学前教育课程的方案主要是看学前教育课程的方案是否明确了学前儿童适宜性发展的理念,有无厘清学前儿童发展与社会需求的关系,澄清学前儿童经验与学科知识的矛盾。一旦确定课程理论基础是正确的,就可以分析课程方案中的预设目标是否是课程理论的具体化。我国学前教育课程分为健康、语言、社会、科学、艺术五大领域,这些领域的评价内容各有差异。每个领域均从知识、能力、情感与态度三个方面对学前儿童所要达到的目标做了阐述。因此具体方案中的目标,除了参照特定的理论基础,也要考虑《纲要》中的总目标。

(二)实施过程

对学前教育课程实施过程的评价要注意科学解读学前教育课程的目标,根据这些目标对课程资源进行开发、选择。一般来说,学前教育课程资源大致可分为园内资源、社区资源、家庭资源、信息资源四大块,学前教育课程实施需要教师整合四大课程资源。例如,整合家长资源,争取家长参与到具体活动的实施中;合理利用园内资源,并进行创造性的开发等。同时,考虑到学前教育课程实施很大程度上依赖创设的环境,因此在评价学前教育课程实施过程的时候,应注意服务于学前教育课程的目标与内容,以学前儿童的眼光来创设环境,进而激发学前儿童参与课程教学活动的兴趣和欲望。

(三)课程效果

一般来说,构建学前教育课程的目的就在于促进儿童的发展,所以,评价学前教育课程效果,主要是评价学前儿童的发展状况。

一般来说,对学前儿童发展结果的评价是以学前儿童为对象的评价,也就是对学前儿童的发展状况进行评价。《纲要》中明确指出了学前教育五大课程领域的各项目标。在具体的课程实施效果评价中,要对照相应的课程领域,将总体目标转换成具体的行为目标;接着围绕行为目标为学前儿童设置具体的发展情境;记录学前儿童在情境中的具体表现,并量化成一定的分数或等级;最后解释这些分数,以评定、诊断学前儿童的发展是否与预定的目标相适切。

而要进行学前儿童发展结果的评价,幼儿园教师必须具备评价的能力,这要求他们首先要掌握多种了解和评价学前儿童的方法。《幼儿园教师专业标准》中对幼儿园教师专业能力提出"有效运用观察、谈话、家园联系、作品分析、问卷调查、档案袋评定、自我评价、统计分析等多种方法,客观、全面地了解和评价学前儿童,并能有效运用评价结果,指导下一步教育活动的开展"的要求。其次,幼儿园教师还应熟知 3~6 岁学前儿童学习与发展的基本规律和特点,并能根据所观察和了解到的学前儿童的行为表现,对学前儿童发展水平做出科学、准确、全面的评价,为下一阶段的教育活动提供依据。

五、学前教育课程评价的指标

任何一项课程评价准则通常都由许多指标构成,这些指标的集合形成指标体系,学前教育课程评价的指标也是如此。例如,"学前儿童发展评估指标系统"中将学前儿童发展的指标领域设定为健康与动作、语言能力、认知发展、社会性能力、习惯五个方面,每一个方面又可以进一步细分为多个一级和二级指标。健康与动作方面的一级指标有生长发育(身高、体重、血色素)、身体适应力(发病率)、大肌肉动作(走、跑、跳、平衡、拍球等)、小肌肉动作(画、捏、折、撕、剪贴、穿插等)。又如项宗萍在《从"六省市幼教机构教育评价研究"看我国幼教机构教育过程的问题与教育过程的评价取向》中,根据因果关系模型及一些相关因素分析,提出对教育过程进行评价的一些指标:教师对学前儿童活动的安排、教师行为和学前儿童活动的积极性,其中教师对学前儿童活动的安排又可分为让学前儿童使用玩具材料的时间占非餐点时间的比重;让学前儿童自选玩具材料与操作内容的时间占学习与玩的时间比重;伙伴可交往时间占非餐点时间的比重;安静、纪律与等待时间占非餐点时间的比重;非学习技能的学与玩时间占非餐点时间的比重;无目的、无材料、无教师差异的自由活动时间占非餐点时间的比重。

可以说,学前教育课程评价的指标是多种多样的,但不管其细分如何,总体上来看,这些指标主要包括学前儿童的教育效果、学前教育课程的安排与实施情况、教师的行为等。除了这些因素外,学前教育课程评价的体系包括指标的权重系数,即每一指标重要程度的数量标志。权重系数是确定权重时可采用专家咨询的方法,请一些专家或有经验的专业人员在其经验的基础上为指标体系评定权重,再经过某种统计处理方法确定结果。

评价指标是整个学前教育课程评价工作的灵魂。评价工作其实就是把学前教育课程的各个要素和环节的状况与评价指标进行对照,从而对整个课程运作系统做出价值判断的过程。因此,评价指标的科学与否不仅对评价工作本身起重要的指导和规范作用,而且标准和指标所包含的教育价值观将长期影响学前教育课程实践,对课程实践具有导向作用。为了保证学前教育评价课程指标的科学性,在设计学前教育课程评价指标时,应遵循以下的一些原则,以保证课程评价指标的科学合理性。

(1)学前教育课程评价指标应当体现课程的改革方向。学前教育课程改革倡导的观念和实践做法应体现在学前教育课程评价指标中。如新课程改革强调幼儿园教育环境的创设和师幼互动,学前教育课程指标评价应涵盖教育环境创设和师幼互动的内容。

(2)学前教育课程评价指标应当体现多元化。人作为个体性的存在,其个体的自我创造活动造就了多元性。所以,学前教育课程评价应打破"一刀切"的评价模式和整齐划一的单维度评价标准,关注个体差异,注重综合评价,实现评价指标的多元化。

(3)学前教育课程评价指标应当与课程目标一致。课程评价主要是考查课程预期目标的实现情况,因此,学前教育课程评价指标在方向上应与学前教育课程价值取向和课程目标相符合。

(4)学前教育课程评价指标应当体现课程设计和实施的主要内容。学前教育课程涉及的内容较多,影响学前教育课程实施及成效的因素也很多,学前教育课程评价指标无法面面俱到,应抓住课程的主要方面来设计和确定课程评价指标。

(5)学前教育课程评价指标应当具有可操作性。学前教育课程评价指标在实施时是可行的,为此,要考虑评价指标的信息是否可以通过观察、问卷、测量等途径搜集到。

第三节 学前教育课程评价的原则与过程

一、学前教育课程评价的原则

为了保证学前教育课程评价的效果,提高课程评价的质量,必须遵循课程评价的一些基本原则。

(一)科学性原则

科学性原则要求学前教育课程的评价不能盲目、随意,不能凭着经验行事,而要科学地安排学前教育课程的各项评价要素和评价内容,选择合适的方法对真实的、客观的评价对象做出正确的评判。在整个评价过程中,评价者要实事求是,坚持正确的立场,评价的各环节必须符合科学发展的要求,符合学前教育课程活动的基本规律。

(二)目的性原则

进行学前教育课程评价的主要目的在于推动学前教育课程的发展,因此开展学前教育课程评价活动也需要遵循目的性原则,这一原则要求,学前教育课程评价应有利于改进与发展课程。学前教育课程评价虽然可以起到鉴定作用,但当代学前教育课程评价观更强调评价的诊断功能。教师通过对学前教育计划的执行情况和学前教育效果做出及时的评估,及时发现学前教育课程各要素的问题,为改进课程提供依据。因此评价的基本目的应当定位于有利于改进与发展课程。此外,目的性原则还要求学前教育课程评价应有利于促进学前儿童的发展。幼儿园是学前儿童发展的场所。学前儿童的发展是通过教师向学前儿童实施适宜的课程来实现的。课程评价中教师正确的评价观念影响着学前儿童的发展。评价应重在发现每个学前儿童的优点与不足，反映学前儿童的发展水平。通过这些信息，教师可以更有效地因材施教，学前儿童的全面发展才能落到实处。

（三）全面性原则

全面性原则指评价不应局限于学前教育课程的某一方面，而应涵盖学前教育课程的各个方面，据此做出完整的价值判断。因为学前教育课程是一个含义广泛的概念，它是指学前儿童在幼儿园获得的各种经验，是幼儿园各种活动的总和。学前教育课程评价，就是针对学前课程的特点和组成要素，通过收集和分析比较全面的资料，科学地判断课程的价值。评价内容包括对课程理念、课程目标、课程内容、组织形式、教育环境等，特别是对教育教学过程的实际运行状况的评价，如师幼关系、师幼互动、教育资源的利用等。在以往的课程评价中，人们往往用学前儿童的学习结果和学前儿童的发展状况的测量和评价来判断课程的优劣，这是不够的。课程评价不仅要对学前儿童发展结果做出评价，还要对教师的观念态度、活动组织形式、师幼互动质量做出评价，力求全面透视课程各方面的价值。

（四）多样性原则

多样性原则指评价的方法和手段应广泛和多样。在学前教育课程评价中，为了使评价更具科学性，需要运用多种方法和手段。

首先，在评价中要将他评与自评相结合。从评价主体上来看，学前教育课程评价应打破过去一般遵循的由教育主管部门对幼儿园进行评价，由园长对教师进行评价，由教师对学前儿童进行评价的自上而下的评价模式，如此才能充分调动教师的反思意识，提高其反思能力，促进教师将评价过程作为对课程和学前儿童的研究过程，使评价过程成为促进教师专业发展的有效途径。

同时,也应重视家长参与学前教育课程评价,有助于幼儿园和教师了解家长的教育需求与愿望,更好地为家长服务。同时也有助于向家长宣传科学的教育理念和教育追求,使家长了解学前教育课程的特殊性并认同幼儿园的教育目标,从而更好地配合教师和园方的工作,使幼儿园和教师真正成为学前儿童发展的合作者。此外,还要鼓励学前儿童参与评价过程。让学前儿童学会分析自己的优点、进步和不足,并能正确地看待自己的优缺点,使学前儿童逐步形成良好的自我评价能力。例如,可在学期末展开"我成长,我快乐"的主题活动,让学前儿童参加讨论和展示自己在本学期所取得的进步,同时让学前儿童意识到自身的不足,确定今后努力的方向。

其次,要将量化评价和质性评价相结合。要想全面地认识学前教育课程,既要从量化的角度对学前教育课程进行评价,也要从性质分析的角度对学前教育课程进行评价,其中量化分析可以从师幼关系、师幼互动质量、学前儿童态度与情感方面的发展与变化等方面详细展现学前教育课程的具体效果,而性质分析则可以在量化分析的基础上从更高的层次确定学前教育课程某些宏观层面的特征,因此在学前教育课程评价中要把两种方法结合起来使用。

最后,要将形成性评价与总结性评价相结合。学前教育课程评价的真正意义在于推动学前教育课程的改进和完善,促进学前儿童的发展,因此学前教育课程评价应该是一项持续不间断的工作,这就要求将形成性评价与总结性评价相结合,不断改进和调整课程实施过程,完善学前教育课程的评价系统,为课程的改善提供比较全面的资料和信息。

二、学前教育课程评价的过程

在学前教育课程评价中,人们对课程存在不同的价值取向,对课程评价的取向也有不同的看法,因此,在评价过程中会运用不同的评价模式,采用不同的评价技术。这就是说,评价过程无法完全被规范化。从较为宏观的层面上看,学前教育课程评价的过程大致可分为以下阶段。

(一)确定目标

确定目标就是确定要评价什么,并由此决定如何设计评价方案。在这个环节中,评价者要对为什么要进行本次评价进行思考和讨论。评价目的确定后,还应进一步明确评价内容或对象。例如,评价者在设计《幼儿园综合教育课程系统评价的初步方案》时,首先确定了该方案的评价总目标:通过评价进一步修改课程方案,使之趋于定型;经比较评价,辨明本课程模式与传统分科模式的区别所在;对课程效果加以全面评估,考察其推广价值。

(二)选择学前教育课程评价的对象

确定评价对象,也是设计评价方案的前期工作中的重要内容。评价的对象不同,随后制定的评价标准、选用的评价方法也会随之发生变化。学前教育课程评价的内容非常宽泛,涵盖幼儿园所有的保育教育活动。不同的课程评价目的使课程评价所指向的范围不同,评价者要决定评价的焦点是整个课程计划,还是课程的某一领域(如游戏、科学教育、语言活动等)或是某一年龄段儿童的课程。

(三)确定评价的程序、指标,选择评价类型和方法

在此环节评价者要设计评价的程序、时间安排,并对本次评价的标准进行详细研究,细化评价指标,收集或重新制定评价工具。

此外,这一时期,评价人员还要选择评价类型和方法,前文已经介绍了评价类型,每种评价类型和方法都各有其特点和适用范围,在此环节评价者要对本次评价可能使用的各种方法进行研

讨,确认方法的适用性和针对性。不同的评价目的和内容,可能需要使用不同的评价类型和方法。

(四)撰写评价方案

在确定了评价的程序、指标,选择了培训类型和方法后,就可以入手撰写评价方案,将评价者的意图和各环节的设计以书面的形式确认下来,以便指导具体的评价过程。撰写评价方案要结合搜寻到的信息,在分析相关信息的基础上进行。通常搜集信息的方法有实地观察、访谈、问卷调查、测验、作品分析、查阅文件等。评价者应当根据不同的评价目的选择不同的方法,并组合使用多种方法,以保证信息搜集的全面性和准确性。搜集到相关信息后,评价者要对所搜集到的各种信息进行加工、整理。例如要对信息资料进行分类、编码、储存等处理,以便随后进行分析和运用。此环节需要工作人员的细心。在分析了相关信息后,学前教育课程评价者要运用所选择的适当的评价方法,对经过整理的信息材料进行研究和解释,以得出相应的结论。得出评价结论后,评价者有必要撰写书面的评价报告,以便将评价结果向评价对象或上级领导报告。评价报告的结构大致可以包含封面、评价概述、评价背景、评价过程描述、结果及其分析、结论及建议等部分。评价报告的封面应当包括被评价机构的名称、评价者、评价实施的日期等信息。评价概述部分应当交代此次评价的目的、内容、采用的评价标准和评价方法等信息。评价背景部分应当包括对被评价对象基本情况的介绍。评价过程描述部分应当陈述评价的程序、步骤、方法。结果及其分析部分应当包括对评价结果的陈述和分析。结论及建议部分应当包括评价者对被评价者给出的评价结论、鉴定以及改进工作的相关建议。

(五)实施课程评价

完整、细化的评价方案的形成是评价工作顺利完成的基本保证，在制订了课程评价方案后，评价者就需要入手进行学前教育课程的评价。在实施的评价过程中，评价人员应注意观察学前儿童在课程活动中的反应（主动性、参与程度、情绪等），教师的态度和行为（对学前儿童的控制程度、管理方式和技巧等），师生互动的质量，学习环境（条件和利用方式等），并根据这些情况及时调整课程。

由于实施学前教育课程评价是价值行为，需要价值判断，因而需要扎实的理念来支撑。为保证学前教育课程评价实施的科学性，应注意遵循以下理念。

（1）切实了解学前教育课程评价在学前教育中的地位和作用。评价是学前教育课程实践系统的基本要素，缺少了评价，课程的实践系统就不完善了，课程就会缺乏反馈和动力。教师没有进行课程评价，就没有充分履行自己的职责。只有当评价真正成为幼儿园必不可少的工作、成为全体教职工尤其是教师的重要责任时，评价才能真正起到完善、改进学期教育课程的作用。

（2）切实提高教师的观察和记录能力。观察和记录是学前儿童教师在课程实施过程中必备的能力。教师需要掌握观察和记录的方法，知道如何在众多的现象中确定自己的观察点，如何在众多的感官信息中选择自己记录的内容，如何有效地记录有意义的内容，只有这样才能科学地进行课程评价。

（3）切实把学前儿童作为学前教育课程关注的核心。评价不是控制、制约和刺激学前儿童，它最根本的目的是让学前儿童更好地生活、更好地发展。所谓"因材施教""以学定教""儿童在前教师在后"，都是建立在对学前儿童评价的基础上的。没有对学前儿童的了解，就没有真正适宜的教育。教师正是在不断观察、分析和评价学前儿童的行为过程中，感受到他们的需要、兴趣、困惑和喜悦，推断他们的认识、能力和情感，从而不断改进课程。

第四节 基于发展的多元化课程评价方式

学前教育课程评价工作从 20 世纪 80 年代开始受到关注,特别是 1989 年颁发的《幼儿园工作规程》吹响了我国幼教改革的号角,"教育应促进每个幼儿在原有水平上的发展"这一理念的提出,使学期教育课程评价开始从关注结果向关注过程发展。2001 年 9 月教育部颁布的《纲要》将教育评价作为与总则、教育内容与要求、组织与实施相并列的四个基本内容之一进行了专门阐述,提出了学前教育课程评价的发展性、合作性、标准的多元性以及多角度、多主体、多方法、重视过程、重视差异等原则。课程评价也由封闭、单一的"完人"式的评价,开始转向动态多元化评价,这也体现在课程评价的方式上。换句话来说,随着现代学前教育工作受到重视的程度不断增加,人们也越来越倾向于采用多元化的课程评价方式,如日常观察、谈话、测试、作品、成长记录袋等,同时不仅要了解学前儿童在幼儿园中的行为表现,还要了解幼儿在家中及其他社会环境和社会生活中的表现,在此基础上做出的价值评价,才可能准确、科学。幼儿园的教育评价应以定性评价为主要方式,将定量评价结果和定性评价有机结合,应用多种评价方法,更清晰、更准确地描述学前儿童的发展状况。这里主要分析几种常见的课程评价方法。

一、日常观察法

调查访问用来专门收集学前教育课程实践某一方面问题的信息,具有很强的针对性和阶段性。学前教育课程实施是学前教育实践中的经常性工作,其问题不但分布零散而且具有明显的时空差异性,这要求管理者应当习惯于随时随地收集相关信息。日常观察法便能发挥这样的作用。

在学前教育课程评价中,采用日常观察法,既可以是对学前儿童个体及其群体进行观察,观察某一群学前儿童经过学前教育课程教育后的表现来评价学前教育课程的实施效果,判断学前教育课程的科学与否;也可以对某一个学前儿童进行观察,观察学前儿童个体在整体性的教育环境中有怎样特殊的需求,以便对学前儿童的个体差异性有所把握。

二、谈话法

谈话法又称提问法,一般是指学生和教师之间进行的有目的、有计划的问答。谈话法一般是幼儿园教师主动引导学前儿童通过自己的思维活动获得知识,检验学前教育课程的有效性。在此过程中,谈话活动要符合学前儿童爱说话、爱提出疑问、喜欢讨论接受各方面知识经验的语言发展特点,符合需要交往、需要表达、需要宣泄这一特点。此外,谈话前确定好谈话的目的、内容和过程,如先谈什么、后谈什么、谈话地点、时间、方式等;谈话态度亲切、和蔼、诚恳;根据谈话对象的不同采用灵活多样的谈话方式;耐心听取谈话者的意见,不轻易打断;如果允许,可通过笔记、录音或者录像的方式记录谈话过程,谈话结束后记下自己的看法和感受。

三、成长记录袋法

成长记录袋法来源于意大利语 portafoglio,是"port"(携带)和"folio"(纸张或资料)的组合,有文件夹、公事包或代表作选集等多重含义,也有人将其译为"档案袋""学习档案""档案录"或"成长记录"。成长记录袋法在国外的应用已有十多年的历史,但到目前尚未有统一的定义。我们认为,成长记录袋法就是根据教育教学目标,有意识地将学生的相关作品及其他有关材料收集起来,反映学生在学习与成长方面的优势与不足,以及为达到目标学生做出的努力,并通过学生的自我反思激励学生取得更高成就。

学前教育课程评价也可以采用成长记录袋法。幼儿园教师或家长可以有目的地收集学前儿童的各种经过学前教育课程教育后的有关表现材料,并进行合理的分析与解释,以反映学前儿童在学习与发展过程中的努力、进步状况或成就。换句话说就是为每一位学前儿童准备一个"档案袋",把他们在学前教育课程中的有代表性作品或表现不断地放进去,内容可以涵盖学前儿童生活自理能力、知识技能、社会交往等方方面面。过一段时间后,幼儿园教师或家长对这些作品或表现进行分析,评定学前儿童成长和变化的情况。

通过定期或不定期地收集学前儿童在学前教育课程教育中的各种资料,可以使幼儿园教师掌握学前儿童发展的状况,科学评价学前儿童的发展水平。在创建和收集学前儿童"档案"的过程中,幼儿园教师也通过评价更全面地了解到学前儿童的个体特征、思维特点、所取得的成就、能力以及弱点,为教育策略的调整和制定提供支持。

四、定性评价与定量评价

定性评价是评价者用语言文字作为收集和分析评价资料、呈现评价结果的主要工具的评价方式。比如,对学前儿童的卫生状况评出等级,对学前儿童做出评定或写出评语等属于定性评价。

定量评价是评价者收集被评价对象的数量性的实证信息,用数量化指标来显示评价结果的评价方式。比如,在对学前教育课程评价中,对学前儿童的身高、体重进行测量,获得一定的数据信息,然后对这些数据进行分析,获得评价结论就属于定量评价。

这两种类型的评价各有利弊。因为幼儿园课程是一个非常复杂的系统,单独依赖定性或定量的方法都无法完成对课程的正确评价。只有将二者有机结合,使质量互补,交叉验证,才有可能大大增强评价的有效性与准确性。

第八章 学前教育课程与游戏的融合

作为"活动与锻炼"的因素和"情感"因素,游戏直接影响学前儿童的身体健康和运动能力的发展,有助于学前儿童身体的生长发育和适应能力的改善。游戏以内容和途径的双重身份进入学前教育课程之中,为学前教育课程提供了生命力,渗透于课程的方方面面;游戏既是课程的内容,又是课程实施的手段与方法,更为教师提供了评价学前儿童的线索。因此,学前教育课程与游戏的融合是大势所趋。本章主要从学前儿童游戏的价值、游戏在学前教育课程中的地位以及学前教育课程的游戏化这三个方面入手,分析学前教育课程与游戏的融合。

第一节 学前儿童游戏的价值分析

《纲要》指出:"游戏是学前儿童生理和心理发展的需要,也是学前儿童体、智、德、美全面发展的要求。"可见,游戏在学前儿童的身心和谐发展中有着重要的作用和价值。本节即对学前儿童游戏的价值进行具体分析。

一、游戏在学前儿童身体发展中的价值

作为学前儿童生活当中的基本活动,游戏具有重要的地位。学前儿童的游戏是身体发展的需要,因为对于学前儿童来说,在身体的生长发育中,运动是不可或缺的,而游戏更是深受学前儿

第八章 学前教育课程与游戏的融合

童喜爱的运动方式,可以说,游戏是保障学前儿童身体健康发展的重要因素。

人的身体发展包括人体各系统器官的生长发育、运动能力的发展以及适应能力这三个大的方面。影响人的身体发展的因素多种多样,作为"活动与锻炼"的因素和"情感"因素,游戏直接影响学前儿童的身体健康和运动能力的发展,对于学前儿童身体的生长发育和适应能力的改善也有作用与影响。

(一)游戏能够满足学前儿童身体活动的需要

学前儿童神经系统和骨骼肌肉发育较快,神经系统和骨骼肌肉发育不完善,神经系统兴奋强于抑制,骨骼肌肉的发展和骨骼的成分都驱使他不断地运动。学前儿童在游戏中奔跑、跳跃,即便是在室内玩一些比较安静的游戏也可以不断地变换动作,所以学前儿童都喜欢玩。学前儿童游戏就是释放这些能量,也就是发泄剩余精力。

(二)游戏能够促进学前儿童身体运动能力的发展

在整个学前期,学前儿童与运动有关的神经系统发展尚不充分,神经系统的高级部位的发展还比较缓慢,运动的自主性、协调性等发展都较差。由于运动发展受机体成熟,尤其是神经系统发展与成熟的影响,因此,学前儿童的运动发展具有可预测性的特点,它按照一定的发展顺序与时间展开,也受到生物因素之外的社会生活条件、运动学习与锻炼的机会等方面的影响。运动将保证学前儿童生长过程中对运动量的需求。

游戏是学前儿童自发的运动形式。学前儿童运动发展模式的相关研究表明,学前期是运动能力发展的关键期,运动发展与游戏发展之间存在着阶段一致性的对应关系。学前儿童的运动能力表现为肌肉的控制力、身体的平衡力、活动的协调性,这些均可在游戏活动中得到实现。在游戏中,学前儿童身体的各种器官都得到活动：有全身运动，也有局部运动；有运动量大的活动，也有运动量小的活动。这些活动与运动，不仅促进学前儿童骨骼肌肉的成熟，也有利于内脏器官和神经系统的发育。学前儿童的所有游戏几乎都包含着动作或运动的成分，天然地具有促进学前儿童身体运动能力（包括大肌肉、小肌肉以及全身运动的协调）发展的潜能，有助于动作的发展与分化整合。

格拉胡把儿童的运动发展分为四个时期，其中又可分10个小的发展阶段如图8-1所示。

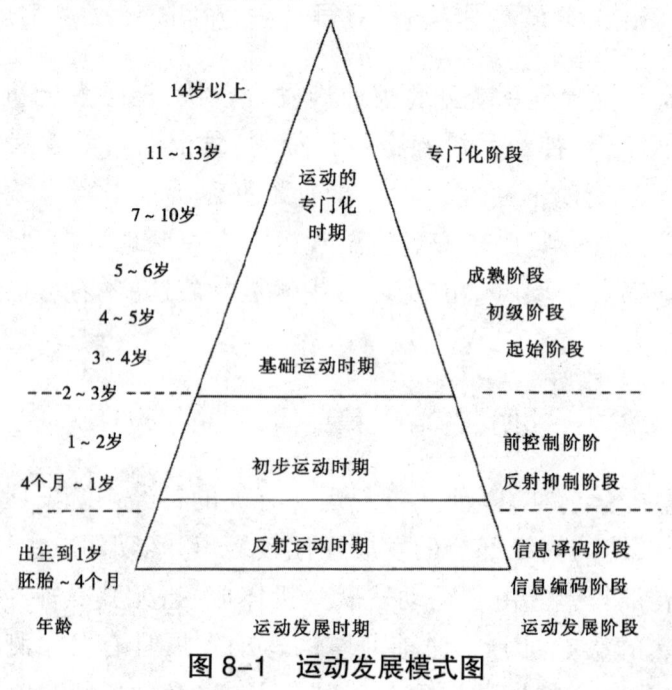

年龄	运动发展时期	运动发展阶段
14岁以上	运动的专门化时期	专门化阶段
11～13岁		
7～10岁		
5～6岁	基础运动时期	成熟阶段
4～5岁		初级阶段
3～4岁		起始阶段
2～3岁		
1～2岁	初步运动时期	前控制阶段
4个月～1岁		反射抑制阶段
出生到1岁	反射运动时期	信息译码阶段
胚胎～4个月		信息编码阶段

图8-1　运动发展模式图

在格拉胡的研究基础上，雷利进一步提出运动发展与游戏的发展之间存在着阶段一致性的关系。游戏的发展可分为探索期、掌握期与完成期，这三个时期与运动发展的初步运动时期、基础运动时期以及专门化运动时期在时间上是一致的，如图8-2所示。

动作技能是身体运动能力的标志。动作技能的学习与掌握，为身体运动能力的发展奠定了基础。学前儿童游戏的过程，正是学前儿童主动积极地学习与掌握动作技能的过程。学前儿童各种各样的游戏涉及多种动作技能的学习。与一般的以"模仿—练

第八章 学前教育课程与游戏的融合

习"为基础的动作技能的训练过程不同,学前儿童在游戏过程中学习与掌握动作技能,是一个积极主动的过程,是愉快的"练习性游戏"过程。

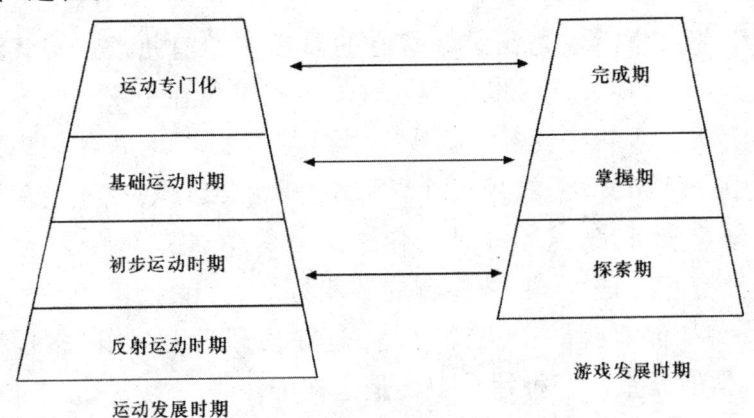

图 8-2 运动发展时期与游戏发展时期的对应关系

（左侧由上至下：运动专门化、基础运动时期、初步运动时期、反射运动时期——运动发展时期；右侧由上至下：完成期、掌握期、探索期——游戏发展时期）

运动能力发展过程的基本问题是学习如何控制运动。运动控制与协调能力的发展对于复杂的规则游戏以及体育运动来说都是必要的基础。游戏对于运动控制与协调能力的发展具有积极的意义,因为一个孩子在游戏时总是多次重复一种运动(一致性),而且,他又总是用各种不同的、非同寻常的方法来玩这种运动(一贯性)。学前儿童总是喜欢在不同的地面上走,走的时候他们正是在进行多样性探究,正是在向自己提出新的挑战,这是在使用与体验自己的能力。这种"把戏"因此总是使他们非常快乐。当他们在这样做的时候,也正是在学习解决两个"控制"问题,使自己的动作变得更为熟练和灵活。游戏过程中对愉快的身体运动的重复,不是简单、无变化的重复,而是多样性的重复,包括对环境的可能性与自己运动能力潜能的探索与发现,不仅有益于运动经验的建构,而且也有益于认知与情感的发展,对于学前儿童身心健康具有积极的意义。

二、游戏在学前儿童个性心理品质发展中的价值

学前儿童喜欢游戏,不仅是身体发展的需要,也是其心理发

展的需要。游戏对学前儿童身心和谐发展具有十分重要的作用。

(一)游戏能够满足学前儿童的好奇心

学前儿童游戏是满足好奇心的需要。学前儿童在游戏当中去探索、去发现。这种探索和发现的过程不仅在很安静的游戏当中和认知性活动比较多的游戏当中得以体现,而且也体现在户外活动中。例如,看学前儿童滑滑梯,刚开始会害怕,战战兢兢地从上面坐着滑下来,这是一种动作性的学习。熟练了以后,他会改变这种游戏方法,采取一些新的游戏方式,可能会变换各种动作玩滑梯,如倒着爬滑梯,躺着滑等,这在心理学上叫作"多样性探究"。学前儿童在各种活动中都是这样的。

(二)游戏能够促进学前儿童的认知发展

在游戏中,学前儿童广泛地接触各种玩具和材料,通过自己的感知,了解物体的性质、特征、用途等,使自己对周围事物的认识得以加深和巩固。

首先,概念的形成与发展,是认知发展的重要内容。从认知发展的观点来看,人的概念是不断发展的,由表面到深入,由初级到高级,由具体到抽象。但是,学前儿童是以"幼稚""片面"的思维方式,逐渐地认识周围世界。研究表明,游戏对于婴幼儿概念的形成与发展具有重要的作用,无论是概念形成还是概念同化,都与游戏的经验密切相关。

在人生最初的两年中,感知运动游戏是婴儿与环境相互作用的基本形式。在感知运动游戏中,婴儿探索世界,形成知觉概念与功能性概念,并为以此为标志的符号性概念的形成提供了基础。如图8-3所示,在游戏的过程中,婴儿逐渐注意到各种动作的不同功能,以及自己动作与物体运动变化之间的关系,也逐渐开始注意到物与物之间的关系,逐渐能够按照物体的社会意义来对待物体。通过感知运动游戏,学前儿童形成知觉概念与功能性

第八章 学前教育课程与游戏的融合

概念,并为以此为标志的符号性概念的形成提供了基础,而且还为学前儿童获得数理逻辑经验(例如分类、排序守恒等)和社会性经验(如用杯子喝水)提供了机会。

感知运动游戏的意义:
- 大肌肉活动(扔、接、走、跑、跳、踢等)
- 小肌肉活动(抓握、捏、捡、插等)
- 空间方位意识(移动、位置、方向等)
- 物理经验(物体性质等)
- 逻辑数理经验(辨别、比较、分类、排序等)
- 社会经验(物体名称、用途等)

图 8-3 感知运动游戏的意义

2岁之后,象征性游戏是学前儿童游戏的主要形式。象征性游戏,顾名思义,是一种运用"象征"或"符号"的游戏,实际上就是学前儿童在类似真实的生活情景中以一种灵活的方式整合零散的经验的方式。象征性游戏对于学前儿童概念发展的作用主要体现在其"以物代物"等"假装"的动作可以促进学前儿童的符号学习。学前儿童为了自己游戏的需要创造了"符号",只是学前儿童自己创造的"符号"是他(她)个人的,其意义只有他(她)自己理解,具有"自我中心"的特征,如用"布娃娃"代替"婴儿",布娃娃就是"象征物",婴儿就是"被象征化之物"。随着象征性游戏的发展,学前儿童对于代替物与被代物之间的相似性要求降低。2.5岁的学前儿童只能按照物体本身的适宜用法来做出相应的动作而不能假装把它当作别的东西来使用。3岁以上的学前儿童在相似和不相似物的条件下都可以很好地做出假装动作。代替物和被代替物之间的相似程度对3岁以上的学前儿童来说已经不重要。象征性游戏不仅有助于学前儿童符号表征功能的发展,而且也有助于学前儿童理解范围更为广大的对象世界的意义。象征性游戏是学前儿童经验的反映或再现。但是,这种经验已加上了学前儿童自己的选择、理解和解释。这种经验的反映或再现过程因此也是经验的建构与意义的理解过程。学前儿童在游戏中通过探索和想象,发现自我、发现周围的世界,同时也在庆祝着自己的发现。

其次,游戏为学前儿童提供了发现问题和解决问题的机会,有助于学前儿童问题解决能力的形成与发展。解决问题的过程不仅是思维活动的过程,还卷入了人的情感、意志等因素。解决问题时,往往不能一下子发现答案,需要坚持不懈地尝试和探索。这对学前儿童构成的挑战性,正是游戏的魅力之所在。游戏活动本身要求游戏者积极地动脑筋想办法去解决问题,这为学前儿童学习解决问题提供了大量的机会。游戏是灵活性、创新性的重要发展源泉。

此外,研究发现,游戏的认知分类与学前儿童的认知能力呈等级相关,有较好的认知发展预测功能。总是玩机能性或练习性游戏的学前儿童在分类与空间知觉测验上得分较低,而经常玩象征性游戏,尤其是主题角色游戏的学前儿童在分类、空间知觉、阅读准备等测验中得分较高。

(三)游戏能够促进学前儿童的社会性发展

学前儿童喜欢与成人和小伙伴一起玩,所以游戏的过程是学前儿童最早的社会性活动。因为游戏首先促成了共同的交往功能关系,在成功的交往经验和失败的交往教训中,帮助学前儿童掌握交往的技能,这样学前儿童即可在游戏中学会共享、交换、轮流、平等竞争等。

亲子关系是最早形成的,也是人的一种最基本的人际关系。亲子游戏对于良好的亲子依恋的形成,具有积极的意义。亲子游戏是评价亲子交往质量的很好的指标。亲子游戏、安全依恋与学前儿童独立的游戏活动之间存在着相互作用、相互影响的链条关系。亲子游戏影响着学前儿童安全依恋的形成,而安全依恋的形成又成为学前儿童独立游戏的重要的影响与支持因素。

在2岁以前学前儿童一般与成人交往,2岁以后逐渐对小伙伴发生兴趣。伙伴交往在以后的过程中越来越重要,是童年生活的重要内容,也是促进学前儿童社会性能力形成与发展的重要因素。游戏是学前儿童伙伴交往的主要形式,对于学前儿童的社会性发展具有积极的促进意义。以游戏为主要形式的伙伴交往活动,可以促进学前儿童社会性能力的发展,使学前儿童有机会学习与掌握各种社会性交往技能。一方面,合作是一种重要的社会性交往技能。社会性游戏本身就是合作的过程,需要各种社会性交往技能。社会性游戏具有共同参与、轮流交替、重复与非实义性行为等特征。另一方面,在游戏过程中,学前儿童会遇到各种人际交往问题或社会性问题。例如,如何加入其他伙伴的游戏,如何解决冲突与纠纷等。在游戏过程中,学前儿童的行为相互作用、相互影响。

所以说,游戏是促进学前儿童社会性发展的最佳动力和途径。一般来说,对学前儿童社会性发展有积极作用的游戏主要是角色游戏、表演游戏和结构游戏。

角色游戏是学前儿童通过扮演角色、运用想象,创造性地反映个人生活印象的一种最典型、最有特色的游戏。因此角色游戏最适合学前儿童社会性发展的需要。一方面,角色游戏是学前儿童对现实生活的一种积极主动的再现活动,学前儿童根据自己对社会生活的种种印象,对游戏的情节进行安排和设计,并按照自己的意愿、兴趣和能力来进行。另一方面,学前儿童对社会生活的反映和动作的模仿,有助于学前儿童学习社会性行为,发展交往能力。在游戏中学前儿童通过扮演角色,反映现实生活中人与人交往的关系,模仿社会生活中人们的行为准则,学习劳动者的优秀品质、待人接物的态度等。

表演游戏是学前儿童根据文化作品的内容进行表演的游戏。表演游戏和角色游戏都是学前儿童扮演角色的游戏,以表演角色的活动为满足。一方面,通过创造性的表演游戏,可以更好地掌握作品的内容,了解作品事件中的因果关系,领悟任务的思想感情,受到情操方面的陶冶和教育。另一方面,表演游戏能促进学前儿童具有共同的体验,有助于培养学前儿童的集体观念。在表演游戏的过程中,可以帮助学前儿童克服羞怯、胆小的心理,增强学前儿童的自信心。

结构游戏是学前儿童利用各种游戏材料或玩具进行构造的游戏,能培养学前儿童热爱生活、认真细致、克服困难、坚持完成任务,以及团结协作等优良的社会品质。一方面,学前儿童在构造过程中会遇见困难,这有助于培养学前儿童细致、耐心、勇于克服困难、不气馁、坚持到底的优良品质。另一方面,学前儿童在构建过程中出现问题时,教师应引导学前儿童为解决问题一起协商、互助,可帮助学前儿童更好地学会合作。学前儿童们在解决问题的过程中,尝到了合作的"甜头",提高了合作的能力,协调了彼此的关系,有助于学前儿童集体观念的形成。

总之,在游戏中,学前儿童始终是自由自在、毫无心理压力的,他们能在轻松愉快的游戏气氛中,获得通过自我努力而成功的欢欣和自豪。这种积极的情绪体验,将使学前儿童们的求知欲及生理、心理需要得到满足,只有游戏才能使学前儿童摆脱对成人的依赖,激发起一种完全出自本身的勇气,促进其个性的和谐发展。

三、游戏在学前儿童情感发展中的价值

情绪情感是人心理活动的重要构成因素,它可以发动、组织与干扰人的认知过程与学习活动,影响人际关系的性质与发展方向,影响人对待生活的态度。因此,必须重视学前儿童情绪情感的发展问题。学前儿童情绪情感的发展以情绪的分化、情感的扩

第八章 学前教育课程与游戏的融合

展与丰富、表达与表现形式的多样化与社会化为特征。学前期是学前儿童情绪情感发展的重要时期。作为早期经验的重要内容，学前儿童在生活中获得的各种情绪体验对成年以后心理生活的健康有着重要的影响。而游戏作为学前儿童生活的重要内容，对于学前儿童的情绪情感发展具有积极的意义。

（一）游戏能够促进学前儿童的情绪发展

第一，游戏给学前儿童以快乐。游戏活动之所以让人愉快，主要原因是学前儿童在游戏中可以获得以兴趣感、自主感和胜任感为主要成分的游戏性体验。游戏是学前儿童的天性，是他们的挚爱。游戏能够解放他们的精神束缚，释放他们自由独特的个性，让他们通过嬉戏玩闹来实现自我发展。

第二，游戏被看作是解决情感冲突的途径与手段。学前儿童在游戏中扮演某种角色，往往是基于他们对角色原型的爱、尊敬、嫉妒或愤怒等复杂的感情。通过游戏，各种被压抑的情绪与愿望就可以表现出来，得到释放与处理。游戏被看作是对个人的内心世界的保护，具有补偿、宣泄、同化的功能。

第三，游戏能够促进学前儿童的情绪恢复。人的情绪具有"两极性"：愉快的和不愉快的。人不仅有积极的、对人有益的正向的情绪，也有消极的、可能对人产生不利影响的负面的情绪。从情绪发展的角度来看，游戏是沟通学前儿童内部的心理生活与外部现实之间的桥梁，是自我表现与自我概念形成的重要手段与因素。游戏为学前儿童提供了表现自己的各种情绪的安全途径。从消极情绪的释放与缓解来说，游戏对于情绪发展的独特作用在于它可以修复"受损伤的心灵"。此外，游戏还可以帮助学前儿童降低焦虑，具有明显的适应功能。学前儿童第一天入幼儿园会产生因与亲人分离和陌生情境导致的"分离焦虑"。但是游戏之后，他们的焦虑水平就会下降很多。许多游戏材料与游戏都具有帮助学前儿童宣泄与释放消极情绪的作用。例如，面团、黏土、橡皮泥一类的材料可以使学前儿童做出各种强度不同的动作，帮助学前儿童释放愤怒等消极情绪。其他如奔跑、积木堆高—推倒等都具有类似的功能。

(二)游戏能够促进学前儿童的情感发展

游戏作为一种充满情感色彩的学前期的基本活动,而且对于学前儿童情感发展的各个方面都有重要的和独特的作用。例如,游戏可以发展学前儿童的成就感,增强自信心。在游戏活动中,学前儿童享有充分的自由选择、自主决策的权利,可以根据自己的想法与愿望来行动。游戏活动为学前儿童探索自己的能力提供了机会,体验到了"成功"与"失败"。游戏让学前儿童学会协调自己与伙伴的想法与动作,学会正确对待"输"与"赢",学会在公平竞争的条件下"取胜",对于学前儿童的道德感发展和自我概念的成熟具有积极的意义。当学前儿童的游戏技能逐渐提高,能够在游戏中"赢"的时候,他们又能够体验到成功的喜悦。此外,游戏还可以发展学前儿童的美感以及同情心。

第二节 游戏在学前教育课程中的地位

一、国外学前教育课程中游戏的地位

自古以来,国外的教育家都很重视游戏在学前教育中的作用。例如,古希腊哲学家柏拉图认为游戏是学前儿童自主活动和创造精神的最佳教育内容;古罗马教育理论家昆体良认为游戏是一种教育手段;亚里士多德认为游戏是学前儿童应有的活动;夸美纽斯认为游戏是组织学前儿童愉快、幸福生活的手段;福禄贝尔主张用游戏的方式作为学前儿童教育的基础;等等。

20世纪60年代以后,在学前教育领域出现了学前教育课程模式多样化的局面。由于所依据的学前儿童发展理论和教育理

第八章 学前教育课程与游戏的融合

论的不同,因而各种课程模式对游戏的重视程度与运用的方式也有所不同。

(一)行为主义课程模式与游戏

行为主义课程模式属于非游戏模式,把游戏仅仅作为一种奖赏,只有当学前儿童圆满完成学习任务后才能得到机会去游戏,且以搭积木等建构性游戏为主。游戏是附加的娱乐活动,是在课业完成之后或课程之外的调剂。

行为主义的课程模式在设计上采用"目标模式":确定所期望的行为并按可观察的行为标准说明和叙写课程目标,详细说明学习成功的标准,对达成这些目标所需要的学习步骤进行分析与分解以使学前儿童能够逐渐接近这些目标。

英格曼-贝雷特方案是著名的行为主义课程模式。其倡导者英格曼和贝雷特相信学前儿童学习的动机是"可教的",教师不应等待学前儿童学习动机的自发呈现而延缓对他们的指导和训练。教学过程受到预先制定的教学大纲的严格控制,读、写、算基本知识技能是课程的核心内容。语言训练居于课程的中心地位。在教学方法上,采取行为主义的快速强化和反馈方法:在教师提问后要求学前儿童立即做出反应。鼓励学前儿童大声说出答案。对正确的答案立即予以奖励,不正确的答案立即予以否定或纠正。学前儿童每天有两小时的"学习"。每天上三节课(每节课 20 ~ 30 分钟),采取小组教学的方式(一个教师教 5 个学前儿童)进行教学。

在行为主义课程模式中,教师必须熟悉课程目标和达成这些目标的具体步骤,了解每个学前儿童在每一步骤中的表现以提供不同的学习活动,使每个学前儿童能按自己的速度前进并取得成功,而游戏就是鼓励学前儿童学习的一种强化手段,如搭积木等游戏就是对"学习好"的奖励。

(二)银行街课程方案与游戏

银行街课程方案属于重视特殊类型游戏的课程模式,重视主题角色游戏或社会性表演游戏对学前儿童发展的作用,把游戏作为一种主要的教育手段。20世纪初期,银行街学校在杜威的直接影响下建立并发展起来,以后又深受精神分析学派理论的影响。因此,重视学前儿童的情感、社会性和自我发展一直是银行街学校课程的特色。一般来说,重视学前儿童的情感、社会性和自我发展的课程必然重视学前儿童的游戏。辅助学前儿童的游戏并加以引导是银行街课程的基本核心,在一日活动中安排专门的游戏时间,开辟专门的游戏角,提供大量的游戏材料,教师在深入细致的游戏观察基础上,丰富学前儿童游戏经验,布置游戏环境,影响游戏进程等。到50年代末,银行街学校对学前儿童情感发展的重视已超过了对智力发展问题的重视,通过鼓励学前儿童的游戏和社会性交往来促进学前儿童自我的成长与心理健康是银行街学校关注的核心问题。60年代以后,银行街学校开始注重学前儿童的认知与语言能力的发展问题。到70年代初,银行街学校提出了"发展性的相互作用"的概念,认为应当把促进学前儿童的整体发展作为教学的目的。

纽约的银行街学校继承了美国传统的托儿学校重视"再造"学前儿童自然游戏的做法,认为学前儿童在游戏中同化经验,在整个学前期,学前儿童的游戏向着勤奋努力、自我创造的活动转变。从这种教育理念出发,银行街学校把游戏作为教育的基本途径,注重为学前儿童创设安全的、有教育意义的、有变化的游戏环境,支持和鼓励学前儿童的游戏,引导学前儿童在游戏中探索与认识周围世界,学会发现问题,解决问题,学会与人交往与合作,调节与表现自己的情绪。教室被组织成各种活动区,学前儿童能自由使用活动区的各种材料,自己选择活动并独立完成计划。3~4岁学前儿童的课程由角区活动、户外体育活动、讲故事、音乐律动及图书角(图书角活动由成人给学前儿童讲故事开始,然

第八章 学前教育课程与游戏的融合

后渐进地学习使用图书角)构成;4~5岁增加西班牙语(纽约市第二大语言)、体育课;5~6岁加入美工区(由专业教师上课);6~7岁开设读写、数学课程,同时角色游戏区与积木区合并。

(三)以皮亚杰理论为基础的课程模式与游戏

以皮亚杰理论为基础的课程模式属于重视特殊类型游戏的课程模式,游戏构成课程的重要内容。凯米-德渥里斯课程把传统游戏作为课程的重要活动内容,其课程特点是非常重视学前儿童的实际生活和游戏活动,注意让学前儿童在实际生活和游戏活动中通过与材料、伙伴的相互作用获得不同类型的经验。尤其注重规则游戏在促进学前儿童社会性认知能力发展中的作用。在游戏活动中,他们尤其重视规则游戏的价值,并根据皮亚杰的理论对传统的规则游戏(如丢手绢、捉迷藏等)的意义给予了新的解释。规则游戏的主要功能被认为有助于学前儿童理解规则的意义,去除思维的"中心化"和社会性经验的建构。

以皮亚杰的建构主义思想作为课程建构的基本原理,凯米和狄弗洛斯认为知识与道德价值的学习不是从外部转移到内部的,也不是像堆积砖块一样地累积起来的。人的知识经验(包括社会规范和道德价值)是个体在与环境相互作用的过程中、积极主动地建构个体意义的结果。

(四)瑞吉欧课程方案与游戏

作为非干预课程模式,瑞吉欧课程的重要内容就是建构性游戏和戏剧性游戏,其课程的发起人一般是学前儿童,游戏活动则成为课程编制、实施的主要线索,在师生的协商努力下,以科学活动为主要线索展开的主题网络课程就形成了。

(五)苏联学前教育课程模式与游戏

苏联以乌索娃为代表的学前教育研究者以社会文化历史学

派的心理学理论为基础,从 20 世纪 50 年代开始就致力于寻找帮助学前儿童掌握社会文化历史经验的最佳途径,把"学前教学"这一概念引进了学前教育领域,强调有目的、有计划进行的教学在学前儿童身心发展中的重要意义,为了提高以直接教学为主要方式的作业教学活动的效果,游戏的动机激励作用被利用来提高学前儿童参与教师组织的教学活动的积极性,形成了独特的、以教师预先编制好的教学游戏为重要教学手段的作业教学体系。

二、我国学前教育课程中游戏的地位

我国古代的一些教育家也很重视游戏在学前教育中的作用。例如,以颜之推和王阳明为首的教育家提出了乐学思想,从学前儿童的年龄特点出发,来论述或看待作为教育教学形式的游戏,其目的是通过游戏提高学习的有效性。

1904 年,我国创办了第一所官办幼稚园——湖北武昌幼稚园,游戏成为幼稚园课程的内容之一。

1928 年,在教育部制定的幼稚园课程标准中,把游戏正式定为学前教育课程的重要内容,提出了学前儿童游戏能力的"最低限度"的要求。

中华人民共和国成立后,学前儿童教育全面"苏化",教学游戏成为学前教育课程实施的辅助手段,这一时期的学前教育重视主题角色游戏,会利用规则游戏编制教学游戏。

首次真正明确提出"以游戏为基本活动"的政策文本是 1989 年颁布的《幼儿园工作规程(试行)》。《规程》倡导学前教育课程游戏化,既包括游戏化的课程内容,又包括非游戏活动——生活活动和教学活动的游戏化,实现课程实施的游戏化。

然而,这些观念形态上对游戏的希冀与重视并未真正延伸至教育实践中,学前儿童游戏的实际状况并不理想,从观念到行动还存在着巨大的鸿沟,在许多学前教育机构中,学前儿童游戏的权力并没有普遍受到尊重,在课程编制和实施过程中,游戏在实际上尚缺少其应有的地位。传统学习观的影响,使得大多数学前儿童家长甚至不少幼儿园的教师,还在一定程度上存在"重上课、轻游戏"现象,对游戏的功能认识不足,把游戏看作与认知发展无关甚至是对立的,认为游戏活动和教学活动是不能相提并论的,游戏是休息、闲暇,只能作为课程结束后的放松与娱乐。

游戏作为学前教育课程的重要组成部分,在我国的学前教育课程实践中存在两个误区。

第一,游戏是幼儿园生活的"调味品"。对于有些幼儿园来说,游戏并不是被广泛运用于教学实践的,而是作为教师调动学前儿童兴趣的一种有效方式,是为教学服务的,游戏的内容与学前教学课程的内容关联不大,而且游戏也不是不可或缺的,而是作为一种调剂存在于幼儿园的一日生活中。在这样的幼儿园里,学前儿童虽然会接触到游戏,但是他们没有真正的游戏体验,学前儿童游戏演变成了游戏学前儿童。

第二,将游戏"神圣化"。一些学前教育工作者夸大了游戏的功效,将游戏"神圣化",绝对奉行学前儿童游戏的自发性,严格禁止他人以任何方式来干预学前儿童的游戏,对由教师"导演"的游戏教学方式矫枉过正,变成了"放羊式"的游戏教学方式,游戏过多占用学前儿童的活动时间,而且游戏内容与学前教育课程的衔接也并不紧密,同样难以使学前儿童课程中游戏的价值最大化。

第三节 学前教育课程的游戏化

游戏作为一种内容和形式融入学前教育课程,实现学前教育课程游戏化是学前教育课程发展的必然趋势。学前教育课程游戏化是一个动态的课程建构过程,它需要寻求有效的整合策略,使课程和游戏自然、有机地融为一体。课程游戏化是在学前教育改革过程中涌现出的很显著的一项成果,在提高学前儿童的学习兴趣及促进学前教育发展方面有着积极的作用。本节主要从学前教育课程内容及其实施的游戏化两个方面对学前教育课程的游戏化进行探索分析。

一、学前教育课程内容游戏化

将游戏视为学前教育课程的重要组成部分,这是每一位学前教育工作者都应树立的课程观。游戏过程中充满了教育的契机,游戏生成课程的过程,也正是师幼共同建构课程的过程。除依据课程的内容来创编游戏外,还可以采用筛选和改编这两种方式,在课程中引入积极游戏。

(一)筛选

游戏是符合学前儿童天性的自然活动,喜爱游戏是学前儿童的天性,教育应该追随自然,适应自然。因此,让学前儿童游戏是必需的。但是,并不是所有的游戏都符合教育的目的和要求,有一些"无聊的"或"有害"的游戏并不适合学前儿童,这就需要学前幼儿园教师要对学前儿童的游戏进行筛选和引导,引导他们玩"有益"的积极游戏,从而使学前儿童在游戏中获得某种教益。

在筛选时,幼儿园教师要以课程内容为依据进行筛选,设置主题游戏区,依据课程布置游戏环境,投放游戏材料,并提供适合学前儿童年龄特点的相关游戏活动。

(二)改编

筛选出好的游戏是必要的,但这并不意味着筛选出的游戏都能够满足学前教育课程的需要。要使学前教育课程的游戏化真正落到实处,学前教育工作者还应该依据教育目标对游戏进行适当的改变,使其更符合教育意图,能够最大化地实现预期的教学效果。

在改变学前教育课程中的游戏时,学前教育工作者要仔细观察分析学前儿童的自然游戏,寻找其中具有教育价值的"游戏因素",并将其与课程内容相结合,通过有目的地、系统地运用游戏因素,让游戏成为课程效果提高的一种有效方式,最大程度发挥其价值。这种改编可称为筛选的深化与发展。

总之,幼儿园教师要生成游戏课程,将学前教育课程内容游戏化。离开了学前教育课程内容的游戏,就好像是没有源头的枯水,缺乏生命力和自身免疫力。

二、学前教育课程教学模式游戏化

学前儿童的游戏被分为两类:第一类是学前儿童创造性地反映现实生活的游戏,包括主题角色游戏、建筑造型游戏、表演游戏等,是学前儿童的"创造性游戏";第二类游戏则是教学游戏,是教师利用游戏(主要是规则游戏)的形式为完成一定的教学任务而编制的,用于在作业教学中唤起学前儿童的动机和参与作业教学的兴趣、复习和巩固知识技能。教学游戏是帮助学前儿童学习和掌握教学大纲所规定的知识技能的重要手段,通常按教学科目来区分其教学职能,如用于语言课教学的语言游戏,用于体育课教学的体育游戏等。

教学模式游戏化是为学前儿童创造尽可能接近"自然"的游戏环境,鼓励学前儿童自由地表现和整合自己对周围世界的认识与体验,教师视实际需要给予学前儿童适当的帮助。这是以知识为本位、把教师预先编制好的教学游戏作为直接教学的重要手段的课程模式。

三、学前教育课程实施活动游戏化

学前教育课程渗透在幼儿园一日生活的各个环节中,是通过自由游戏活动、生活活动和教学活动实施的。

(一)自由游戏活动

学前教育课程实施游戏化,首先要保证学前儿童在一日活动中有充足的自由游戏活动,使学前儿童有机会自由游戏。

在游戏环境与材料方面,幼儿园教师要创设游戏性环境,给学前儿童提供各种游戏的机会,根据学前儿童的年龄特点以及学习需要来选择合适的游戏材料,要确保每一位学前儿童都有机会参与有价值的游戏活动获得有益的游戏体验。

在游戏时间的安排方面,幼儿园教师要评估整个日常的教育课程,科学合理地安排一日生活,以创造更多的游戏时间,保证学前儿童充分的游戏时间。

在游戏模式方面,幼儿园教师要让学前儿童能够自主活动,能够根据自己的想法来选择游戏的材料和内容,并自由选择游戏伙伴,决定游戏的玩法。

此外,在游戏过程中,教师应当观察学前儿童的行为表现,如果发现学前儿童正在进行的游戏难以再进行下去时教师要添加一些游戏元素,让学前儿童重新对这个游戏感兴趣。在游戏结束后,教师要为学前儿童提供回顾与交流的机会,以便学前儿童能更清楚地知道他们在游戏中的所学及所得。总之,教师要成为学前儿童活动的支持者、合作者、引导者,敏感地觉察他们的需要,善于发现学前儿童游戏活动中的教育价值,及时以适当的方式做出应答,形成合作式的师生互动。

(二)生活活动

在学前儿童生活活动中,幼儿园教师要利用游戏因素,借助游戏的角色、情节和情境以及游戏性的语言,以多种简便易行的游戏方式组织幼儿园的一日生活活动,使生活活动游戏化,让学前儿童每天都有愉快的情绪体验。

在组织生活活动时,教师可以根据活动的需要以不同的游戏

第八章　学前教育课程与游戏的融合

角色,利用生动有趣的游戏情节串联活动的各个环节,增强活动的趣味性,提高学前儿童参与的积极性,从而实现生活活动的教育目标。

(三)教学活动

教学活动的游戏化主要有三种形式。

1. 分离式

在学前教育课程实施中,游戏活动和教学活动在形式、时间安排上相对分离,独立存在。这时的游戏多为教学游戏,即专为教学而设计的音乐、体育、语言、科学等游戏,在规定的教学时段里可反复进行,操作简单,评价直截了当,因而运用广泛。

2. 交叉转换式

游戏与教学存在互相转换的关系,既可以在游戏中插入教学,也可以在教学中插入游戏,游戏是教学的一部分,可以出现在教学的开始环节,来导入教学活动,可以出现在教学的后续环节,成为教学的后继实践活动,让学前儿童有机会运用并强化自己教学中学习到的知识和技能。在这一形式中,游戏成为教学活动的一个环节,教学的内容在游戏中得以运用,或在游戏中发现的问题又回到教学中来解决。

3. 融合式

实现游戏与教学优化组合的一种高级形式是教学和游戏之间的关系表现为"以游戏为中心的学习",它使两种性质不同的活动有机地融合成一体,模糊了游戏与教学的界限,从活动时间、空间、内容、形式等几方面统一整合在一起。在这一形式中,教学活动由学前儿童和教师共同发起,教学和游戏的界限模糊,教师和学前儿童都以游戏角色的身份参与到游戏活动中。这一形式难度较大,对幼儿园教师的要求很高,需要教师将教学和游戏融会贯通,选择的游戏形式和内容要注意趣味性,并灵活地处理教学目标与游戏因素的有机融合,既要让学前儿童获得游戏的体验,又能实现教学目标。

总之,学前教育课程承载着教育的目标,也是教育价值的实践载体,只有将其与学前儿童的年龄特点、实际生活紧密结合,才能确保其能真正促进学前儿童的发展。这就要求学前教育工作者要将游戏作为一个课程资源,在课程教学中融入游戏,把教育因素和游戏因素进行有效整合,使游戏成为学前教育课程的基本成分,从而使学前儿童在游戏化的课程学习中生动活泼地发展。

第九章 学前教育专业人才的培养

学前教育学是一门主要研究 0～6 岁儿童发展与教育的学科,它以儿童保育学、学前儿童心理学、学前教育学等科学理论为依据,研究学前儿童的生理、心理发展特点,并对其实行科学的养育与教育,帮助其由"自然人"成长为"社会人"。学前教育属于教育学(一级学科)下面的一个二级学科,主要培养有一定科研能力的幼儿园教师、学前教育管理人员,以及各类从事学前教育类产品开发等相关工作的人员。《国家中长期教育改革和发展规划纲要(2010—2020 年)》提出基本普及学前教育的战略目标:"到 2020 年,普及学前一年教育,基本普及学前两年教育,有条件的地区普及学前三年教育。"在这一背景下,不同层次的学校都争取申办本科学前教育专业,培养本科层次的幼儿园教师。由于新升格师范学院主要从普通高中毕业生中招生,普遍存在学生艺术技能技巧较差、实际操作能力不强等问题。本章就学前教育专业人才培养现存问题、学前教育专业人才培养模式的理论基础、本科学前教育学课程改革、本科学前教育专业教学模式与人才培养制度这几方面进行探讨。

第一节 学前教育专业人才培养现存问题

改革开放以来,随着我国计划生育政策的逐步推进和少生优生观念的深入人心,适龄学前儿童逐年减少,但在园学前儿童人数明显上升。由此,幼儿园教师队伍规模总体呈壮大之势,学历层次整体上移,专业化程度逐步提高。但是,从整体上来看,学前教育专业人才培养还存在多方面的问题。对此,学者周硕、杨梦琪曾经进行了相关的调查研究。其中,学者周硕选取××市30所幼儿园园长及骨干教师为调查对象,以入园实习的学前教育大学生实习状况为调查内容,找寻时下高校学前教育大学生在实习实践过程中的不足之处,从而延伸得出当前学前教育专业在人才培养中的疏漏之处及薄弱环节。学者杨梦琪委托第三方高等教育管理数据与解决方案专业机构麦可思实施学生成长评价项目,监测学生的年度成长情况。根据二人的研究总结,目前高校学前教育专业人才培养过分侧重于就业导向,忽视了对学生个性化的培养;过分强调艺术技能教学,忽略了艺术教学的延伸性功能;注重课程教学能力的考评,疏忽师德的考核;专业认知途径比较单一;求职辅导形式内容单一。此外,还有学者提出了民办高校本科学前教育专业人才培养目标、师资、教学设备、课程设置等方面的问题。[1]

一、人才培养目标定位不明确,缺乏特色

专业的目标定位是专业发展的方向性选择,它对课程体系的构建、实施和评价以及学生将来的社会适应性会产生牵一发而动全身的影响。曾有研究者对我国36所高等院校学前教育专业本科人才培养方案进行分析并得出结论:人才培养目标定位表现出"千校一面"的特点,缺乏高校自身的培养特色。目前民办高校往往采用与一般高校类似的人才培养目标,势必导致盲目跟风,人才培养缺乏针对性,不利于培养适应社会需求的多层次、多元化人才。培养出来的学生缺乏适应性,教育资源浪费严重。

---

[1] 刘秀芳.关于民办高校本科学前教育专业设置的思考[J].生活教育,2016(1):119.

二、过分侧重于就业导向，忽视了对学生个性化的培养

2000年以前，我国学前师范教育的发展基本上由政府调节。2000年以后，学前师范教育的发展除专科及其以上学校设置仍由政府调节以外，其他基本上已过渡到市场调节为主。比如专业设置基本放开，招生计划则完全放开，课程与教学计划由学校自行制订，办学经费主要来源于学生缴费等。诚然，学前教育专业学生最终要走向社会，走向工作岗位，理应将行业岗位需求作为教育发展的指向。但学前教育专业是一门系统、复杂的学科，且该专业学生就业中所面对的是身心皆极为稚嫩的幼年儿童。对学前教育专业学生的教育倘若仅仅以就业为导向，将满足就业需求作为教学归旨，不仅偏离了现代教育教学的归旨，更不利于复合型、创新型人才的培养。

三、过分强调艺术技能教学，忽略了艺术教学的延伸性功能

根据《幼儿园教师专业标准（试行）》的要求，幼儿园教师应该具有先进的专业理念和高尚的师德、广博的专业知识、精湛的专业能力，这就要求高师院校学前教育专业课程设置应该是一个全方位的、多维度的知识体系。毋庸置疑，艺术技能对于学前教育而言至关重要，是学前教育的重要内容。但是，在就业需求、用人单位等多重利益的驱使下，很多高师院校在课程设置中高度重视艺术类技能型课程，强化艺术课和技能课讲授。应该认识到，学前教育专业培养的是幼儿园老师，不是一个艺术系的学生。若以学生掌握艺术技能的优劣、多少为教学指标，就会缺少对学生深层次的引导。在学前教育教学中，幼儿园教师通过组织学前儿童开展艺术活动，促使孩子增强动手能力、身体协调能力、审美能力等，这些才是幼儿园教师开展艺术教学活动的根本目的。

四、专业认知途径比较单一

专业认知是学生对自己选择专业的认同感的主要来源,也是激发学生学习兴趣和提高学习主动性的重要条件。学前教育专业学生了解本专业的主要途径有很多种方式,但是从调查结果来看,很多学生了解本专业的主要途径是"与专业老师交流",而对于相关网站、论坛、书籍等重要专业认知途径却鲜有主动涉及。一方面显示出学生的自主学习和主动学习的能力有所欠缺,一方面也使学生不能对学前教育专业有更全面更深入的认识,进而影响学生的专业认知及职业认同。

五、求职辅导形式内容单一

为促进学生就业,学校提供了多渠道的就业求职服务。从调查的结果来看,"2014级学前教育专业大三学生接受教师提供实习/工作机会的比例只有30%"[①]。一方面由于学前教育专业的高就业率从客观现实上不需要教师为学生提供现成的实习和工作机会;另一方面,确实体现了教师与学生就业之间的动态参与比较少,学生更多的是从学校层面获得宏观的求职服务,而比较缺失教师层面的帮助和指导。

六、师资力量薄弱,教学设施配备不足

曾有研究者对国内26所高校本科学前教育专业教师进行调查发现,"有近70%的高校学前教育专业教师总数不足20人,26所高校的26名学前教育专业带头人中,仅有7人从事与学前教

---

① 杨梦琪.学前教育专业人才培养质量分析——基于麦可斯2017年学生成长评价报告(2014级、2015级)[J].酒城教育,2018(2):29-39.

第九章　学前教育专业人才的培养

育相关的教学和研究工作,仅占 26.9%"。[①] 据调查,大部分民办高校尚未形成一支相对稳定的、独具特色的、高素质的、专业化强的专职教师队伍,这将严重影响学前教育专业的可持续发展与人才的高质量培养。

培养学前教育专业学生的专业素养与技能所需要的琴房、舞蹈厅、画室、微格教学教室、相关的玩教具、实践基地等,均需大量的资金投入。而众所周知,资金短缺、办学经费不足已成为制约民办高校发展的瓶颈。因此,随着招生规模的扩大,资源配备显得捉襟见肘,这将严重影响人才培养的质量。

七、实践教学低效

本科学前教育专业的实践课一般包括教育见习和实习,是整个学前教育专业课程的有机组成部分。《教育部关于进一步加强高校实践育人工作的若干意见》规定实践课程的比重不低于总学分的 15%,要求高校通过增加实践教学的比例,切实为学生提供实践机会,在实践中增强学生的专业能力。实践教学的开展不仅需要大量有教育实践经验、长期从事相关教学背景的教师的指导,同时还需要合理、完善、详细的操作方案和与参加实践的学生规模相对应资金的投入,而民办高校教师力量的薄弱与资金短缺难以保证实践教学的时间与质量。

高校学前教育专业复合型人才培养的发展路径:第一,以人本理念为基础,改革人才培养方案。注重人才培养的适应性。在人才培养上,基于现代社会对学前教育人才的需求适时调整培养方案,既强调市场性,又凸显前瞻性,确保人才的培养适应于未来市场发展需求,突出人才培养的个性化。第二,以综合素质提升为核心,创新人才培养模式。提高学前教育专业学生综合素养,合理分配教学时间。创新教学方法,提升学生素养,推动实践创

[①] 许倩倩.本科学前教育专业设置的发展趋势与存在问题分析——以 26 份"普通高等学校本科专业设置申请表"为样本[J].学前教育研究,2015(2):33.

新。应改变传统教学中"重理论而轻实践"的教学误区,在理论教学的同时,基于对学生综合素质的提升,将人文理念与实践创新贯穿其中。第三,以专业标准为准则,构建多元化评价体系。对于高校学前教育专业的学生而言,对他们的评价可基于幼儿园教师专业标准进行,该标准不仅是幼儿园教师的行为指南,更是高校学前教育专业对学生进行考核评价的专业性标准。基于此,高校可针对学前教育专业学生构建多元化评价体系。

总之,现代社会学前教育中需要的不仅仅是具备专业技能的幼儿教学组织者,更需要有着综合文化素养、艺术素养、人文素养的幼儿教学引导者。因此,现代高校学前教育专业在人才培养上应朝着复合型人才培养方向改革演进,培养理论知识与实践能力兼具,职业技能与人文素养兼备的高素质复合型人才。

第二节 学前教育专业人才培养模式的理论基础

从人才培养模式的构成要素看,任何人才培养模式都必然蕴含一定的理论;从人才培养模式的构成条件看,任何人才培养模式都必然依据一定的理论构建而成。为此,在构建学前教育专业人才培养模式之前,务必探讨与之有关的理论基础。与学前教育专业人才培养密切相关的理论有幼儿教师专业发展理论、幼儿教师教育实践性理论、幼儿教师教育一体化理论及幼儿教师的实践性知识观。

一、幼儿教师专业发展理论

幼儿教师专业发展是指幼儿教师在不同发展阶段的学习中,专业理念、知识结构、能力结构、教育情感智能、服务理想等得以不断提高、不断更新,从而专业获得不断成长的过程。

从职业的角度讲,幼儿教师素质的高低在于其专业化程度的水平,专业化水平是衡量幼儿教师素质高低的重要指标。为此,幼儿教师专业化已成为国内外的共识。培养本科学前教育专业人才的主要目的,即是为培养合格的幼儿教师做准备。显然,在培养学前教育专业人才的过程中,理应遵循幼儿教师专业发展理论的指导。

(一)幼儿教师专业发展的研究

由于幼儿教师的专业发展与中小学教师或高校教师的专业发展十分相似,因而国内外已有相关研究大多从一般教师的视角出发,较为笼统地阐述教师专业发展的阶段,相应便出现了以下不同的教师专业发展阶段论。

(1)傅乐的教师关注阶段论。傅乐根据教师在不同发展阶段所关注的焦点问题,把教师的发展分为关注生存、关注情境和关注学生三个阶段。处于关注生存阶段的教师一般是新教师(刚入职的教师),他们非常关注自己的生存适应性。在此阶段,有些新教师可能会把大量的时间花在如何与学生相处上,而不是花在如何教好学生上。处于关注情境阶段的教师,一般关心的问题是如何教好每一堂课。处于关注学生阶段的教师,一般考虑学生的个别差异并进行因材施教。

(2)卡茨的教师发展时期论。卡茨根据自己与学前教师一起工作的经验,运用访问和调查问卷法,特别针对学前教师的训练需求与专业发展目标,将教师发展分为四个时期:存活期→巩固期→更新期→成熟期。

(3)伯顿的教师发展阶段论。伯顿从与小学教师访谈的记录数据与资料中,整理归纳了教师们所提出的观点,提出了教师发展的三个阶段论。一是求生存阶段。在此阶段,教师所关心的是班级经营、学科教学、改进教学技巧、教具的使用等。二是调整阶段。在此阶段,教师的知识已较丰富,心情也较轻松。教师们有精力开始了解学生的复杂性,此时会寻求新的教学技巧与解决问题的新方法,以满足学生的各种不同的需求。三是成熟阶段。在此阶段，教师的经验更加丰富，能够不断地追求并尝试新的方法，且更能关心学生，更能满足学生的需求。此外，此阶段的教师发现自己已经逐渐获得专业见解，并能处理大多数可能发生的新情况。

（4）费斯勒的教师生涯循环论。费斯勒将教师的发展分为八个阶段。一是职前教育阶段。这个阶段通常是在大学或师范学院进行的师资培育阶段。二是引导阶段。在此阶段，新任教师通常会努力寻找学生、同事及督导人员的接纳，并设法在处理每日问题和事务时获得被肯定的信心。三是能力建立阶段。在此阶段，教师会努力增进与充实和教育相关的知识，提高教学技巧和能力，设法获得新的信息材料、方法和策略。四是热心成长阶段。在此阶段，教师会更积极地追求其专业形象的建立，发挥热爱教育的工作激情，不断寻找新的方法来丰富其教学活动。五是生涯挫折阶段。在此阶段，教师可能因教学上的挫折感或工作满足程度逐渐下降而开始怀疑自己选择教师这份工作是否正确。六是稳定和停滞阶段。七是生涯低落阶段。八是生涯退出阶段。

（5）伯林纳的教师教学专长论。伯林纳将教师的发展分为五个阶段。一是新手型阶段。此阶段是教师获取教学所需知识和技能的阶段。二是进步的新手阶段。在此阶段，教师将自己的实践经验与所学的知识逐步联系起来，并能找出不同情境中的一些相似性，而且有关情境知识也在增加。三是胜任型阶段。此阶段的教师能够按照个人想法自由处理事件。四是能手型阶段。此阶段的教师通常能够从积累的大量丰富经验中识别出情境的相似性，能从截然不同的事件中考虑到其相互联系。五是专家型阶段。此阶段的教师不仅对教学情境有自觉的把握，而且能够以非分析性、非随意性的方式，理智地做出合适的反应。他们的行为表现自然、流畅、灵活。

（6）司德菲的教师生涯发展模式。司德菲将教师的发展分为五个阶段。一是预备生涯阶段。此阶段的教师具有以下几个特征：理想主义、有活力、富创意、接纳新观念、积极进取、努力向上。二是专家生涯阶段。此阶段的教师通常都能进行有效的班级经营和时间管理,对学生都抱有高度的期望,也能在自己的工作中激发自我潜能,达成实现自我的目的。三是退缩生涯阶段。此阶段包括三个分阶段:初期的退缩、持续的退缩、深度的退缩。在深度退缩期间,教师在教学上表现出无力感,甚至有时还会伤害到学生,但是,这些教师并不认为自己有这些缺点,且具有很强烈的防范心理。四是更新生涯阶段。在此阶段,教师又可看到预备生涯阶段朝气蓬勃的状态,致力于追求专业成长,吸收新的教学知识。五是退出生涯阶段。

(7)休伯曼的教师职业生命周期论。休伯曼把教师的职业生涯过程归纳为五个时期。一是入职期,即"求生和发现期"。二是稳定期。在此期间,教师逐渐适应了自己的工作,并且能够比较自如地驾驭课堂教学,初步形成了自己的教学风格,已经能够比较轻松、自信地从事自己的工作,且对提升自己的教学技能等方面有了新目标。三是实验和歧变期。随着知识和阅历的增加,教师开始对教学及学校的相关工作进行大胆创新与改革。但是,单调乏味的教学轮回也使教师产生了职业倦怠感。四是平静和保守期。在此阶段,教师已经具有比较丰富的教育教学经验与教育教学技巧,不过他们通常没有了专业发展的热情和动力,在工作上表现得较为保守。五是退出教职期。

此外,我国学者连榕提出了"新手—熟手—专家"三阶段理论,这些理论通过分析不同阶段教师的特点,运用对比分析的方法对专家型教师的教学专长发展做出了深入研究。李继峰等主张把在岗教师的专业成长简化为新手型教师、胜任型教师、骨干型教师、专家型教师四个主要阶段,并对各个阶段所表现出来的特征进行了分析。

(二)幼儿教师专业发展代表性理论及启示

幼儿教师专业发展理论以反思性实践理论、终身教育理论为代表。

1.反思性实践理论及其对幼儿教师专业发展的启示

美国教育家杜威在反思的系统论述中提出了反思性实践理论,他在《民主主义与教育》中提到了反思问题,他说:"所谓思维或反思,就是识别我们所尝试的事和所发生的结果之间的关系,没有某种思维的因素便不可能产生有意义的经验。"1983年,美国前麻省理工学院教授舍恩在《反思性实践者——专家如何在行动中思考》一书中正式提出了"反思性实践"理论。随后,夏林清将此书翻译为《反映的实践者——专业工作者如何在行动中思考》。他指出反思有两种类型:一是对行动的反思,二是在行动中的反思。"对行动的反思"是一种事后的思考,通常借助于词语和符号进行,如教师经常使用的课后反思,教师要能够主动总结教育教学过程中出现的情况,分析原因,寻找解决问题的有效策略。"行动中的反思"发生在行动过程中,解决当时的问题;"行动中反思"的过程表现为:与情境的反思性对话—重新框定问题—行动中新的发现—新的行动中反思,螺旋式上升,欣赏—行动情境—再欣赏。随后,反思性实践的研究领域得到了进一步的拓展。布鲁巴赫等人认为,反思发生在实践过程的前、中、后,在整个实践过程中都有反思。美国学者奥斯特曼和科特坎普对反思实践的概念界定与舍恩的研究基础很接近,但又有所发展,他们在《教育者的反思实践——通过专业发展促进学生学习》一书中论述了反思实践与专业发展、反思实践与学校改革、反思实践的基础、工作场所反思实践的开展、教师与学生成为学习过程中的反思实践者、通过反思实践赋予权力等内容。

反思性实践理论对幼儿教师专业发展有以下几点启示。

(1)注重实践后和实践中的教育反思。在幼儿园保教实践中,反思型教师往往事半功倍,实效性强。幼儿教师可以通过实践反思促进专业知识、能力和技能、意志的发展,培养自身的教学能力、创造力和批判精神。尽管舍恩认为反思应在实践中和实践后进行,而布鲁巴赫认为在实践的前、中、后都要反思,但事实上,大部分幼儿教师总认为只有课后才有必要反思,没有认识到反思应在整个实践过程中进行,其实,过程反思显得更加有针对性与实效性。因此,作为幼儿教师,若能形成良好的反思习惯和循环系统,既注重实践后的反思,也重视实践前和中间的反思,从而提高幼儿教育教学质量,往往会更有利于学前儿童的发展。

(2)反思性实践有效改善教育理论与实践脱节的问题。舍恩、奥斯特曼、科特坎普等关于反思性实践理论经过深层次思考,得出了"思考和行动是不可分割的过程"理论,追求教育理论和实践的"视域融合",针对职前教育和职后教育中幼儿教师专业发展的教育理论与实践脱节问题,提出"思考和行动是不可分割的过程"理念,重点强调在实践中思考和在思考中实践的专业发展途径,使教育实践日趋完善。幼儿教师的实践智慧与所学的理论知识、实践的紧密相连,是理论和经验的有机结合,是基于个人的经验积累。幼儿园工作中,我们将幼儿教师的经验提升为自身的实践知识,提高实践能力,提升实践智慧,注重对具体实践的关注和反思,以期获得教师专业发展的成长。

(3)"幼儿园专业学习共同体"是创建学习型组织的有效路径。"幼儿园专业学习共同体"是指幼儿园在专业学习中致力于培养教师的合作精神,采用实例分析、专题讨论和活动互动等形式,以良好的、支持性的、民主开放的和真诚信任的氛围,不仅促进教师专业成长,也使教师与教师、教师与领导等之间建立融洽的伙伴关系,达到相互激发和启迪,互相交流对话和反思,共同促进新知识和经验的总结与获得,促进实践性知识的获得,形成"共同体",从而达到整体教师专业发展的目的。幼儿教师专业发展不仅需要个体反思,也需要团体的智慧与共识来营造反思氛围的不断激励和支持。

2.终身教育理论及其对幼儿教师专业发展的启示

所谓终身教育就是指与生命有共同外延并扩展到社会各个方面的延续性教育。终身教育理论于20世纪60年代在联合国教科文组织大力推动下提出来,在国际社会迅速传播并成为一种国际性教育理念和教育思潮。国内外学界认为,教育应当贯穿人的一生并成为一生不可缺少的活动。我们作为学习者应当积极主动地进行终身学习,使学习成为自己的一种生活。目前,全世界的终身学习理念,充盈着"人人是学习的主人""事事是学习的课题""时时是学习的机会"和"处处是学习的课堂"的氛围,尤以联合国教科文组织国际教育发展委员会发表《学会生存——教育世界的今天和明天》一书中提出的"唯有全面的终身教育才能够培养完善的人"的观点最具影响力,其实质就是不断造就人,不断拓展和发展人的知识和潜能,不断培养人所应有的文化判断能力和行为能力。终身教育理论反对把人的一生简单分为教育和工作两部分,他们认为人在学校的教育只是人受教育的最初阶段而不是全部,更不能把人在学校的教育等同于教育。教育应该贯穿每个个体的一生,成为生活的必需,它应当在每一个人需要的时刻以最好的方式提供必要的知识和技能,培养个体适应现代社会所需要的各种能力和素质。终身教育理念不仅仅对幼儿教师专业发展产生深远的影响,也对教育学和人的发展具有积极的意义。教师作为人类文明的传承者,面对信息化的迅猛发展,知识更新速度的不断加快,更应该具备终身学习的精神,转变教育观念,吸收先进的教育教学理论成果不断完善自己。按照终身教育理论的说法,教师的教育和自己的教学工作是分不开的。教师专业能力的发展,就是一个终身自我培养的过程,也是在教学中培养和提高的过程。

终身教育理论对幼儿教师专业发展有以下两大点启示。

(1)将终身教育理论思想贯穿幼儿教师职前培养、任职培训和在职进修的整体设计。在终身教育理念指导下,幼儿园教师为适应社会发展、学前教育改革与发展以及教师自身专业的发展,实施职前和职后一体化教育,让幼儿教师能受到连贯的、一致的终身教育,综合构想幼儿教师职前培养、任职培训和在职进修的整体设计,逐步形成一个开放交流的适合幼儿教师专业发展的教育体系。

（2）逐步形成对幼儿教师专业发展的保障机制。终身学习既是个人成长的需要,也是专业发展的保障。为有效促进幼儿教师的专业化发展,树立终身学习的意识,在幼儿教师教育质量保证体系中需要加强在制度、经费、实施、评估监督方面的建设,加快终身教育规范化、制度化建设的步伐。

二、幼儿教师实践性理论

幼儿教师职业是一份实践性非常强的职业,要成为一名合格的幼儿教师,必须深谙学前儿童的保育和教育工作,因此,理应注重培养职前幼儿教师的实践能力。下面将着重阐述与本科学前教育专业人才培养十分相关的三大教育实践性理论,即教育与生产劳动相结合理论、教育情境构建主义学习理论、教育实践性教学理论。

（一）幼儿教师教育与生产劳动相结合理论及启示

教育与生产劳动相结合理论是马克思主义教育的基本思想,也是我国长期教育方针的重要组成部分。该理论认为,教育与生产劳动相结合是改造现代社会最有力的手段之一;教育与生产劳动相结合是提高社会生产力的一种重要方法;教育与生产实践结合是培养全面发展的人的唯一方法。教育与生产劳动相结合理论倡导人才的培养不仅要注重理论的指导,而且要注重实践的锻炼,通过理论学习与实践训练全面提升人才的知识素质和能力素质。对于致力于培养幼儿教师的学前教育专业而言,理当在重视学前教育专业学生知识积累的同时,不忘重视他们未来职业能力的训练,以更大限度地全面提升学前教育专业学生的职业素质。

（二）幼儿教师教育情境建构主义学习理论及启示

建构主义学习理论认为,学习不是由教师把知识简单地传递给学生,而是由学生自己建构知识的过程。学生不是简单被动地接受知识,而是主动地建构知识,根据自己的经验背景,对外部信息进行主动的选择、加工和处理,从而获得自己的意义。为此,在教育过程中,教师不能无视学生已有的知识经验,简单、强硬地从外部对学生实施知识的"填灌"。在教育过程中,教师应是学生建构知识的引导者或合作者,学生才是知识的主动建构者。情境建构主义学习理论还指出,学习活动应尽可能在真实的职业环境中进行,学生在真实职业环境中的体验非常重要。如果学生的学习环境与其未来的工作环境是割裂的,学生就难以养成在真实职业情境中建构知识的能力。情境建构主义职业教学模式主张以实践为先导,以任务为本位,激发学生的学习动机。因此,对于学前教育专业人才培养来说,通过建构一种有利于学生学习的情境,可以激发学生学习的主动性与积极性,从而提升学前教育专业人才培养质量。

(三)幼儿教师教育实践性教学理论及启示

实践性教学理论认为,不应将学生在校的学习与未来的工作完全割裂开来。相对课堂学习来说,实践性学习更具有真实性。依据这种理论不难推断,对学前教育专业人才培养来说,由于幼儿教师职业具有明显的实践性,因而在人才培养过程中,理应注重将学校的课程学习与幼儿园的见习及实习整合起来,只有这样,才能更大程度地提高学前教育专业学生的职业能力。

三、幼儿教师教育一体化理论

随着幼儿教育的社会价值日益凸显,幼儿教师的职业地位得以明显提高。在此背景下,有关幼儿教师的素质及其培养问题成为学界普遍关注的焦点。对此,诸多学者主张通过一体化的教育途径来培养教师,即倡导幼儿教师教育一体化。

关于教师教育一体化的基本内涵,教育部师范司组织编写的

《教师专业化的理论与实践(修订版)》给出了明确的解释,认为"一体化的教师教育应该包括三层意思:一是职前培养、入职教育、职后培训的一体化,即学历教育与非学历教育一体化;二是中小幼教师教育一体化;三是教学研究与教学实践的一体化,即师范大学(教师教育机构)与中小学的伙伴关系。"教师教育一体化,其实就是为了适应学习化社会和教师专业化发展的需要,以终身教育思想为指导,对教师职前培养、入职教育、在职培训进行整体规划设计,明确不同阶段的目标、任务和要求,并科学设计与之相应的培养模式、课程结构、评价方法等,力求各个阶段相对独立、各有侧重,而又相互衔接、内在一体。培养本科学前教育专业人才的主要目的,无疑是为培养学前教育师资或职前幼儿教师做准备。为了提高本科学前教育专业人才培养的质量,理应以一体化的教师教育理论来指导学前教育人才培养的实践活动。

四、幼儿教师的实践性知识观

教师职业是一项实践性相对较强的职业,需要教师具备相应的实践性知识。教师的实践性知识是教师在实践活动的基础上,经历多次成功和失败后得出的经验总结。教师要想提升自己的专业发展水平,必须不断地积累自己的实践性知识。作为教师群体的一部分,幼儿教师自然不会例外。显然,在学前教育师资或幼儿教师的职前培养阶段——学前教育专业人才培养过程中,理论注重以实践知识观为指导,以便促进准幼儿教师实践性知识的积累。

实践性知识观是关于实践性知识的观点或理论。实践性知识观指出,知识分为理论性知识和实践性知识两种,理论性知识通过理论学习而获取,实践性知识必须通过个体亲身实践体悟才能获得,且实践性知识具有个体性、经验性、情境性、缄默性及非结构性等特征。第一,实践性知识具有个体性。知识是人类在实践活动中形成的,不同的个体,由于其经历的具体实践不同,因而所获得的实践性知识也有差异。第二,实践性知识具有经验性。实践性知识是个体在经历某种实践活动的过程中或完成某种实践活动之后形成的,是个体对某种实践活动的真实体验与体悟,明显具有经验性。第三,实践性知识具有情境性。一方面,个体的实践活动离不开具体的情境。另一方面,与理论知识相比而言,实践性知识是一种不确定性的情境性知识,与特定情境问题的解决有关。第四,实践性知识具有缄默性。实践性知识是个体对自身实践活动的体验与体悟,其中的诸多体验与体悟是难以用言语表达的,只能通过意会的方式表达。第五,实践性知识具有非结构性。个体的实践性知识是一种实践智慧,具有较大的灵活性,在不同的具体实践活动中必须灵活地运用。在教学实践中,如幼儿教师在备课或者活动设计时,针对不同的儿童、不同的知识内容,教学组织也会有所不同。新手教师与经验丰富的教师活动效果往往会表现在这些问题的处理上。活动是预设的,更是生成的。因此,教师完全无法预知儿童会提出什么样的问题,在活动中会发生什么突发事件。往往在这个时候,教师的即时反应则来源于静态实践性知识(知识库)的瞬间提取、组合和表达,表现为教育智慧(实践力)。

教师的实践性知识观是关于教师实践性知识的看法和观点。实践性知识观强调教师的专业知识是通过教师在体验与反思的基础上主动构建的。要想提升幼儿教师的专业实践能力,必须增进幼儿教师的实践性知识。加强教师的实践反思、创建教师共同体、强化教师培养的实践环节等途径,是增进幼儿教师实践性知识的基本途径。一般来说,只要具有一定"三教"实践经历的幼儿教师,都或多或少具有一定的实践性知识。由于幼儿教师实践性知识具有明显的个体性与情境性特征,因而一旦遇到复杂的"三教"问题情境时,单个幼儿教师往往会出现无助感。然而,在平等、合作的原则下构建幼儿教师共同体,将可以促使教师们通过研讨、协商、支持等方式共同探索与解决"三教"问题。教师实践性知识是幼儿教师在大量实践体验中产生的,为增进教师实践性知识,有必要强化教师职前培养、入职教育及职后培训等各阶段的实践环节。

此外,我们还能从人本主义心理学理论、人的全面发展学说、学习型组织理论、多元智能理论、人类发展生态学理论等得出对幼儿教师专业发展的启示,限于篇幅,这里不再展开。

第三节　本科学前教育学课程改革

学前教育课程不仅是培养学前教育专业人才的蓝图,而且是培养学前教育专业人才的养料。因此,在学前教育专业人才培养方面,本科学前教育学课程改革受到了极高重视。

一、本科学前教育学课程改革的原因

学前教育学课程是本科学前教育专业的一门必修课,也是一门理论性与实践性并重的基础理论课程,对学生专业学习与发展发挥引领性奠基性作用,对培养适应社会需要的高素质幼儿教师具有重要的作用。但是,目前该课程教学出现了很多问题,严重影响了学前教育专业建设与持续发展,进而影响了学前教育专业人才整体素质的培养和提升。因此,当前迫切需要对本科学前教育学课程进行改革。具体而言,迫使本科学前教育学课程进行改革的问题主要有以下几个。

(一)课程思想过于陈旧

在教授学前教育学课程时,有不少教师因课程思想过于陈旧,在当前仍以"填鸭式"教学为主,忽视学生主体地位,导致学生学习的积极性不高,仅仅是被动地接受知识。如此一来,学生在学习学前教育学课程的理论知识时便容易产生抵触心理,从而导致学前教育学的教学仅仅停留在形式上,无法真正地掌握、消

化所学的知识。

此外,在教授学前教育学课程时,一些教师表现出明显的抵制新鲜事物的情况,也不注重进行教学思想的创新,从而导致学前教育学课程难以收到良好的效果。

(二)课程教学重知识轻能力

目前,本科学前教育学课程教学的一个现状是:课程注重学科逻辑和知识的系统化,忽略了实践逻辑[1]和实践技能的培养,因而学生所学知识难以迁移到解决实际问题过程中,工作适应能力差,不能满足学前教育市场人才需求。

(三)课程评价考核有较大的限制性

学前教育学课程是一门有着很强的专业性的课程,而且具有课程考核从考试命题、考核实施到最终结果的处理都是任课教师自己完成的状况,命题人也是考试测评人,评价的主体十分单一化,评判结果具备十分强烈的主观特点。此外,学前教育学课程评价考核采用纸笔测验的形式,期末成绩占比偏大,导致学生考前死记硬背突击复习,考后学无所用。考核成绩难以真实全面地反映学生对知识的掌握程度及运用知识解决实际问题的能力。

(四)课程设置不合理

课程设置既是人才培养方案的核心,也是实现人才培养目标的基础。人才培养目标定位不具有针对性,直接导致课程设置和实施思路不清晰、教学计划不科学。目前,大部分民办高校本科学前教育专业的课程设置仍沿用一般高校的固有模式,课程设置随意性大,存在"因师设课""因条件设课"的现象,缺乏系统科学的设计方案。例如,聘用艺术学院美术教师讲授幼儿美术这门

---

[1] 韩波.基于《专业标准》的学前教育学课程实践化改革研究[J].教育导刊,2015(3):9-10.

第九章 学前教育专业人才的培养

课程,不能真正结合学前教育专业特点进行授课,教学效果大打折扣。

二、本科学前教育学课程改革的现状

当前,本科学前教育学课程改革主要着眼于以下几个方面,并取得了重要成果。

(一)课程目标定位明确

课程目标是教学的起点和终点,也是人才培养的基点。因此,制定符合学生需求的适应市场人才需求的课程目标显得尤为重要。

学前教育学课程教学目标体现在以下三个方面:第一,知识目标。引导学生掌握学前教育学的基本理论知识,使学生掌握现代幼儿教育的理念,形成扎实的专业理论基础。包括学前教育的相关概念、学前教育学的简要发展史、学前教育的规律、学前教育活动的基本特点等内容。第二,能力目标。培养学生运用学前教育理论分析、诊断、解决当前学前教育存在的实际问题的能力、设计组织幼儿园教育活动的能力、调查研究幼儿园与家长沟通合作的能力等。第三,情感目标。引导学生树立科学的儿童观、教育观、教师观以及知识观;培养学生研究学前教育问题与现象的兴趣、良好的科学态度和作风。这一课程教学目标立足终身学习与发展,强调对学生理论联系实践能力、保教能力、观察反思的能力、合作的能力的培养,为后续专业主干课程的学习奠定了基础。

(二)课程内容体系得到重构

学前教育学课程安排要结合人才培养目标、学生需求、就业岗位需求及后续课程内容,在原有同类教材的基础上,对课程内容进行调整和优化,增强了教学的实用性和针对性,凸显了学前教育学课程的实践性。

学前教育学课程内容划分为四大模块13个学习任务（表9-1）。第一模块是学前教育基本理论模块，帮助学生明确学前教育的概念、性质、原则及特点以及明确学前教育学的研究对象与任务。第二模块是学前教育基本要素模块，引导学生树立正确的教育观、儿童观、教师观和知识观，学前教育在学前儿童的发展过程中及在整个教育系统中的地位与价值。第三模块是保教实践模块，帮助学生了解并获得从事保教工作必需的基本技能，是理论联系实践的重要章节。第四模块是学前教育外部生态链模块，帮助学生树立整合性理念，关注幼儿园与家庭、社区、小学之间的关系。各个学习任务依据内容及学习特点设计不同的教学方法，课程改革旨在让学生在真实的情境中应用知识分析问题、思考问题、解决问题，逐步形成专业综合素质。

表9-1 学前教育学课程内容模块[①]

序号	学习任务	实践教学方法	专业理念 师德与能力	模块
1	学前教育的基本问题	小组研讨	运用理论分析和指导学前教育实际工作	学前教育基本理论模块
1	学前教育的产生发展	资料搜集整理	运用理论分析和指导学前教育实际工作	学前教育基本理论模块
1	学前教育的基本规律	小组研讨	运用理论分析和指导学前教育实际工作	学前教育基本理论模块
2	学前儿童	幼儿园主题见习	树立正确的儿童观	学前教育基本要素模块
2	学前教育教师	小组研讨 案例分析法	树立正确的教师观 对职业的理解与认同	学前教育基本要素模块
2	学前教育内容	幼儿园主题见习	树立正确的知识观	学前教育基本要素模块
2	幼儿园环境创设	幼儿园主题见习 PPT汇报展示	环境的创设与利用	学前教育基本要素模块
3	幼儿园教学活动	幼儿园主题见习 模拟教学活动	幼儿园教育活动的设计与实施	保教实践模块
3	幼儿园游戏	幼儿园主题见习	幼儿园游戏活动的支持与指导	保教实践模块
3	幼儿园生活活动	幼儿园主题见习	幼儿园一日生活的组织与保育	保教实践模块

① 李娟,王东辉.工学结合模式下的高职学前教育学课程改革探索[J].职业,2014(2):80-81.

续表

序号	学习任务	实践教学方法	专业理念师德与能力	模块
4	幼儿园与家庭的合作	案例分析 社会调查实践	与家长沟通与合作	学前教育生态链模块
	幼儿园与社区的合作	案例分析 社会调查实践		
	幼小衔接	小组研讨 社会调查实践	反思与发展	

（三）课程教学方法创新

学前教育学课程改革要改变过去以传统讲授为主的单一教学模式，以"项目教学"的方法贯穿整个教学过程。增加视频案例分析、资料搜集整理、幼儿园主题见习、社会调查实践、小组研讨、模拟幼儿园教学活动、PPT汇报展示等多元化教学方法。通过改革促进教学过程与实践过程的对接，形成课堂教学的新格局，实现教师主导与学生主体的协调共进与和谐发展。

1. 主题见习＋小组研讨

通过实地观摩见习，让学生走进学前教育实践现场，体验真实的教育情境。实地观摩后，教师引导学生围绕主题目标进行参与式研讨。以项目"幼儿园环境创设"为例，首先，教师课堂上结合图片、视频、案例引导学生分析讨论思考幼儿园环境应该是什么样的，创设的原则和目的是什么，什么样的环境创设是科学的、适宜的、有益于学前儿童发展的，而什么样的环境创设是形式化的、非专业性的、不科学的。其次，在感性认识的基础上，带学生到不同类型幼儿园进行主题式观摩见习，学生在小组研讨过程中发现问题、对环境创设这一知识点有了深入的体验、感受和认识。再次，各小组成员共同完成项目任务，搜集整理资料、交流讨论、制作PPT、完成实训报告呈现观点。最后，教师结合各小组汇报情况集中指导并精讲幼儿园环境创设的目的、当前存在的诸多误区及创设的原则。整个过程学生从好奇到疑惑到收获再到理解内化,不仅将理论知识与实践有效结合,对知识的理解更加深刻,而且最大限度调动学生的积极性、主动性,提高了他们分析问题、解决问题的能力、合作的能力、开展调查研究的能力,为今后承担幼儿园实际教育教学工作并不断反思、终身学习提供了锻炼的平台。

2. 模拟试教+多元评价

《专业标准》强调幼儿园教师必须具备教育活动的计划与实施的能力,而这种能力的培养要求学生在体验、操作、练习的过程中不断积累内化才能实现。因此,应为学生提供模拟试教的机会,促进理论知识有效转化为实践技能。以项目"幼儿园教学活动"为例,教师通过视频案例分析,引导学生掌握幼儿园教学活动的特点、设计组织指导要点,学生围绕项目目标进行小组研讨,设计幼儿园活动方案,并进行简要环境创设,模拟幼儿园教师、多名学前儿童展示活动过程。模拟试教之后,教师指导学生分析反思本次教学活动目标是否建立在该年龄段学前儿童的发展现状基础上,目标是否具有可操作性和指导性,是否顺利实现,模拟者是否提供了更加适宜的帮助和指导;教学方法是否有利于学前儿童充分动手动脑,促进学前儿童的全面发展;环境创设内容的选择和材料的提供是否适宜适当,是否能够充分调动学前儿童的积极性等。整个过程采用教师指导评价与学生评价相结合,学生自评与互评相结合的方式,全员参与进课堂,同时聘请幼儿园优秀教师定期参与指导,帮助学生尽早体验幼儿教师角色,树立专业认知,强化实践能力。

(四)过程性考核得到强化

1. 加大平时成绩比例

应用型课程改革旨在最大限度调动学生学习积极性,如果考核方式不能同步跟进,则课程改革将流于形式。因此,《学前教育学》课程考核比例调整为:平时成绩比例加大到40%,期中成绩占 10%,期末成绩占 50%。关注学生作为学习主体调查研究、思考研讨、沟通合作、参与见习、资料搜集整理等主动学习的过程,并作为考核的依据。

2.丰富考核方式

平时成绩成为课程改革的主阵地,从考勤、课堂小组研讨表现、参与幼儿园主题见习、完成实训报告等多个环节全面考查学生对本课程目标的掌握程度;期中考试重点考查前期各个项目学习的情况,期末考试改变纸笔测验的方式,改为以说课、调查报告、环境创设、设计活动、模拟试教等形式全面检验学生的综合素质,主要考核学生运用综合知识解决实际问题的能力。建立过程性考核与终结性考核相结合的动态式评价,为课程考核建立全方位、多角度的综合评价方式,有效促进学生理论知识转化为实践技能。

第四节 本科学前教育专业教学模式与人才培养制度探索

学前教育课程的设计、组织、实施等是否科学有效与学前教育教师的专业素养有着很大的关系。在本科院校,为了培养学前教育专业人才,除了重视学前教育学课程改革外,还应重视学前教育专业教学模式与人才培养制度的探索。

一、本科学前教育专业教学模式

教学模式是教学理论的具体化,是教学实践的概括化的形式和系统。本科院校要想构建本科学前教育专业人才培养模式,就必须探讨相应的教学模式。一般来说,与本科学前教育专业人才培养模式相适应的教学模式主要分为两种:一种是理论教学模式,另一种是实践教学模式。

（一）本科学前教育专业的理论教学模式

在学前教育专业的教学中,理论教学内容是必须存在的。众所周知,理论教学内容的学习是比较枯燥的,教师最好是尝试多种理论教学模式,让学生通过多种教学模式的体验,更好地掌握学前教育理论性的内容。以下就是本科学前教育专业理论教学中教师常用的几种教学模式。

（1）案例分析式。本科学前教育专业课程体系中的一些理论问题往往比较深奥、复杂、抽象,对此,任课教师可通过列举一个经典案例并对该案例进行详细剖析,然后引导学生运用学过的内容进行解释,进而最后真正理解这一理论问题。案例的形式往往能够帮助学生较好地由抽象的理性认识逐步形成具体的感性认识,帮助学生从实践中总结经验与教训,然后进行理论凝练,以培养其理论创新能力。

（2）专题讲座式。这是指针对学生普遍存在困惑,或希望深入了解的某一有关学前教育方面的问题,邀请有关专家、学者以专题讲座的方式展开,组织学生参与倾听并与专家、学者积极对话,以达到解决问题的目的。

（3）沙龙讨论式。沙龙,即规模较小、议题简要、非正式化的,由志趣相投的人聚在一起,针对某一话题,进行讨论的活动,活动中一般备有酒水糖茶,或有歌舞表演,气氛轻松活跃。学前教育专业的理论教学也可以采取沙龙讨论式,主要是说任课教师和学生坐在一起,就有关学前教育教学问题或教科研问题,进行自由而平等的交流与对话,通过相互交流心得体会及共同探讨与磋商,获得对某一问题的深层理解。显然,这一模式的成功运用需要教师的精心组织与引导,也需要学生的积极参与。

（4）微格教学式。微格教学源于欧美,约于20世纪80年代进入我国。这种教学主要帮助师范生发现自己的教学问题,形成反思的意识与能力。在学前教育专业教学中,这一教学模式也可以被采用。任课教师可让每一位学生先在微格教室里模拟授课,授课之后,任课教师播放学生模拟授课的录音和录像,与学生一起逐一观摩并评议学生的模拟授课情况。这一方面能提高学生对教学内容的深刻理解,另一方面能提高学生的课堂教学技能水平。

(5)自学辅导式。这是指针对本科学前教育专业课程体系中适合学生自学的部分课程,任课教师事先让学生自学,然后在课堂上集中进行辅导。

(6)自我反思式。这是指在学生接受某一课程或一段时间学习之后,任课教师让他们依据一定的标准对自己的学习过程及结果进行自我反思,以总结自己的学习收获,发现自身存在的问题,并找到问题解决的策略。

(二)本科学前教育专业的实践教学模式

自《关于大力推进教师教育课程改革的意见》和《幼儿园教师专业标准(试行)》颁布以来,幼儿园教师的专业化发展就有了一定的依据和指导思想。其中,《关于大力推进教师教育课程改革的意见》囊括了《教师教育课程标准(试行)》,所囊括的这一文件明确提出了"实践取向"的基本理念,对教师的实践意识和实践能力都极为重视。对于本科学前教育专业来说,要想培养真正优秀的幼儿园教师,就应当从实践教学模式入手,大力培养学生的实践能力。以下就是几种常用的有效实践教学模式。

1. 教育调查

教育调查是指对教育现象及教育问题进行的调查研究。这一教学模式通常设置在学生入学后第一学年的第二学期结束之后紧连的暑假进行。通过教育调查来开展实践教学,主要是想让学生初步认识学前教育现象与学前教育问题;帮助学生养成思考学前教育问题的习惯;促使学生更加关心学前教育事业与幼儿教师职业;增强学生的学前教育责任感与投身学前教育事业的使命感;激发学生积极主动学习有关学前教师教育课程的热情与动力。

学生一般会在暑假期间根据自己的意向与兴趣开展针对某一学前教育问题或学前教育现象的教育调查。需要注意的是,学生在教育调查过程中,既可以展开全面调查,也可以展开非全面调查(包括重点调查、典型调查、个案调查、抽样调查等)。从大一学生已有的认知特点及当下社会现实看,适合学生开展教育调查的方法主要有观察法、问卷法、谈话法及分析书面材料法等。

不管采用哪种调查方法,调查步骤基本是一致的,具体如下:第一,确定调查课题;第二,参阅有关资料;第三,拟订调查计划;第四,正式展开调查工作,并现场收集有关资料;第五,整理与分析收集的现场资料;第六,做总结,撰写调查报告。资料整理与分析之后,学生要在最后做好总结,并且评判得失,用客观的眼光和事实的证明比较结果,汇集种种建议,达到解决问题和改良教育的种种目标。当然,撰写调查报告也是总结中非常重要的一个内容。它既能实事求是地反映调查研究活动中所获得的有关信息与相应结论,又能客观实在地反映学生的调查研究态度、调查研究过程及调查研究能力。

2. 教育观摩

教育观摩是指学生深入幼儿园教学第一线旁观一线教师言行举止及在园的所有教育教学活动。这种实践教学模式可以让学生亲临教育教学现场,因而有助于增强学生对学前教育教学活动的感性认识,使学生进一步明确在大学阶段应该学习哪些知识与技能;有助于为学生反思与感悟不同类型学前教育教学案例的成败与得失提供真材实料;也有助于增进学生对不合格、合格及优秀幼儿园教师的教育教学行为的区分与认识,从而引发学生自觉根据自身实际针对性地进行学习本科学前教育专业课程的行为。

教育观摩一般包括以下几个步骤:第一,拟订观摩计划;第二,进入观摩现场;第三,实施观摩活动,并做好相关记录;第四,

第九章 学前教育专业人才的培养

撰写观摩中的所见所闻,以及自己的体悟;第五,相互交流观摩体悟。学生相互之间的交流能进一步巩固与拓展教育观摩的成效。因此,任课教师在学生撰写好观摩感悟后可组织学生分享各自的观摩感悟,通过互相交流,获得更多的认识。

3. 教育技能训练

教育技能是指个体从事教师职业并能胜任教书育人活动所需要的多种心智技能和肢体技能,涵盖基础性教育技能、教学性教育技能、教育性教育技能及教研性教育技能四种技能。基础性教育技能主要包括语言表达技能、"三笔一画"技能、信息技术应用技能、人际沟通技能等几种技能;教学性技能主要包括教学设计技能、教学实施技能、教学反馈技能、教学评价技能等几种技能;教育性技能主要包括思想教育技能、班级管理技能等技能;教研性技能则包括教学研究技能和教育研究技能。对于幼儿园教师来说,教研性技能可以弱一点,但其他技能必须掌握。

在本科学前教育教学中,学生教育技能培训可集中放在第三个学年,并分两个阶段进行。第一个阶段的教育技能训练主要是基础性教育技能和教学性技能的训练;第二个阶段的教育技能训练主要是教育性技能和教研性技能的训练。不管是哪个阶段的教育技能训练,基本步骤如下。

第一,分组并配备指导老师,以小组为单位将学生分成不同小组。每个小组配备一名指导老师专门负责教育技能的训练。

第二,在各小组指导老师的指导下,各小组学生根据个人的实际情况拟订具有个性化的、较为详细的自我训练方案。

第三,各小组指导老师逐一审验本小组每一位学生的自我训练成绩,并逐一提出个性化的改进建议与意见。

第四,学生针对指导老师提出的建议与意见进行再次自我训练,并主动请指导老师加以个别辅导。

第五,推选部分指导老师作为评委并逐一审验每一位学生教育技能训练的成绩,不合格者将由先前的指导老师另寻时机重新培训,直到审验合格为止。

4. 教育见习

教育见习,是指学生进入幼儿园以辅导教师或教师助手的角色参与班级管理、作业辅导及家校联系等非教学活动的实践教学环节。通常教育见习主要是想为学生提供学习学前教育理论课程的有关感性认识基础,帮助学生将学前教育理论与学前教育实践联系起来进行学习,从而加强学习的效果;同时培养学生的学前教育问题意识,养成思考学前教育问题的习惯,继而进一步激发学生学习学前教育理论课程的积极性。学生在教育见习中可以真切体验新课程改革的效果,这又能促使他们主动思考新课程改革。

教育见习的内容包括参与班会、协助处理班级日常管理工作、协助教师联系学生家长、随教师一起进行家访、辅导学生的作业、参与学生的课外活动等,其步骤通常如下:第一,拟订见习计划,包括见习目的、见习内容、见习时间、见习地点、见习过程中可能出现的问题及相应的对策等;第二,进入见习幼儿园,联系见习幼儿园为自己指定的指导老师,并说明自己的见习目的;第三,尝试多种类型与形式的见习活动;第四,撰写见习小结;第五,交流见习体悟。

5. 教育实习

教育实习是指学生将所学到的理论知识和教育技能综合运用于学前教育教学实践活动中,且其自身素质伴随学前教育教学实践活动得到全面锻炼与培养。这种实践教学一般针对毕业班学生进行。通过教育实习,主要是想引导学生树立献身教育事业的志向;使他们将所学理论与技能综合运用于学前教育教学实践,以初步培养他们独立从事学前教育教学工作的能力;帮助他们认真反思学前教育教学过程中的问题,并初步探索学前教育教学规律;同时检验学生的思想素质和专业水平,为高校学前教师教育机构和学生本人提供反馈。

第九章　学前教育专业人才的培养

　　教育实习的内容主要包括教学工作实习和班主任工作实习两个方面。教育实习的基本步骤如下：第一，制订实习计划，包括实习目的、实习的要求、实习的内容、实习指导教师的配备、实习小组的划分、实习的组织与领导等；第二，配备高校学前教育专业的指导老师和实习幼儿园指定的老师；第三，实习内容的开展；第四，双方指导老师共同评定实习成绩；第五，实习总结。

　　教育实习既是对学生综合能力的全面培养，又是对学生综合素质的全面检验，还是对高校学前教师教育质量的全面反馈，因而，高校在本科学前教育专业人才培养的过程中要组织好教育实习活动。

二、本科学前教育专业人才培养制度探索

　　制度是一个组织的行为活动得以顺利进行并取得相应成效的保证。对于本科学前教育专业人才的培养来说，也必须重视制度体系的建设。一般来说，招生制度、管理制度和评价制度是我国现阶段培养制度中最受重视的制度，以下做简要阐述。

（一）本科学前教育专业的招生制度

　　在 2014 年之前，本科学前教育专业学生大多是由艺术生而来，且大多是艺术成绩相对较低而不能就读艺术专业，被调剂到本科学前教育专业中来的。在学习过程中，他们不仅专业思想极不牢固，而且因文化基础较差而厌倦文化课程的学习，所以在文化素质上的水平必然难以达标。2014 年及以后，我国很多高校的本科学前教育专业学生以普通高中毕业生为主，文化素质较高，但约多于三分之二的学生并非第一志愿报考，是调剂而来的。他们报的多为中文、外语等专业，没有被录入，被迫调剂为学前教育专业，学生对这一专业不感兴趣，专业思想很不牢固。毕业时，这部分学生往往理论知识水平达到了一定的要求，但从事幼儿园实际工作的能力却比较低，尤其是口语表达能力及弹、唱、跳、画技能技巧较欠缺。

从上述状况来看,本科学前教育专业的招生制度不能过于单一,否则招生难、培养难、就业难是必然现象。那么,改革本科学前教育专业的招生制度,最好是让上述的两种招生渠道并存,既招收艺术生,也招收普通生。同时,对两种生源采取针对性的培养,即对于艺术生,在入学后应重点进行文化课程的学习与训练;对于普通生,在入学之前可增加面试环节,挑选适合从事学前教育事业的学生,入学后则重点进行音乐、美术等方面技能的学习与训练。

(二)本科学前教育专业的管理制度

这里所说的本科学前教育专业的管理制度主要指的是日常教学管理制度和实习管理制度。

人才培养的核心和大量的工作是知识传授,而知识传授的主要形式是教学。现代高校教学活动的开展和教学管理活动的进行是相互联系、相互依存、相互影响的。教学管理制度就是教学管理活动的规范化、制度化。它是教学活动得以顺利进行的有效保障,对规范教学管理者与学生之间的关系有着十分重要的意义。日常教学管理制度是指为维护日常教学秩序,保障教学活动顺利开展的有关规章制度。在本科学前教育专业的教学管理中,日常教学管理制度主要体现为两个方面的内容:一是学生入学后的第 1 年以通识教育的形式进行"宽口径"培养;二是学生自入学后的第 2~3 年共两年进行"厚基础"培养。

知识源于实践,归于实践,所以,本科学前教育专业的学生一般在毕业之前都会进行实习,即到对接的幼儿园将所学付诸实践。这就需要高校与广大幼儿园及学前儿童培训机构建立密切联系,一方面便于学前教育专业学生进行教育观摩、教育见习与教育实习。另一方面便于双方教师专业素质的提升。毋庸置疑,本科学前教育专业的实习管理制度也是必须要重视的。从国内外成功的实践案例看,在学生毕业前的一学年里,为其配备双导师是一个不错的策略。所谓双导师,一是指高师院校专门指导师范生教育实践课的教师;二是指学前教育专业学生实习的幼儿园或学前儿童培训机构的指导教师。高校的指导教师要对师范生的实习进行视察,对师范生的学习进行评价和调节,对实习幼儿园所提供的培训质量进行视察和评价;实习幼儿园的指导教师主要负责学前教育专业学生的教学指导,为他们进行教学示范,观察他们的实习情况,做出一定的评价。

(三)本科学前教育专业的评价制度

在本科学前教育专业人才的培养过程中,评价制度的建立也是不容忽视的问题。以往的评价总是存在评价不全面、不灵活、不合理等问题。在新时期,评价理念更新,评价方式更为多元化,所以本科学前教育专业的评价制度也要进行一定的革新。

高校要引入幼儿园评价和社会评价相结合、基础评价与差异评价相结合的方式进行人才培养质量评价,具体方式包括:校系评价和实习幼儿园评价结合,专业教师评价和园长/一线教师评价结合,理论成绩与实践成绩结合。采用实习指导教师打分、园长评价学生会演、毕业生就业质量追踪等多种评价形式。除此之外,以下几个方面的评价事项必须予以关注。

第一,评价管理部门要安排好整个评价过程中的各项工作。例如,确立科学合理的评价指标(评价指标即评价某一事物所要求达到的具体标准)及相应的评价分值,并选择合适的考评方式;严格执行过程性评价,专业知识单元测试、艺术技能周期检查、岗位训练定时总结报告等都要有,同时在评价过程中积极完善评价指标体系,如将出勤率、课堂表现、学习态度等都纳入其中;重视职业鉴定结果在考评体系中的重要作用,鼓励学生获得幼儿教师职业资格证书或者相关学前教育的技能等级证书等。

第二,高校要加大本科学前教育专业人才培养评价工作的政策支持与资金投入,使评价获得良好的基础保障。比如,建立多元化的激励机制,对在考评中获得优异成绩的学生,设立奖学分、奖学金和实施评优评先政策,对成绩不合格的学生设立适度的惩罚措施,如减学分、补考、跟读或者点批等。

  第三,建立评价监督机制。高校中的本科学前教育专业部门要建立人才培养评价监测小组,为了体现民主,要有学生代表参与其中。监测小组不定期地对学前教育专业本科学业考核与实践评价的实施情况进行督查与评价,并将督查结果作为培养结果最后验收的重要依据。评价监督机制的建立,通常可以很好地保证学前教育专业课程实施的质量。

参考文献

[1] 常彦.幼儿园教育活动设计与实施[M].长春:吉林大学出版社,2013.

[2] 陈桂萍,郑天竺.幼儿园环境创设[M].上海:华东师范大学出版社,2016.

[3] 陈鹤琴.陈鹤琴教育思想读本:儿童语言教育[M].南京:南京师范大学出版社,2013.

[4] 陈文华.幼儿园课程论[M].北京:科学出版社,2010.

[5] 邓晓辉,邹琳,李婷.幼儿园活动设计[M].北京:航空工业出版社,2016.

[6] 董旭花,等.幼儿园环境创设[M].北京:中国人民大学出版社,2018.

[7] 董旭花.幼儿园游戏[M].北京:科学出版社,2009.

[8] 高敬.幼儿园课程[M].杭州:浙江教育出版社,2010.

[9] 高闰青.高师院校教学改革与实践[M].徐州:中国矿业大学出版社,2013.

[10] 高闰青.学前教育原理[M].郑州:郑州大学出版社,2014.

[11] 顾雪英,肖辉.怎样选报高校专业:下册[M].南京:东南大学出版社,2008.

[12] 侯立平.坚守与转向[M].北京:清华大学出版社,2016.

[13] 胡娟.幼儿园课程概论[M].上海:复旦大学出版社,2015.

[14] 吉兆麟,夏如波.幼儿园课程[M].南京:南京大学出版社,2015.

[15] 李朝辉.教学论[M].2版.北京:清华大学出版社,2016.

[16] 李传永.学前教育学[M].沈阳:辽宁大学出版社,2013.

[17] 李丰.保教知识与能力:幼儿园[M].北京:光明日报出版社,2015.

[18] 李少梅.政府主导下的我国农村学前教育发展研究[M].西安:陕西师范大学出版总社有限公司,2014.

[19] 李玮,李艳丽.幼儿园课程[M].北京:中国轻工业出版社,2016.

[20] 林丰勋.保教知识与能力·幼儿园[M].济南:齐鲁书社,2015.

[21] 刘光仁,游涛.学前教育学[M].4版.长沙:湖南大学出版社,2016.

[22] 刘立民.幼儿园课程论[M].2版.大连:大连理工大学出版社,2012.

[23] 刘立民.幼儿园游戏设计[M].大连:大连理工大学出版社,2012.

[24] 刘焱.儿童游戏通论[M].北京:北京师范大学出版社,2004.

[25] 柳阳辉.学前教育学教程[M].上海:复旦大学出版社,2015.

[26] 孟戡,夏雯娟.学前教育学[M].南昌:江西人民出版社,2015.

[27] 亓树林.学前教育学[M].长春:东北师范大学出版社,2014.

[28] 齐桂林,白丽辉.学前教育学[M].南京:东南大学出版社,2015.

[29] 商玉兰.中外学前教育史[M].沈阳:辽宁大学出版社,2014.

[30] 石筠弢.学前教育课程论[M].北京：北京师范大学出版社,2004.

[31] 苏敏,朱立萍.幼儿园课程设计与组织[M].上海：华东师范大学出版社,2016.

[32] 苏易.教育絮语：什么是真正的教育[M].沈阳：万卷出版公司,2014.

[33] 苏媛媛.学前教育发展前沿与趋势：幼儿园课程构建的理论与实践[M].长春：东北师范大学出版社,2015.

[34] 孙式武,于淑君.小学教育概论[M].济南：山东人民出版社,2014.

[35] 万超,陈清淑.幼儿园课程论[M].长春：东北师范大学出版社,2016.

[36] 汪昌华.有效学习评价[M].合肥：安徽大学出版社,2015.

[37] 王春燕.给幼儿园教师的101条建议：幼儿园课程[M].南京：南京师范大学出版社,2009.

[38] 王春燕.幼儿园课程概论[M].2版.北京：高等教育出版社,2014.

[39] 王芳.幼儿园课程[M].郑州：郑州大学出版社,2013.

[40] 王宏艳.幼儿学前教育[M].北京：清华大学出版社,2015.

[41] 王慧敏.幼儿园课程论[M].北京：中央广播电视大学出版社,2014.

[42] 王丽新.幼儿园课程、说课与评课[M].北京：北京理工大学出版社,2018.

[43] 魏会廷.教师学习共同体：促进教师专业发展的新途径[M].武汉：武汉大学出版社,2014.

[44] 夏如波,吉兆麟,谢春姣.学前教育学[M].南京：南京大学出版社,2013.

[45] 徐红. 本科学前教育专业人才培养模式研究 [M]. 武汉：华中科技大学出版社, 2016.

[46] 许卓娅. 幼儿园课程理论与实践 [M]. 南京：南京师范大学出版社, 2002.

[47] 薛正斌. 学前教师教育一体化发展研究 [M]. 银川：阳光出版社, 2015.

[48] 闫建璋. 师范大学教育学院发展转型研究 [M]. 北京：中国文史出版社, 2013.

[49] 颜雪梅, 单文顶, 袁爱玲. 幼儿教师如何提升实践反思能力 [M]. 福州：福建教育出版社, 2016.

[50] 杨翠娥. 走向生命关怀的教师专业发展 [M]. 北京：知识产权出版社, 2015.

[51] 杨中枢. 学校课程管理研究 [M]. 兰州：甘肃教育出版社, 2014.

[52] 姚伟. 学前教育学 [M]. 长春：东北师范大学出版社, 2012.

[53] 张建岁, 霍习霞. 中国学前教师专业标准岗位达标实训 [M]. 上海：复旦大学出版社, 2012.

[54] 张立昌. 课程设计与评价 [M]. 长春：东北师范大学出版社, 2010.

[55] 张华. 课程与教学论 [M]. 上海：上海教育出版社, 2000.

[56] 赵华民. 学前儿童科学教育 [M]. 郑州：郑州大学出版社, 2014.

[57] 赵学菊, 梅养宝. 幼儿园教师专业标准知与行 [M]. 芜湖：安徽师范大学出版社, 2015.

[58] 郑传芹, 曾跃霞. 学前教育原理 [M]. 武汉：华中科技大学出版社, 2014.

[59] 郑凤霞. 学前教育从业人员伦理学 [M]. 哈尔滨：黑龙江大学出版社, 2011.

[60] 郑健成. 学前教育学 [M]. 上海：复旦大学出版社, 2007.

[61] 郑三元, 张建国. 学前教育学 [M]. 长沙: 湖南大学出版社, 2015.

[62] 中人教育·教师招聘考试命题研究中心组. 教育理论综合知识: 幼儿园 [M]. 北京: 现代教育出版社, 2016.

[63] 钟启泉. 现代课程论 [M].3 版. 上海: 上海教育出版社, 2015.

[64] 朱家雄, 胡娟. 幼儿园课程概论 [M]. 上海: 复旦大学出版社, 2015.

[65] 朱家雄. 幼儿园课程 [M].2 版. 上海: 华东师范大学出版社, 2011.

[66] 朱家雄. 幼儿园课程与活动设计 [M]. 北京: 中央广播电视大学出版社, 2011.

[67] 韩波. 基于《专业标准》的学前教育学课程实践化改革研究 [J]. 教育导刊, 2015（3）.

[68] 李慧. 论高校学前教育专业《学前教育学》课程改革探索 [J]. 才智, 2018（2）.

[69] 李娟, 王东辉. 工学结合模式下的高职学前教育学课程改革探索 [J]. 职业, 2014（1）.

[70] 刘秀芳. 关于民办高校本科学前教育专业设置的思考 [J]. 生活教育, 2016（1）.

[71] 刘秀芳. 学前教育学应用型课程改革探索 [J]. 求知导刊, 2017（29）.

[72] 罗泽林. 学前教育专业人才培养中的误区 [J]. 科技创新导报, 2014（9）.

[73] 杨梦琪. 学前教育专业人才培养质量分析——基于麦可斯 2017 年学生成长评价报告（2014 级、2015 级）[J]. 酒城教育, 2018（2）.

[74] 周硕. 高校学前教育专业人才培养模式改革发展路向探析 [J]. 陕西教育（高教）, 2018（9）.